Otto Ernst Schmidt

Offenes Visier!

Gesammelte Essays aus Literatur, Pädagogik und öffentlichem Leben

Otto Ernst Schmidt

Offenes Visier!
Gesammelte Essays aus Literatur, Pädagogik und öffentlichem Leben

ISBN/EAN: 9783741102288

Hergestellt in Europa, USA, Kanada, Australien, Japan

Cover: Foto ©Thomas Meinert / pixelio.de

Manufactured and distributed by brebook publishing software
(www.brebook.com)

Otto Ernst Schmidt

Offenes Visier!

Offenes Visier!

Gesammelte Essays

aus

Litteratur, Pädagogik und öffentlichem Leben

von

Otto Ernst.

HAMBURG.
Verlag von Conrad Kloss.
1890.

Dem Andenken

meines

edlen Vaters.

— · ———— ··

Was oft in Tagen, die in Nacht versanken,
Mit gleicher Glut in unsern Herzen brannte,
Was dann im Tausch verschwiegener Gedanken
Ein froh-beredter Blick dem andern nannte:
Aus diesen Blättern sollt' es dich umwehn
Mit der Erinn'rung traumbeglänztem Flügel —
Nun wird's allein durch meine Seele gehn
Als Geistergruss von einem stillen Hügel. ·—

Inhalt.

Vorwort.

Mehr noch als meine im verflossenen Jahre erschienenen Gedichte wird dieses Buch dem Vorwurf begegnen, dass darin utopistisch-revolutionäre Ideen ausgesprochen und verherrlicht seien. Sehr oft wird dies mit jenem beliebten verketzernden Seitenblick geschehen, der den ruchlosen Neuerer auch moralisch und gesellschaftlich geächtet sehen möchte. Mein Gleichmut gegen solche Kundgebungen hat sich gut konserviert, und ich bin nichts weniger als geneigt, denselben durch eine captatio benevolentiae vorzubeugen. Eine solche ist Übelwollenden wie Wohlwollenden gegenüber gleich überflüssig und unwürdig. Als Thatsache von praktischer Bedeutung und allgemeinem Interesse sei hier nur vermerkt, dass der grösste Hamburgische Lehrerverein, vor dem der zweite der folgenden Essays als Vortrag gehalten wurde, die Thesen: „Der kirchlich-dogmatische Religionsunterricht ist aus der Volksschule zu beseitigen" und „der Litteraturunterricht einschliesslich der Lektüre auf allen Stufen ist als Hauptunterrichtsgegenstand zu betrachten" mit beträchtlicher Majorität angenommen hat. — Dass in diesem Buche Litteratur und Pädagogik verschwistert erscheinen, bedarf keiner Entschuldigung. Die behandelten Gegenstände aus diesen Gebieten sind von so allgemeinem Interesse, dass das Pädagogische daran jeden Gebildeten, das Litterarische jeden Pädagogen fesseln muss, wenn anders ich mich nicht unfähig gezeigt habe, jenes Interesse lebendig zu erhalten. — Einer Lieblingsidee habe ich nur in beschränktem Masse genügen können. Ich halte es für die dringlichste Aufgabe aller Poesieerklärer, statt der nüchternen, oft rein philosophischen, abstrakt umschreibenden und haar-

spaltenden Erklärung eine poetisch durchwärmte, in grossen
Zügen nachkonstruierende, gleichwohl aber lichtvolle und ver-
ständliche Paraphrase der Dichtung zu bieten. Drei Arbeiten
sollten diese meine Ausicht nach meinen Kräften verdeutlichen.
Um den in Aussicht genommenen Umfang dieses Werkes nicht
zu überschreiten, musste eine derselben ganz zurückgestellt
werden; eine zweite („Über Hamerling's Ahasver“) wurde um
zwei Drittel gekürzt, und nur die dritte („Über die Charaktere
in Goethe's Egmont“) fand einen ausreichenden Unterschlupf.
Ob das Gebotene ausreicht, um für meine Ansicht zu interessieren, habe ich nicht zu entscheiden.

Diese wenigen Worte mögen mein Buch geleiten. Wenn
es dieselbe ehrenvolle Anerkennung, denselben ehrenvollen
Widerspruch findet wie meine Gedichte, wird der Erfolg für
mich ein mehr als befriedigender, er wird ein beglücken-
der sein.

HAMBURG, im Herbst 1889.

Der Verfasser.

Glauben und Wissen.

Der verschwiegene Widerspruch zwischen
Überlieferung und Überzeugung bildet das charakteristische Merkmal unserer Zeit. Nur hat dieser
Widerspruch auf den verschiedenen Gebieten menschlicher Seelenthätigkeit eine verschieden starke Aus-
prägung erfahren; er tritt auf politischem Gebiete
weniger stark in den Vordergrund als auf ethischem
und auf diesem wiederum weniger als auf kirchlich-
religiösem. Es ist zweifellos, dass unser öffentliches
gesellschaftliches Verhalten nicht selten in den lächer-
lichsten Gegensatz zu unserer sittlichen Überzeugung
tritt (wir erinnern nur an die widerwärtige praktische
Doppelmoral für Männer und Frauen); es ist eben-
sowenig zu leugnen, dass eine grosse Zahl unserer
Gebildeten in ihren politischen Bekenntnissen und
Handlungen nichts weniger zu erkennen giebt, als
ihre wahre politische Gesinnung (man denke an den
vom Fürsten Bismarck selbst oft genug betonten
Widerspruch zwischen Monarchismus und Parlamen-
tarismus!); am allerwenigsten aber ist in Abrede zu
stellen, dass die erdrückende Mehrheit der geistigen
Vertreter unserer Nation ihre kirchlich-religiösen
Gepflogenheiten, Übungen und „Pflichten" ohne jede
innere Anteilnahme vollzieht und dass ihr wissen-
schaftlich geschulter Geist sich in keiner Berührung
mit dem öffentlich zur Schau getragenen Dogmen-
glauben weiss. Dass auf anderen Gebieten, z. B. in
der Politik, jene Dissonanz bisher weniger schrill
ertönte, mag zum Teil darin seinen Grund haben,
dass die Politik in der That mehr eine Wissenschaft
der Erfahrung als ein Objekt reiner Spekulation ist,

1

einander herlaufende und gleichzeitig passierbare
Wege zur höchsten Erkenntnis giebt es also nicht.
Dass das Endziel der wissenschaftlichen Forschung
und des religiösen Glaubens dasselbe ist, haben wir
bereits oben bemerkt. Die Wissenschaft strebt, von
Abstraktion zu Abstraktion schreitend, dem höchsten
und letzten Begriffe zu, und dieser letzte Begriff,
der Gott der Wissenschaft, ist identisch mit dem
Gott des Glaubens. Soweit dürfen wir sicher sein,
keinem Widerspruche zu begegnen. Nun aber
kommen wir zu der praktischen Frage: „Tritt dasjenige, was wir heutigen Tags nach den Forderungen einer orthodoxen Kirche (eine nicht
orthodoxe Kirche entsagt jedem Recht des Zwanges,
indem sie der frei erwägenden Vernunft überhaupt
Spielraum verstattet) glauben sollen, in Widerspruch zu dem, was wir zweifellos wissen? Quelle
und Richtschnur jenes orthodoxen Glaubens ist die
Bibel. „Diese Bibel ist in jedem Worte wahr, weil
sie von Gott inspiriert ist.“ Wer sagt das? Die
Bibel. Mit diesem circulus vitiosus kommen wir
also nicht weiter. Die Bibel muss folglich ihre
Wahrheit durch jeden ihrer Gedanken, durch jedes
ihrer Daten Schritt für Schritt beweisen. Gerät
nun die Bibel mit der modernen Wissenschaft in
Konflikt? Wenn wir sie so lesen, wie sie geschrieben ist, ja. Nun kommen die Exegeten und
sagen: So ist die Bibel allerdings nicht zu verstehen! Was in den Zeilen steht, gilt hier und da
und dort nicht. Da gilt, was zwischen, hinter den
Zeilen oder wer weiss wo gelesen und verstanden
werden kann. Die Auslegung tritt an Stelle des
Buchstaben. Wer aber ist so dreist, von uns einen
uniformen Glauben an Auslegung und Ausleger zu
verlangen? Auslegung ist Menschenwerk.
Sobald ich den Buchstaben schweigen heisse, gebe
ich dem Geist das Wort, und wo ist auslegender,
erkennender Geist, als in uns? Kein Gott erscheint
in unsern Tagen mehr, um in Person sein eignes

Glauben und Wissen.

Der verschwiegene Widerspruch zwischen
Überlieferung und Überzeugung bildet das charakteristische Merkmal unserer Zeit. Nur hat dieser
Widerspruch auf den verschiedenen Gebieten menschlicher Seelenthätigkeit eine verschieden starke Aus-
prägung erfahren; er tritt auf politischem Gebiete
weniger stark in den Vordergrund als auf ethischem
und auf diesem wiederum weniger als auf kirchlich-
religiösem. Es ist zweifellos, dass unser öffentliches
gesellschaftliches Verhalten nicht selten in den lächer-
lichsten Gegensatz zu unserer sittlichen Überzeugung
tritt (wir erinnern nur an die widerwärtige praktische
Doppelmoral für Männer und Frauen); es ist eben-
sowenig zu leugnen, dass eine grosse Zahl unserer
Gebildeten in ihren politischen Bekenntnissen und
Handlungen nichts weniger zu erkennen giebt, als
ihre wahre politische Gesinnung (man denke an den
vom Fürsten Bismarck selbst oft genug betonten
Widerspruch zwischen Monarchismus und Parlamen-
tarismus!); am allerwenigsten aber ist in Abrede zu
stellen, dass die erdrückende Mehrheit der geistigen
Vertreter unserer Nation ihre kirchlich-religiösen
Gepflogenheiten, Übungen und „Pflichten" ohne jede
innere Anteilnahme vollzieht und dass ihr wissen-
schaftlich geschulter Geist sich in keiner Berührung
mit dem öffentlich zur Schau getragenen Dogmen-
glauben weiss. Dass auf anderen Gebieten, z. B. in
der Politik, jene Dissonanz bisher weniger schrill
ertönte, mag zum Teil darin seinen Grund haben,
dass die Politik in der That mehr eine Wissenschaft
der Erfahrung als ein Objekt reiner Spekulation ist,

dass die auf sie bezüglichen Anschauungen deshalb
vorsichtiger und langsamer zu offenen und entschiedenen Gegensätzen ausreifen, andernteils mag die
Ursache in den Massnahmen des jetzt herrschenden
Systems zu suchen sein, das im vermeintlichen Interesse des Volkes kein Mittel unversucht lässt,
dessen politische Mündigerklärung nach Kräften
zurückzuhalten. Daher kommt es, dass in politischen
Zeitungen und Versammlungen noch auf allen Seiten
mit einem hochgradigen naiven Parteiglauben, mit
einer gewissen mehr oder weniger gutmütigen und
frommgläubigen Verbohrtheit und Verranntheit in
überlieferte Vorurteile gefochten wird. Man ist sich
über den vielen Parteiseelen noch nicht der „zwei
Seelen" bewusst geworden, die sich auch in der
Politik einzig und allein gegenüberstehen: der Volks-
seele und — der Ichseele. Aber neben der Naivetät
läuft auch hier schon ein ansehnliches Stück Heuchelei einher. Man wagt nicht zu bekennen, was
man denkt. Wurde es doch vor nicht langer Zeit
dem bekannten Romandichter und Feuilletonredaktör
der „Nationalzeitung", Karl Frenzel, als ein mutiges
Geständnis angerechnet, dass er vor einer Versamm-
lung von hochgebildeten Zuhörern die Ansicht aus-
sprach, man müsse endlich aufhören, sich unter
jedem Sozialdemokraten schlechthin einen Lumpen,
Faulenzer oder Verbrecher vorzustellen, in jedem
normalen Menschen unserer Tage stecke ein Stück
von einem Sozialdemokraten u. s. w. u. s. w. Wie
elend und erbärmlich muss es um den persönlichen
Mut unserer Gebildeten, um die Aufrichtigkeit ihrer
Äusserungen stehen, wenn dieser von Karl Frenzel
ausgeübte Akt primitivster Gerechtigkeit für einen
Beweis besonderen Mutes gelten kann! Indessen
steht — wie schon bemerkt — die religiöse Heuchelei in weit glänzenderer Blüte als die politische;
wenn hier noch ein erkleckliches Quantum that-
sächlicher Beschränktheit und Befangenheit vorwaltet, so scheidet dort ein klares Bewusstsein des

unversöhnlichen Widerspruches mit umso grösserer
Schärfe den überlieferten Glauben vom selbsterwor-
benen Wissen. Dass das bekannte Buch von Max
Nordau „Die conventionellen Lügen der Kulturmenschheit" trotz seiner vielen Schwächen, seiner
oft mangelhaften Beweisführung, seiner Übertrei-
bungen und Verschrobenheiten einen durchschlagen-
den Erfolg erzielte, das hat seinen Grund eben darin,
dass der Verfasser den Nagel auf den Kopf traf,
wenn er die moderne Gesellschaft als grosse Heuch-
lerin brandmarkte. Und wenn man einen weniger
derben, einen „salonfähigeren" Vertreter unseres
modernen Geisteslebens hören will, so lese man in
Paul Heyse's Roman „Die Kinder der Welt" das
Kapitel, in welchem ein Professor der Philosophie
gegen eine religiöse Professorenwitwe die moralische
und intellektuelle Daseinsberechtigung des Atheismus vertritt. Man kann es dort unumwunden ausgesprochen finden, dass die massgebenden und berufenen Vertreter der Wissenschaft sich fast ausnahmslos uneins wissen mit allem kirchlichen Dog-
menglauben. dass sie durchaus kein Genügen daran
finden, die letzten und schwersten Fragen des menschlichen Denkens durch die naive Setzung einer persönlichen, allmächtigen und allwissenden Kraft zu
umgehen, dass aber diese Männer es nur unter
vier Augen und nur gründlich erprobten und ver-
trauten Freunden gegenüber wagen, sich ihre heiligste Überzeugung wie ein schändliches, verbrecheri-
sches Geheimnis zuzuraunen, weil sie die erdrückende
Macht der scheinheilig „entrüsteten" Gesellschaft,
weil sie für ihr Ansehen, für ihre ganze gesellschaftliche Stellung fürchten müssen, wenn sie, anstatt
nach dem bon ton mitzuheucheln, die einfachsten
Konsequenzen aus der „freien Wissenschaft und
ihrer freien Lehre" ziehen. Dieses Zitat aus Heyse,
dem fashionablen Schosskind der gesamten vornehmen und eleganten Lesewelt, dürfte freilich
manchen modernen Gesellschaftsstützen sehr fatal

sein, gerade wie es die meisten „Bewunderer" Lessings (natürlich: „wer wird nicht einen ‚Klassiker‘
loben!") höchst unangenehm berühren würde, wenn
man sie mit der Nase auf gewisse unzweideutige
Bekenntnisse der grossen und edlen Denkerseele
stiesse.

Nun giebt es eine Spezies von Erdgebornen,
männiglich bekannt, die mit vergnügter Seelenruhe
immer wieder die alte Leier rühren: Religion und
Wissenschaft sind gänzlich zweierlei; die eine ist
Sache des Gemüts, die andere Sache des Verstandes;
sie brauchen sich nie zu befehden; man kann also
ein strenger Logiker, ein gelehrter Forscher und
zugleich ein aufrichtig gehorsames Kind seiner
Kirche, ein gläubiger Bekenner ihrer Dogmen sein.
Das heisst mit anderen Worten: Die Menschheit
strebt zwei Zielen zu, die selbständig und von einander getrennt bestehen; es giebt trotz Goethe zwei
„letzte Schlüsse der Wahrheit"; man ist nicht zufrieden mit dem Dualismus „Geist und Materie";
man spaltet vielmehr auch den Geist noch dualistisch
in „Verstand und Gemüt." Zweifellos giebt dieser
letztere Dualismus einen ausgezeichneten modus
vivendi für alle bequemen Philosophen und Lebe-
männer ab, und es ist daher um so bedauerlicher,
dass, genau besehen, dieser psychische Zwiespalt
eine psychologische Unmöglichkeit ist.

Denn es ist eine nicht wegzudekretierende
Thatsache, dass Glauben und Wissen augenblicklich
in eine erbitterte Feindschaft geraten, sobald sie
sich auf dasselbe Objekt erstrecken. „Der Glaube
ist eine gewisse Zuversicht dess, das man hoffet,
und nicht zweifelt an dem, das man nicht siehet."
Eine bis auf syntaktische Archaismen noch für
unsere Zeit mustergültig klare und einfache Definition! Glaube ist die zuversichtliche, hoffende
Annahme eines Nicht-Gewussten. Er ist ein System
von Hypothesen oder, wenn man will, eine einzige
grosse Hypothese der durch das Gemüt erregten,

Begriffe bildenden Phantasie. Zwischen der Hypothese, dass die Erscheinungen der Wärme, des
Lichtes, der Elektrizität etc. auf Atombewegungen
beruhten und der, dass ein Gott sei, besteht kein
formaler, sondern nur ein materieller Unterschied,
jene antizipiert eine physische, diese eine metaphy-
sische Erkenntnisthatsache. Sobald nun der Fall
eintritt, dass ich das bisher nicht Gesehene doch
erblicke, sobald das Nicht - Gewusste zu meiner
Kenntnis gelangt, sobald ist die Hypothese abge-
than; sie hat ihren Zweck erfüllt, und der Hoffnungs-
schimmer des Glaubens verblasst vor dem strengen
Lichte der Erkenntnis. Was ich weiss, das glaube
ich nicht mehr. Die Gewissheit ist der Feind der
Vermutung, wie das Bessere der Feind des Guten
ist. Niemand wird den Unsinn vertreten wollen,
dass ein Urteil kategorisch und zugleich nur hypo-
thetisch richtig sein könne. Sobald ich den Beweis
dafür gefunden habe, dass Wärme in der That nur
Molekülarschwingung mit grösserer oder kleinerer
Amplitüde ist, sobald hat die gleichlautende Hypothese natürlich jede wissenschaftliche Bedeutung
verloren; sobald ich beweisen kann, dass ein Gott
ist, bin ich der Vollkommenheit teilhaftig; die
höchste Erkenntnis ist mein; ich streife allen Glauben als ein irdisch Unzulängliches ab und erlabe
mich der hypothesenlosen Seligkeit, in der „das
Unzulängliche Ereignis ward."
    Natürlich ist es auf das formale Ergebnis des
Kampfes zwischen Glauben und Wissen von gar
keinem alterierenden Einfluss, ob die neuerworbene
Erkenntnis negativer oder positiver Natur ist. Er-
kenne ich, dass die Wärme nicht Molekülarschwingung ist, so sage ich diesem schönen Wahn Lebe-
wohl; wäre ich im Stande zu beweisen, dass es
keinen Gott, kein absolutes Prinzip gebe, so würde
es jedem, der überhaupt für Beweise zugänglich ist,
absolut unmöglich sein, das Vorhandensein desselben dennoch zu glauben. Zwei getrennte, neben

einander herlaufende und gleichzeitig passierbare
Wege zur höchsten Erkenntnis giebt es also nicht.
Dass das Endziel der wissenschaftlichen Forschung
und des religiösen Glaubens dasselbe ist, haben wir
bereits oben bemerkt. Die Wissenschaft strebt, von
Abstraktion zu Abstraktion schreitend, dem höchsten
und letzten Begriffe zu, und dieser letzte Begriff,
der Gott der Wissenschaft, ist identisch mit dem
Gott des Glaubens. Soweit dürfen wir sicher sein,
keinem Widerspruche zu begegnen. Nun aber
kommen wir zu der praktischen Frage: „Tritt dasjenige, was wir heutigen Tags nach den Forderungen einer orthodoxen Kirche (eine nicht
orthodoxe Kirche entsagt jedem Recht des Zwanges,
indem sie der frei erwägenden Vernunft überhaupt
Spielraum verstattet) glauben sollen, in Widerspruch zu dem, was wir zweifellos wissen? Quelle
und Richtschnur jenes orthodoxen Glaubens ist die
Bibel. „Diese Bibel ist in jedem Worte wahr, weil
sie von Gott inspiriert ist.“ Wer sagt das? Die
Bibel. Mit diesem circulus vitiosus kommen wir
also nicht weiter. Die Bibel muss folglich ihre
Wahrheit durch jeden ihrer Gedanken, durch jedes
ihrer Daten Schritt für Schritt beweisen. Gerät
nun die Bibel mit der modernen Wissenschaft in
Konflikt? Wenn wir sie so lesen, wie sie geschrieben ist, ja. Nun kommen die Exegeten und
sagen: So ist die Bibel allerdings nicht zu verstehen! Was in den Zeilen steht, gilt hier und da
und dort nicht. Da gilt, was zwischen, hinter den
Zeilen oder wer weiss wo gelesen und verstanden
werden kann. Die Auslegung tritt an Stelle des
Buchstaben. Wer aber ist so dreist, von uns einen
uniformen Glauben an Auslegung und Ausleger zu
verlangen? Auslegung ist Menschenwerk.
Sobald ich den Buchstaben schweigen heisse, gebe
ich dem Geist das Wort, und wo ist auslegender,
erkennender Geist, als in uns? Kein Gott erscheint
in unsern Tagen mehr, um in Person sein eignes

Wort zu deuten. Oder sind die Ausleger des
Bibelworts kraft besonderer Weihe auch inspiriert?
Dann müssten sie schon an recht verschiedenen
Orten ihre Inspirationen empfangen, da sie einander, wie bekannt, unter Umständen weidlich in
die Haare geraten. Ist es aber erlaubt, die Bibel
mit selbständiger Erwägung und ohne aprioristischen
Glauben zu lesen, so steht Mensch gegen Mensch,
Geist gegen Geist, Meinung gegen Meinung. Jeder
ist sein eigener Priester, sein eigener Exeget; jeder
nimmt sich selbst sein Glaubensbekenntnis ab und
verpflichtet sich darauf vor sich selbst. Möglich,
dass aller Widerspruch unserer Wissenschaft mit
dem Bibelwort nur scheinbarer Widerspruch ist,
möglich, dass in jedem Buchstaben der Schrift eine
tiefgeheimnisvolle Wahrheit schlummert, die bisher
kein Menschengeist zu fassen vermochte! Dann
aber soll uns die Kirche, wenn sie das Recht des
Dogmenzwanges beansprucht, erst einmal beweisen,
dass ihre Diener Wesen von übermenschlichem
Verstande sind oder doch über ein durchschnittlich
höheres Begriffsvermögen verfügen als andere
Sterbliche. Leider würden Geschichte und Erfahrung einem solchen Beweise keine Stützen bieten.
Auch ist der Priester für uns kein orakelverkün-
dender Seher und Prophet, kein Antichambrist der
göttlichen Majestät, kurzum: keine Person mehr,
die mit Gott in unmittelbarem Verkehr steht. Es
bleibt ihm also nur das eine Recht: das jedes anderen Lehrers. Er mag sich einen Führer all der-
jenigen nennen, die, wissens- oder trostbedürftig,
sich seiner Führung anvertrauen wollen; wo ein
derartiger Wille, eine derartige Neigung nicht vorhanden ist, da ist auch für ihn kein Recht und
keine Macht vorhanden.

Es giebt also keinen Frieden zwischen Religion und Wissenschaft in dem Sinne, dass religiöse
Gedanken und kirchliche Satzungen für Jahrtausende oder auch nur für Jahrhunderte mit

zweifellosem Wert für die Geister und mit zwingender Macht für die Gewissen bestehen und daneben die Forscher „auf des Denkens freigegebnen
Bahnen mit kühnem Glücke schweifen" könnten.
Wohl aber ist jener Friede möglich, wenn man
Glauben und Wissen nicht zu einem unverträglichen
Nebeneinander zwingt, sondern als nacheinander
wirkende Mächte gelten lässt. Die Religion voran,
die Wissenschaft hinterdrein. Es wäre eine Thorheit, das religiöse Bedürfnis (wie wir es verstehen)
zu ersticken, wenn es überhaupt möglich wäre.
Denn Religion ist Idealismus. Beide Namen gelten
derselben Sache. Beide bezeichnen die Kraft der
vorauseilenden und vorwegnehmenden, vom Vollendungsstreben beschwingten Phantasie, beide bezeichnen die vorwärtsdrängende Riesenkraft der
Menschenseele, die der Menschheit keine Ruhe
gönnt, die der langsam schreitenden Wissenschaft
den Weg zeigt und ihr den dauernden Impuls
giebt, die den Geist des Forschers mit blitzartiger
Eingebung erleuchtet, dem Künstler das zu
schaffende Werk, dem Erfinder die zu konstruie-
rende Maschine, dem Entdecker das zu findende
Land vorbildend vor das innere Auge rückt. Religion oder Idealismus ist die aufgespeicherte Kraft
einer gespannten Uhrfeder; mit unwiderstehlichem,
elastischem Zwange strebt diese Kraft nach Befreiung; alle Bewegung stammt von ihr, und
was von ihr sich langsam löst, das zeigt mit
Stunden-, mit Minuten-, mit Sekundenschritten der
Zeiger der Wissenschaft am Zifferblatt der Welt-
uhr. Eine wohlthätige Hand hat jene Feder mit
unerschöpflicher Kraft versorgt. Diese Hand, den
Urquell unserer Kraft und alles Seins zu suchen,
sie zu finden und ihre letzte und höchste Gabe,
Vollkommenheit, zu empfangen, ist unsere Aufgabe.
Weil wir aber mit der expansiven Kraft eines
solchen Strebens ausgerüstet sind, ist es unsere
heiligste Pflicht, sie zu gebrauchen und nicht an

verjährtem, faulendem Besitz ein unwürdiges Genügen zu finden. Mit jedem Schritt, den die Wissenschaft vorwärts thut, muss der Glaube weiter hinausschauen, die Hoffnung weiter hinausgreifen in das Unbekannte, Unerworbene, und je höher sich der Flug des Idealismus erhebt, desto freudiger und kühner muss ihm die Wissenschaft folgen. Die Religion schreite mit der Wissenschaft, die Wissenschaft mit der Religion fort. Religiöse Dogmen sind wandelbar und vergänglich wie wissenschaftliche; sie kommen und schwinden wie diese. Wo man erkennt, dass der unausgesetzte Gebrauch aller unserer Kräfte in allen Angelegenheiten unsere Aufgabe ist, da hat man einen Gott, da hat man Religion, da ist man fromm. Darum hatte Lessing ein so grosses Recht dazu, an den Eingang seines „Nathan“ die Worte des Gellius zu setzen:

„Introite, nam et heic Dii sunt.“
„Tretet ein; denn auch hier sind Götter.“ Ja, noch mehr! Er hätte sagen dürfen: „Gerade hier sind Götter, weil Götzen zertrümmert werden und der frei aufatmende Gedanke sich an neuen, besseren Bildungen erbaut.“

„Alles fliesst.“ Sollte es ein Zufall sein, dass dieses Wort von demselben schwermütigen Epheser stammt, der „in kühner Freidenkerei“ mit dem naiven Glauben seines Volkes brach und den Streit für den Vater aller Dinge erklärte? Ja, alles fliesst, und für unabsehbare Zeiten dauert der Kampf des Neuen mit dem Alten. Ein Blick in die Vergangenheit lehrt uns, dass es zugleich ein Kampf des Besseren mit dem Guten ist. Weil nun aber das Ziel der Erziehung des Menschengeschlechts noch in so weiter Ferne liegt, ist unser vorläufiges Ziel der erziehende Kampf.

„Das ist der Weisheit letzter Schluss:
Nur der verdient sich Freiheit wie das Leben,
Der täglich sie erobern muss.“

Wir fassen hier, gewiss nicht gegen die Intentionen des Dichters, Freiheit und Leben auch in rein geistigem Sinne. Nur der erwirbt sich die eines Menschen allein würdige Freiheit des Geistes, der täglich bereit ist, Vorurteile der Parteien und Traditionen abzustossen und mit freudigem Blick das Neue zu erkennen; nur den Geist durchfliesst mit kräftigem Pulsschlag ein wahres Leben, der die Toten ihre Toten begraben lässt, der neue Säfte aus dem Frühlingsboden der Zukunft saugt und der nichts so sehr hasst wie Fäulnis und Tod. So mögen wir denn auch erobernd kämpfen um Leben und Freiheit in Wissenschaft und Religion; mögen wir getrost die abgestorbenen Blüten des Glaubens fallen sehen, wenn die Frucht des Wissens sie verdrängt, dürfen wir doch gewiss sein, dass der ideale Glaube in immer neuen Trieben seine Kraft bezeugt. Die Frucht enthält den Samen zu neuem Wachstum. Alles fliesst.

Religion oder Litteratur als Zentrum des Volksschulunterrichts?

Der Leser wolle nicht sauer sehen, wenn ich ihn mit Ideen und Plänen behellige, deren Realisierung leider noch in ziemlich weite Ferne gerückt erscheint. Aber jeder mehr oder minder glücklichen reformatorischen Idee sollte, sobald sie aus dem energischen Willen entspringt, dem Heile der Volksschule und damit des Volkes zu dienen, überall eine Freistatt im vollsten Sinne des Wortes gewährt sein. Wenn schon der grosse Gedanke der allgemeinen Volksschule es wagen durfte, in hervorragenden, bedeutungsvollen Versammlungen seine Ansprüche zu erheben, so wird man vielleicht eine Hoffnung nicht chimärisch nennen, deren Erfüllung uns noch auf dem Boden gegenwärtiger Schulverhältnisse erblühen kann.

Wenn ich in dem Titel dieser Arbeit von einem Unterrichtszentrum spreche, so denke ich nicht an ein Zentrum im Sinne der Ziller'schen Konzentrationsidee. Ich habe nicht im Sinne, die Behandlung des 30jährigen Krieges an Schiller's „Wallenstein", die des 7jährigen an Lessing's „Minna von Barnhelm" anzuschliessen. Man wird es aber mit mir für einen glücklichen Gedanken Herbarts halten, den möglichst festen Zusammenschluss aller Kenntnisse und Fähigkeiten um einen Kern- und Mittelpunkt als die sicherste Grundlage eines einheitlichen sittlichen Wollens zu bezeichnen. In Anerkennung dieser Wahrheit hat man denn auch, schon bevor Herbart sie betonte, jeder Schule ein gewisses Fach als Zentrum zugewiesen, ein

Fach, dem Lehrer und Schüler eine gleichsam ge-
steigerte Achtung und Beachtung entgegenbringen
sollen und von dem sie einen besonderen Segen
für Geist und Gemüt zu erwarten haben. Nur in
diesem Sinne möchte ich das Wort „Zentrum" verstanden wissen. In unseren Tagen, in denen man
mit vielem Rechte, aber mit noch mehr Spitz-
findigkeit nachgewiesen hat, dass von jedem Unter-
richtsfach eigentlich jede Wirkung zu erwarten sei,
ist uns auch die Ansicht seit langem geläufig, dass
jede Disziplin einen Ertrag an sittlicher Bildung
liefere. Ich werde mir nicht beikommen lassen,
die sittliche Bedeutung des naturwissenschaftlichen
und des Rechenunterrichts oder auch nur des
Zeichen-, Schreib- und Turnunterrichts in Zweifel
zu ziehen; es wird aber gleichwohl andererseits
keinem einfallen, eine dieser Disziplinen in den
Mittelpunkt des Gesamtlehrplans stellen zu wollen.
Ich gestehe, dass ich keine Vorstellung davon habe,
wie die Evolutions- oder Descendenztheorie, wenn wir
es in der Schule bis zu solchen Erwägungen überhaupt brächten, unseren herangewachsenen Zögling
durch die Wirrnisse des Lebens führen soll, oder wie
man das grosse, nach oben gerichtete „Warum?" und
„Wozu?" mit Logarithmen berechnen will. Die
Aufgabe der Wissenschaften ist Einzelarbeit, und
allein dem „philosophischen Kopf" bleibt es vor-
behalten, „den Bund der durch den abstrahierenden
Verstand getrennten Wissenschaften wiederherzustellen." (Schiller.) In Wirklichkeit ist die Welt
nicht nach Wissenschaften geordnet, nicht von
einem vorsorglich waltenden Gott in Fächer für
Studierende der Mathematik, der Physik, der Geschichte etc. eingeteilt. Diese Trennung hat der
weltbetrachtende Mensch aus notwendiger Rücksicht
der Arbeitsteilung vorgenommen. Das beständige
Ineinanderweben der Einzelwissenschaften führt es
jedem nicht ganz versimpelten Fachgelehrten täglich
und stündlich nahe, dass jene Trennung eine will-

kürliche, in das All künstlich hineingetragene war.
So gewiss aber das endliche Objekt unserer Betrachtung das All ist, so gewiss ist es das unab-
weisbare Bedürfnis des Menschen, das einigende
Band zwischen den Wissenschaften wiederherzustellen, und die Arbeit der Philosophie besteht
darin, diese innere Einheit nachzuweisen. Es wird
demnach zu allen Zeiten Aufgabe jeder Schule sein,
ihren Schülern einen Stoff zu bieten, in dem die
ideale Kraft der Menschenseele ihre Schwingen
entfaltet, in dem sich das Beste, Dauerhafteste und
Kraftvollste von dem konzentriert zeigt, was menschliche Geistesarbeit ihren schwer errungenen Besitz
nennt. Wir werden, um mit anderen Worten zu
sprechen — und man wolle diese Worte nicht
missverstehen — unsere Kinder zu philosophischen
Köpfen erziehen müssen; das will nicht mehr sagen,
als dass wir sie vom unfreien und blinden Umher-
tasten am Besonderen entwöhnen und ihren Blick
auf das Dauernde und Allgemeine „in der Erscheinungen Flucht" gerichtet halten.

Einen Stoff, der die Aufgabe des gesinnung-
bildenden Unterrichts in erster Linie lösen soll,
besitzt unsere Volksschule in der Religion. Ich
muss schon hier auf die auffällige Thatsache hinweisen, dass dasjenige, was von den Berufs- und
Neigungsfrommen als die Grundfeste aller sittlichen
Bildung, als der Urquell alles Glückes und aller
inneren Befriedigung gepriesen wird, nicht für alle
Stände und alle Schulen den gleichen unzweifel-
haften Wert zu besitzen scheint. Es wird keinem
vernünftigen Menschen auch nur entfernt der Gedanke kommen, die Religion für das Zentrum auch
des Gymnasial- und Realschulunterrichts zu halten.
Diese Anstalten ruhen mit ihrer ganzen Basis auf
dem humanistischen resp. dem realistischen Bildungs-
ideal; an ein religiöses Zentrum hat man in der
gesamten neueren Entwickelung des höheren Schul-
wesens mit keiner Silbe gedacht. Die Religion,

die für den Volkspädagogen eigentlich Anfang und
Ende seiner Thätigkeit bedeuten soll, muss also
wohl für jene Schulen nicht gut genug sein; sie
kommt dort in That und Wahrheit erst in vierter,
fünfter oder sechster Linie in Betracht. Eine seltsame Erscheinung, zu der man übrigens auf rein
sittlichem Gebiet insofern ein Analogon findet, als
die kompaktesten sittlichen Ideen sich auf den
sogenannten Höhen der Menschheit elend ver-
flüchtigen und die unverrückbarsten Sittengesetze,
auf die, wie man uns sagt, der Bestand jeder
menschlichen Gesellschaft gegründet ist, von der
höheren und heiligeren diplomatischen Weisheit,
die Politik und Geschichte macht, höflichst bei
Seite geschoben werden. *)

Unverkennbar verlangt und erwartet man von
dem Volksschullehrer, dass er in allergetreustem
Orthodoxismus die Satzungen des „positiven"
Kirchenglaubens in die Seelen der Kinder ver-
pflanze und mit Aufbietung des ganzen aus
seiner Autorität fliessenden moralischen
Zwanges dieselben veranlasse, das von ihm Gelehrte anzunehmen und für Glauben oder Unglauben
Himmel oder Hölle zu erwarten Dass die Lehrer
selbst zum grossen Teile einen Religionsunterricht

---

*) Denn die Diplomatie, welche die nationale Politik über
die allgemein-menschliche Ethik stellt, huldigt keinem besseren
Grundsatze als dem jesuitischen, dass der Zweck die Mittel
heilige. Das Kapitel der politischen Ehen, das noch durch Vorgänge der jüngsten Zeit so wirksam illustriert wurde, ist ein auf
gut Glück herausgegriffenes von vielen. Es hat etwas Burleskes
an sich, wie jene Staats- und Gesellschaftsspitzen in die Sittengesetze ihres Gottes, zu dem sie sonst mit beispielloser Demut
und Ergebenheit emporblicken, durch allerlei Gelegenheitsethiken
auf unverfrorene Weise hineinquacksalbern. Der vermeintliche
Konflikt zwischen politischer und universaler Ethik ist nirgends,
kann nirgends schärfer herausgearbeitet und auf die Spitze ge-
trieben sein als in Fr. Hebbel's „Agnes Bernauer". Und welcher
gesunde Mensch legte wohl das Buch aus der Hand ohne sich
zu sagen, dass die Beseitigung des Bürgermädchens ein unnötiger,
ausserordentlich schändlicher Mord gewesen sei?

genossen haben, der ihnen — mit freudigem Danke
werden sie dessen gedenken — gegenüber jedem
abgestorbenen und erstarrten Dogmatismus die
Waffen der Kritik in die Hand gab, dass sie daher
in der notwendigen Konsequenz dieses empfangenen
Unterrichts nur mit qualvollem inneren Zwiespalt
ein Etwas lehren können, das in ihnen seit langem
nicht mehr zu finden ist, davon sei zunächst ge-
schwiegen. Aber an der Zeit ist es endlich einmal,
offen und unverblümt die Frage nach dem Nutzen
des Religionsunterrichts für die Volksschule zu be-
antworten; wollte man angesichts der neuerlichen
Anstrengungen der Kirche, die Schule in ihren
Schoss, soll eigentlich heissen: in ihren „guten
Magen“ zurückzuführen, der Erörterung dieser
Frage ausweichen, so wäre das offenkundige Feigheit.
    Es steht ein für allemal fest, dass sich keine
Religion als eine geoffenbarte erweisen lässt. Niemand von uns hat einen persönlichen Gott gesehen
und von ihm Aufschluss über die letzten Dinge
erhalten; die Muttergottes- und ähnliche Erscheinungen aus neuerer Zeit würden mit einem Anspruch auf zwingende Beweiskraft wohl nicht durch-
dringen. Es bleibt demnach als einzige Quelle
jeglicher Glaubenslehre die mündliche oder schrift-
liche Überlieferung. Dass die erstere der vis pro-
bandi entbehrt, versteht sich von selbst. Die
letztere, in unserem Falle die Bibel, müsste ihre
inhaltliche Integrität durch ein ausser ihr liegendes
Argument oder auf Schritt und Tritt durch jedes
ihrer Worte darthun. Ersteres ist nicht der Fall;
letzteres ist unmöglich. Es folgt daraus mit Bestimmtheit, dass jeglicher Glaube ein Resultat
subjektiver Entschliessung ist. Jeder von
uns ist mit Bezug auf seine religiöse Entwickelung
eine Waise; kein liebender Vater reicht ihm die
führende Hand: er ist — und darin liegt der unendliche Reiz des menschlichen Daseins — ganz
auf sich selbst angewiesen. Schon ein talmudischer

Spruch lautet: „Alles kommt von Gott, nur nicht
die Gottesfurcht". Niemand kann für seinen
Glauben oder Unglauben. Die Beschränktheit oder
die Perfidie unserer unduldsamen, rechtgläubigen
Zeloten besteht darin, dass sie diese Voraussetzung
nicht verstehen oder nicht verstehen wollen und
dass sie in dem Atheismus nichts Besseres erblicken
können oder wollen, als das gemeine Streben, sich
von einem höchsten moralischen Forum loszumachen
und sich ungestraft und ohne Skrupel dem Bösen
hinzugeben. Wenn der Philosoph Locke die Beschränktheit besass, jedem Bekenntnis Duldung
gewähren zu wollen, nicht aber dem Atheismus,
so verzeiht man ihm das im Hinblick auf seine
Zeit; unser Zeitalter jedoch, das Immanuel Kant
und den Faust besitzt, sollte wissen, dass es gerade
ein Zeugnis höchsten Strebens und umfassenden
Denkens ist, wenn „alle Nähe und alle Ferne nicht
die tiefbewegte Brust befriedigt". Hier sei nun
gleich der Forderung vieler Frommen gedacht, dass
der Mensch gegenüber den göttlichen Dingen seine
Vernunft gefangen nehmen solle. Solle, jawohl!
„Die Schwerenöter", würde Heine mit seiner
drolligen, ironischen Gelassenheit gesagt haben,
„woher mögen sie das so genau wissen?" Ich für
meine Person stehe nicht dafür ein, dass nicht der
Richter, der uns im Jenseits erwarten soll, jene
Vorwitzigen besonders beim Ohr nimmt und etwa
so spricht: „Ihr Narren, was habt ihr meinen
Menschenkindern vorgeredet! Sie sollten ihr Bestes,
ihre Vernunft, in'n Sack stecken? Fort mit euch
in die Hölle, und alle, die euch das geglaubt haben,
gehen mit. Ihr aber, Ketzer und Zweifler, Sek-
tierer, Atheisten und Materialisten, die ihr euch im
Schweisse eures Angesichts gemüht habt, mich zu
finden, die ihr mit eurem Pfunde gewuchert habt,
die ihr mühselig und beladen von schwerer Ver-
nunftarbeit seid, kommet her zu mir, ich will euch
erquicken."

Nun könnten wir es uns wohl gefallen lassen,
zum Glauben an den biblischen und kirchlichen
Dogmenbestand mit höherem Zwange angehalten
zu werden, trotzdem die logischen Beweise für
seinen absoluten Wert mangeln, wenn wir hoffen
dürften, dass jener Gedankenkomplex sich in
lebendige Beziehung zu unserem gesamten modernen
Innenleben setzen liesse und die Kraft besässe,
unser Denken und Handeln mit alles erleuchtendem
Strahle zu beherrschen. Diese schöne Hoffnung
sehen wir leider wie eine Leuchtkugel schon im
Aufsteigen verlöschen. Was sich nicht auf das
nach menschlichen Begriffen sichere Postament des
Beweises stellen lässt, was nicht mit „dauernden
Gedanken befestigt" ist, das „lebt in schwankender
Erscheinung". Was nicht zur Vollendung aus-
gereift ist, das unterliegt den Gesetzen der Entwickelung. Die Wissenschaft hat untrüglich nachgewiesen, dass die Religion davon keine Ausnahme
macht. Der historische Rückblick auf die religiösen Vorstellungen früherer Jahrtausende und die
ethnologische Umschau nach den gleichartigen Vorstellungen jetzt lebender unzivilisierter Völker
reden eine nicht misszuverstehende Sprache. Die
Religion muss es sich gefallen lassen, aus ebenso
primitiven Anfängen hervorgegangen zu sein wie
jedes andere Kulturmoment, und diejenigen Theisten,
die das Dasein Gottes jetzt schon beweisen wollen,
haben den Schmerz erleben müssen, endlich auch
den naiven Beweis e consensu gentium*) fallen zu
sehen, da es sich herausgestellt hat, dass keineswegs alle Völker eine Gottvorstellung haben. Und
so wenig es bis heute das übrige Geistesleben der
Menschheit zu einem befriedigenden Abschluss gebracht hat, so wenig ist das mit Bezug auf die
religiöse Ideensphäre der Fall. Die Priester, die

---

*) Aus der Übereinstimmung der Völker in der Annahme
eines Gottes.

2

dennoch behaupten, dass in den bestehenden dogmatischen Lehrgebäuden aller Weisheit Anfang
und Ende beschlossen sei (was sie freilich garnicht
daran hindert, diese Gebäude bei Gelegenheit zu
erweitern und auszubauen), sind keine berufeneren
Beurteiler als wir anderen Menschen auch. Dass
sie mit der priesterlichen Weihe eine höhere Intelligenz, eine übermenschliche divinatorische Kraft
in der Erfassung höchster und verborgenster Heils-
wahrheiten empfangen hätten, haben sie natürlich
niemals beweisen können. Und hier ist nun
endlich der Ort, es rundheraus zu sagen, dass die
christliche und neben ihr (wir führen sie an als die
einzige uns sonst noch interessierende) die jüdische
Glaubenslehre im schreiendsten Gegensatze zu
unserer gesamten heutigen Denk- und Empfindungsweise steht und dass der moderne menschliche
Geist, wofern er nicht hinter dem Zeitgeiste zu-
rückgeblieben ist, die seltsamen religiösen Erzeugnisse längst überwundener Kulturepochen nun und
nimmer zu assimilieren vermag. Die Kirchen
stehen leer, wo nicht eine straffe Kirchendisziplin
wie die katholische die in den meisten Fällen
völlig bildungslosen Massen hineintreibt; die Geist-
lichkeit stösst einen Notschrei über den anderen
aus über die Gleichgültigkeit ihrer Gemeinden; im
Grunde ihres Herzens orthodoxe, positiv christliche
Theologen (wie noch kürzlich einer zu Berlin)
schlagen dringend vor, sämtliche jetzt bestehenden
Dogmen zu beseitigen und neue, mit der modernen
Wissenschaft verträgliche — Dogmen an die Stelle
zu setzen, damit nicht völlig veraltete Glaubens-
sätze, welche festzuhalten die lebendige Wissenschaft proskribieren heisse, den Glauben überhaupt
auf's tiefste schädigten.*) Es ist unzweifelhaft noch

---

*) Schon auf der preussischen Generalsynode von 1846
wollten hervorragende Theologen die Dogmen von der Gottheit
Christi, von der Jungfrauengeburt, von der Höllenfahrt, von der

zu hoch gegriffen, wenn wir sagen, dass höchstens
ein Sechstel der im weiteren Sinne Gebildeten
heutigen Tages noch mit Überzeugung festhält an
dem Kanon seines Bekenntnisses, und wenn von
den übrigen fünf Sechsteln ein erheblicher Teil
gegen diese Abschätzung protestieren sollte, so
wissen wir, auf welche Zeitumstände wir diese Ab-
wehr zurückzuführen haben. Ich brauche wohl
nicht erst zu bemerken, dass ich jenen religiösen
Pöbel, der taufen und trauen lässt, „weil das doch
einmal sein muss", der sich Weihnachten, Ostern
und Pfingsten erinnert, dass er den lieben Gott
nicht ganz erzürnen dürfe und die Kirche doch
einmal betreten müsse, der, wenn ihm ein Dissident
begegnet, geschwind sein Christentum aus dem
Schranke holt, um sich christlich enträsten zu
können, der den Himmel sich wünscht und die
Hölle fürchtet, bei all seinen Handlungen aber
vergisst, darauf Bezug zu nehmen und sich alles
in allem auf dem bequemsten Gottlosigkeitsfusse
eingerichtet hat — ich brauche nicht zu sagen,
dass ich diesen Mob nicht zu den Gläubigen rechne.
Jenes eine Sechstel tyrannisiert aber die Geister-
welt, und zwar thut es das zunächst mit Hülfe
jenes religiösen Pöbels und der nach Millionen
zählenden geistig Verwahrlosten, in Stumpfsinn und
Aberglauben Verkommenen, sodann mit Hülfe der-
jenigen, deren ganzes geistiges und moralisches
Interesse sich überhaupt auf die Konservierung
mittelalterlicher Traditionen beschränkt, und endlich
mit Hülfe derer, die aus der Frömmigkeit ein ein-
trägliches Gewerbe machen. Man weiss, wie
lächerlich unsere Nation sich bedauerlicher Weise
macht, wenn sie mit allerlei spezifischen „Deutsch-

Himmelfahrt und von der Persönlichkeit des heil. Geistes be-
seitigt wissen. Diese Dogmen werden heutigen Tages noch frank
und frei in jeder Volksschule gelehrt. Es ist auch nicht ersichtlich, warum man sie nicht lehren sollte, wenn man
anderes lehrt.

2*

heiten" aufprotzt, die gar keine Deutschheiten sind;
leider ist auch unsere Dichter- und Denkerschaft
bedenklich ins Schwanken geraten. Mögen wir
ein Volk der Dichter sein, so sind wir doch auch
ein Volk, das seine genialsten Tragödiendichter in
Wahnsinn und Elend verkommen lässt; mögen wir
ein Volk der Denker sein, so sind wir doch als
Denker so verzweifelt gutmütig, dass wir uns eine
Art kirchlicher Zensur gefallen lassen, wie sie in
keinem anderen zivilisierten Staate erhört ist. An
Werkeltagen denken wir mit den Gedanken Kant's,
Goethe's und Darwin's; aber an Sonn- und Fest-
tagen reden wir mit den Worten Martin Luthers,
des Apostels Paulus und der ehrwürdigen drei Erz-
väter Abraham, Isaak und Jakob. Und wir fühlen
uns wohl dabei; haben wir doch jederzeit das
treffliche Sedativ zur Hand, dass Glauben und
Wissen garnichts miteinander zu thun hätten! Ich
hoffe von ganzem Herzen, dass diese alberne
Phrase noch einmal aller Welt in ihrer ganzen
Absurdität zu Gemüte geführt werde. Wir wissen
freilich auch, dass der Glaube (nicht der Dogmen-
glaube!) vorwiegend Sache des Gemüts, das Wissen
Sache des Verstandes ist, haben aber noch nie die
Entdeckung machen können, dass Gemüt und Verstand durch ein Zwerchfell von einander getrennt
wären. Giebt es einerseits keine unsinnigere Annahme als die, dass wir unsere theoretische Vernunft dazu empfangen hätten, ihr in den wichtigsten
Fragen Schweigen zu gebieten, so lehrt andererseits
jeden aufmerksamen Beobachter seiner selbst die
praktische innere Erfahrung, dass der Verstand
eine unausgesetzte Scheidung und Sonderung unter
den Regungen des Gefühls und den durch sie ver-
anlassten Bildungen der Phantasie vornimmt und
dass umgekehrt die Wärme des Gemüts mit regel-
mässigen Pulsen unsere Vernunft durchströmt. So
mag denn wohl ein ahnungsvolles Gemüt sich schon
in neuen Schöpfungen erbauen, die noch kein ver-

standesmässiger Beweis sanktioniert hat, so mag
die forschende Phantasie dort schon nach neuen
Sternen suchen, wo das forschende Auge noch
nichts zu erblicken vermag, und wohl uns, wenn
das Gemüt treffend geahnt, die Phantasie richtig
geschaut hat und der langsam nachschreitende Verstand uns sagt: Der neue Stern ist gefunden,
hinter dem Uranus wandelt ein Neptun! Nicht aber
darf eine bockstirnige Phantasie, ein fanatisch ver-
stocktes Gemüt sich vermessen, den offenkundigsten
Thatsachen der theoretischen und praktischen Vernunft ein religiöses oder sonstiges Ideengebilde mit
dem Anspruch gegenüberzustellen, dieses Gebilde
stehe trotz des grellsten Widerspruchs jenen
Vernunftthatsachen als gleichberechtigte „Glaubens-
thatsache" gegenüber. Das Nebeneinander der
„Seelenvermögen" (wenn wir uns einmal dieser
Kant'schen Bezeichnung bedienen dürfen) bedingt
eben eine beständige Wechselwirkung; einen beständigen Kampf ihrer Inhalte. Jene Wechselwirkung zwingt den vorausgeeilten Glauben, bei
jedem Vorstoss der Wissenschaft seine alten Woh-
nungen abzubrechen und sich weiterhin anzubauen.
Jene Wechselwirkung ist daran schuld, wenn sich
die Wissenschaft eines 19. Jahrhunderts nicht versöhnen lassen will mit den Glaubenssatzungen eines
1., 2., 3. oder 4., oder eines noch früheren Jahrhunderts.

„Die, welche wähnen, dass die Wissenschaften immer
weiter fortschreiten und immer mehr sich verbreiten
können, ohne dass dies die Religion hindere, immer fort
zu bestehen und zu florieren, — sind in einem grossen
Irrtum befangen. Religionen sind Kinder der Unwissenheit, die ihre Mutter nicht lange überleben...... Es ist
augenscheinlich, dass nachgerade die Völker schon damit
umgehen, das Joch des Glaubens abzuschütteln: Die
Symptome davon zeigen sich überall, wiewohl in jedem
Lande anders modifiziert..... Denn Glauben und Wissen
vertragen sich nicht wohl im selben Kopfe; sie sind darin
wie Wolf und Schaf in einem Käfig; und zwar ist das
Wissen der Wolf, der den Nachbar aufzufressen droht.

In ihren Todesnöten sieht man die Religion sich an die
Moral anklammern, für deren Mutter sie sich ausgeben
möchte: — aber mit nichten! Echte Moral und Moralität
ist von keiner Religion abhängig, wiewohl jede sie sanktioniert und ihr dadurch eine Stütze gewährt." (Schopen-
bauer, Parerga und Paralipomena II. S. 325.)

Haben einmal Verstand oder Vernunft in irgend
einer Sache unzweifelhaft überzeugend gesprochen,
so gilt ihr Urteil auch als unantastbarer Richter-
spruch; die Autorität dieses Urteils empfindet jeder
normale Mensch mit dem Zwange eines Naturgesetzes. Wer hätte nicht schon zetern und
schreien hören über die Impietät des Verstandes,
der an religiösen Worten und Gedanken rüttle.
In diesem Sinne ist die ganze Wissenschaft pietätlos.
Nicht hier aber, sondern dort ist die wahre Impietät zu suchen, wo man noch Tag für Tag mit
der Miene der Überzeugung lehrt, dass jener Neptun
nebst anderen Planeten, die ein graues Alter vor
uns voraushaben, am vierten Schöpfungstage zur
Lust und Freude der bereits vorhandenen Erde
am Himmelsbogen befestigt seien, ja: dass die
Sonne, die grosse Mutter, vier Tage nach einem
ihrer jüngsten Kinder das Licht der Welt erblickt
habe. Wir wissen, dass Bibel und Kirchenglauben
eine Legion solcher Widersinnigkeiten beherbergen
und dass die Zahl ihrer moralischen Unmöglich-
keiten kaum eine geringere ist. Wollte man mit
Ausführungen im Einzelnen beginnen, so stände
man ratlos vor der Frage: Wo und wann aufhören? Von der grossen Zahl der biblischen Personen kann kaum eine einzige als sittliches Ideal
gelten, und — was das Schlimmste ist — die Personen, die als sittliche Ideale besonders hervor-
gehoben werden, sind in den meisten Fällen das
gerade Gegenteil (Abraham, Jakob, Aaron, David,
Salomo, Petrus u. v. a.). Jesus ist ein Idealbild
des passiven Heldentums, aber nur des passiven,
das wir übrigens noch näher beleuchten werden.
Das ethische Fundamentalprinzip der Willensfreiheit

wird bald gesetzt, bald wieder aufgehoben. Eine
Reihe von Dogmen, wie die Trinität, die Erlösung,
die Transsubstantiation resp. Inkorporation ent-
ziehen sich durchaus dem menschlichen Fassungs-
vermögen, und zum Glauben an diese mystischen
Begriffe will man die kindliche Jugend mit moralischem, uns ausserdem noch mit materiellem
Zwange anhalten! Ebenso gut oder noch eher
könnte ich einen Menschen zwingen wollen, an die
Offenbarungen der Musik, dieser mystischen unter
den Künsten, zu glauben. Ich sehe und höre bei
diesen Erörterungen im Geiste die Mienen und
Reden derer, die bei solchen Gelegenheiten über
die „Ameisen" donnern, die an dem Gaurisankar
der religiösen Wahrheit emporkrabbeln und seine
Geheimnisse mit Insektenaugen erforschen wollen.
Ich tröste mich aber damit, dass jene Donnerer
auch Ameisen und um kein Titelchen kompe-
tenter als wir sind, Geheimnisse zu enträtseln, die
jenseits des geschriebenen Wortes liegen. Denjenigen aber, die mit einem gewissen zeitgemässen
Schwulst von tausendjährigen Traditionen reden,
die ihr Recht behaupteten, erwidern wir, dass Traditionen etwas recht Gutes sein können, dass sie
aber auch immer etwas Vergängliches sind, wie
niemand leugnen wird. Henrik Ibsen lässt seinen
Volksfeind sagen:

„Es giebt Wahrheiten, die so hoch zu Jahren gekommen,
dass sie sich bereits abgelebt haben. Ist jedoch eine
Wahrheit so alt geworden, so ist sie auf dem besten
Wege eine Lüge zu werden. Ja, ja, ihr möget mir
glauben oder nicht; aber die Wahrheiten sind nicht so
zählebige Methusalems, wie die Menschen sich einbilden.
Eine normal gebaute Wahrheit lebt — nun sagen wir: in
der Regel fünfzehn, sechszehn, höchstens zwanzig Jahre;
selten länger."

Ich bin im Augenblicke nicht in der Lage, so
genau das normale Alter einer Tradition anzugeben,
bin aber fest davon überzeugt, dass auch sie abstirbt und dass den eingetretenen Tod wiederum
nur die denkende Menschheit konstatieren kann.

Nur die unerbittliche Orthodoxie ist der Glau-
bens-, Gewissens- und Gedankenfreiheit gefährlich;
denn sie ist konsequent und lässt sich auf keine
Zugeständnisse ein.

„Wenn dem Menschen in früher Kindheit gewisse Grund-
ansichten und Lehren mit ungewohnter Feierlichkeit und
mit der Miene des höchsten, bis dahin noch nie von ihm
gesehenen Ernstes wiederholt vorgetragen werden, dabei
die Möglichkeit eines Zweifels daran ganz übergangen,
oder aber nur berührt wird, um darauf als auf den ersten
Schritt zum ewigen Verderben hinzudeuten, da wird der
Eindruck so tief ausfallen, dass in der Regel, d. h. in
fast allen Fällen, der Mensch fast so unfähig sein wird,
an jenen Lehren, wie an seiner eigenen Existenz zu
zweifeln; weshalb dann unter vielen Tausenden kaum
einer die Festigkeit des Geistes besitzen wird, sich ernstlich
und aufrichtig zu fragen: ist das wahr?.. Für die
Übrigen nun aber giebt es nichts so Absurdes oder Em-
pörendes, dass nicht, wenn auf jenem Wege eingeimpft,
der festeste Glaube daran in ihnen Wurzel schlüge.“
(Schopenhauer. A. a. O. 271)

Indem die Orthodoxie solchermassen ihre schwere
Hand auf das Haupt der Kinder legte, erwarb sie
sich bisher die Gefolgschaft der grossen Massen,
die zwingende Macht einer blinden Majorität. Die
„freien“ Christen und Juden verzichten auf diese
Überrumpelung des menschlichen Geistes und die aus
ihr resultierende Macht. Dieser Verzicht entspringt,
wie nicht zu bezweifeln ist, fast stets aus einem
durchaus edlen Antriebe, nur vergessen die Ver-
zichtenden, dass sie mit der Erlaubnis zu „freier
Forschung“ alle Macht aus den Händen gegeben
haben und niemanden mehr vermögen können, an
alten Glaubenssätzen festzuhalten, weil es ihnen
noch beliebt, dieselben mit gläubiger Pietät zu behandeln. Geht man den „Freien“ ans Magere, so
sehen sie sich entweder auf das Zugeständnis abso-
luter Gedanken- und Gewissensfreiheit hingedrängt,
oder sie fallen in die Orthodoxie zurück.

Die Freiheit, welche im Vorhergehenden der
vorwegnehmenden Phantasie, dem vorauseilenden
Gefühl gewährt wurde, beschränkt sich natürlich

nicht auf die Entdeckung des Neptun, sondern gewährt dem religiösen Bedürfnis den denkbar weitesten Spielraum. Sehr viel knickeriger aber ist die Freigebigkeit der „Gemässigten", der Protestantenvereinler und ähnlichen Vermittlungstheologen. Diesen Leuten ist die geistige Freiheit kein flammendes, den Menschen vom Wirbel bis zur Zehe durchglühendes Feuer; sie ist ihnen eine Wärmflasche, an der sie mit genauer Not ihre Fusssohlen aufgetaut haben. Diese Flaneurs der „goldenen Mittelstrasse" fördern die ergötzlichsten Halbheiten und Verworrenheiten zu Tage. Da schlägt sich einer auf die Mannesbrust und gestattet uns „natürlich", die Schöpfungsgeschichte für eine epische Dichtung zu halten. Wollen wir aber diese Erlaubnis nach eigenem Ermessen ausdehnen und aus ihr die selbstverständlichsten Schlüsse ziehen, so ringt er wie der bestgeschulte Lessing'sche Patriarch die Hände über diesen Greuel des Unglaubens und der Gottlosigkeit. Ein anderer geht mit edlem Feuer für die christliche Dogmatik ins Zeug und wirft — gewissermassen in Parenthese — das ganze 2. Hauptstück als wertlos über Bord. Ein dritter ruft einmal über das andere mal: „Allgemeines Priestertum nach Luther!" „Freie Bibelforschung!", hält aber an den viertehalb Jahrhundert alten Katechismuserklärungen Luthers fester als an seinem Gott und würde, wenn jemand einen leisen Zweifel an der absoluten Vollkommenheit der 10 Gebote äusserte, bereitwilligst — wenn auch nicht selbst einen Scheiterhaufen für den Frevler errichten — so doch seine „Jönköpings" zum Anzünden hergeben. Wo die Freiheit aufhört und der Zwang anfängt, das weiss niemand von diesen Herren; das zu entscheiden überlässt man einer grossen unbekannten Autorität, die, mit einer riesigen Schere bewaffnet, über unserm Haupte schwebt, um jedesmal im rechten Augenblick den Faden unseres „freien" Denkens abzuschneiden. Die Ge-

dankenfreiheit ist aber ein Vogel; man kann ihn
festhalten, kann ihn mit den Fingern erdrücken,
hat man ihn aber einmal losgelassen — viel Glück
dann zum Wiedereinfangen! Schiller wusste sehr
wohl, was er that, als er seinen Marquis Posa so
kurz und bündig „Gedankenfreiheit" und nichts
weiter fordern liess. Massvoller würde der Marquis
allerdings gehandelt haben, wenn er gesagt hätte:
„Sire, geben Sie Gedankenfreiheit mit Bezug auf
die· Schöpfungsgeschichte!"

Die windigste aller vermittelnden Ausflüchte
ist nun die, dass das jetzt bestehende Dogma ja
auch entwickelungsfähig sei und mit den übrigen
Kulturmomenten fortschreite. Wo in aller Welt
ist denn eine solche Entwickelung bemerkbar?
Doch höchstens in der katholischen Kirche, wo
unersättliche Hierarchen auf späteren Konzilien dem
alten Dogma immer noch schlimmere Zusätze
gaben! Oder ist es einem der „Gemässigten" bisher
gelungen, von den Dogmen der Erlösung, der Erbsünde, der Dreieinigkeit, der unbefleckten Empfängnis etwas abzuhandeln? Starren jene Dogmen
uns nicht an wie unfruchtbare, erratische Blöcke,
welche die statt von Norden von Süden kommende
Flut der Christianisierung auf unserm Boden ab-
gelagert hat? Gewiss sehr richtig hat der oben erwähnte Berliner Professor der Theologie das gesamte christliche Dogma, wie es in den ersten
Jahrhunderten entstand, als den Versuch bezeichnet,
die Lehren Jesu und der Apostel mit der damaligen
Wissenschaft in Übereinstimmung zu bringen.
Und mit Recht schliesst er daraus, dass jenes
Dogma sich mit der modernen Wissenschaft unmöglich noch vertragen könne. Was kann er sich
aber von einem Dogma, das der gegenwärtigen
Wissenschaft conform ist, Besseres versprechen?
Bei der grössten Wertschätzung der Wissenschaft
als solcher hat unser Geschlecht eine geringere
Achtung vor ihren einzelnen Aufschlüssen, weil in

unserer Zeit eine Entdeckung der anderen auf dem
Fusse folgt und sie entsprechenden Falls verdrängt.
Wir könnten also, wenn wir nach fünfzig Jahren
ein modernes Dogma fertig gestellt hätten, gerade
dahin gekommen sein, es wieder über den Haufen
werfen zu müssen. Die moderne Kulturmenschheit
will zwar glauben; aber sie hat es sich deutlich
genug verbeten, ihr einen bestimmten Glaubens-
stoff (etwa wieder für Jahrtausende?) wenn auch
nur mit moralischem Zwange aufzunötigen. Es ist
ganz selbstverständlich, dass gelehrte philosophische
Kundgebungen in den ersten Jahrhunderten nach
Christo, oder sagen wir: vor Erfindung der Buch-
druckerkunst der Menge unendlich stärker und
länger imponierten als jetzt, zumal jene Kundgebungen durch empirische Wissenschaften so gut
wie keine Kontrolle erfuhren. Eine gewisse Sorte
von Viertelsfreien hegt allerdings auch jetzt noch
vor den „frommen Denkern" jener Zeit einen so
heiden — pardon! — christenmässigen Respekt,
dass sie mit deren dogmatischen Geschenken getrost in die Ewigkeit hineintraben würden. Natürlich waren diese Dogmatiker philosophische,
denkfähige Köpfe; manche ihrer Gedanken mögen
in heissgrübelnder Einsamkeit und nach gewaltigem
Seelenringen ans Licht getreten sein; aber was will
das heissen? Angenommen, dass alle Dogmen eine
relativ so günstige Entstehungsgeschichte aufzuweisen hätten, so ist es eben das Unglück, dass
sie in diesem Falle Ausgeburten von Geistern sind,
die sich in thöricht asketischer Verkennung des
menschlichen Berufs der Welt entfremdeten; wer
die Menschheit mit neuen Gedanken beglücken
will, der muss in beständigem Wechsel heute das
Buch der Einsamkeit, morgen aber das Buch der
Welt aufschlagen. Der heisse grübelnde Kopf
thut's wahrlich nicht allein; sonst müssten die Un-
geheuerlichkeiten der Scholastik auch als „ehr-
würdige Gedanken" erscheinen.

Von Einem sollte man denken, dass es den
Vermittlern längst klar geworden sei: Wenn wir
die Orthodoxie fahren lassen, geben wir damit den
dogmatischen Religionsunterricht in der Schule
völlig auf; denn es wäre nicht nur Thorheit,
sondern geradezu Verbrechen, das Kind von einer
Hand in die andere zu werfen und es heuer von
einem Rechtgläubigen, im nächsten Jahre von
einem Ungläubigen und in dem folgenden Jahre
von einem Halbgläubigen behandeln zu lassen.
Das Kind würde geradezu seelisch verpfuscht und
verhunzt werden; dass das bisher trotz des verschiedenen Glaubensstandpunktes der Lehrer nicht
in auffälligem Masse geschehen ist, liegt daran,
dass bis jetzt thatsächlich noch überall streng
orthodox unterrichtet worden ist. Deren, die es
gewagt haben, auch nur einen Schritt breit vom
traditionellen Wege abzuweichen, sind ganz ausserordentlich wenige. Aber jene Konsequenz ist den
Vermittlern ni c h t klar geworden. Von grenzen-
loser Lächerlichkeit ist der Einwand, dass das Kind
auch auf anderen Gebieten streitigen und zweifel-
haften Dingen begegne. Es ist mehr als naiv,
wissenschaftliche und ästhetische Zweifel in Parallele
zu religiösen zu stellen. Erstere sind pädagogisch
irrelevant. Für die ideale Entwickelung des Schülers ist es vollkommen bedeutungslos, ob Wallenstein und Maria Stuart schuldig oder unschuldig
sind, ob „Hermann und Dorothea“ ein Meisterwerk
oder eine Stümperei ist. Ganz etwas anderes aber
ist es, wenn das Kind sich angesichts gewisser
biblischen Erzählungen fragt: Reussieren die Guten
oder die Schlechten in der Welt? Ist Gott wirklich
der Allgütige, der Allwissende? Bin ich erlöst oder
nicht? Haftet mir die Erbsünde an oder nicht?
u. dgl. m. — Ohne Dogmen ist nun freilich ein
selbständiger Religionsunterricht nach jetziger Weise
überhaupt ausgeschlossen; die Religion muss nach
Aufgabe der Dogmen aufhören, eine besondere

Disziplin zu sein; ich möchte den Lehrer sehen, der das praktische Unding eines dogmenlosen Religionsunterrichts nach übrigens modernem Muster zu traktieren unternähme! Spiegelfechterei und nichts weiter ist es endlich, wenn die vermittelnden Freigeister Hierarchie und Dogma trennen. Dass das Dogma keine Scheiterhaufen, keine Inquisitionsgerichte und keine Folterkammern errichtet hat, das dürfte so ziemlich allen bekannt sein; das Dogma hat nicht auf dem heiligen Stuhl zu Rom gesessen, hat in der Bartholomäusnacht keine Flinte im Arm getragen, hat keinen Waldenserkreuzzug ins Werk gesetzt. Das haben Hierarchen und ihre Helfer gethan. Damit sie diese Greuel verüben könnten, war aber eines nötig: eine entsetzliche, tierische Dummheit der grossen Volksmasse. Diese Dummheit zu erzeugen resp. zu erhalten, besass die Hierarchie kein trefflicheres Mittel als das Dogma. Verstanden konnte es, sollte es auch nicht werden; im starren, gläubigen, demutsvollen Hinblick auf dasselbe bestand das vermeintliche Heil. Man weiss aber, dass ein solch starres Hinblicken auf einen Gegenstand (auch auf seelischem Gebiet) eine Art von hypnotischem Schlaf erzeugt. Durch das Dogma kataplegisierte man die Menge. Dann war das arme Opfer gefügig zu allem.*) Übrigens ist es nicht

---

*) Man vergleiche die Stelle in Lessing's „Nathan", wo Recha — nicht als Jüdin, sondern nach der Absicht des Dichters als gesunder weiblicher Mensch — zu ihrer christlichen Dienerin sagt:

„Liebe gute Daja,
Er (Nathan) will nun deine bunten Blumen nicht
Auf meinem Boden, und ich muss dir sagen,
Ich selber fühle meinen Boden, wenn
Sie noch so schön ihn kleiden, so entkräftet,
So ausgezehrt durch deine Blumen, fühle
In ihrem Dufte, sauersüssem Dufte
Mich so betäubt, so schwindelnd! Dein Gehirn
Ist dessen mehr gewohnt; ich tadle drum
Die stärkern Nerven nicht, die ihn vertragen,
Nur sagt er mir nicht zu...."

In der That! Eine meisterhaft feine Schilderung von der psychischen Wirkung des Dogmas!

mehr als natürlich, dass das Dogma, wenn es als absolute Wahrheit gilt und zur Seligkeit unerlässlich scheint, zum hierarchischen Zucht- und Machtmittel wird.

In dem Grundsatze Ludwig Feuerbachs: homo homini deus! und in seinen Worten:

„Ich sage nicht, Gott ist nichts, die Trinität ist nichts, das Wort Gottes ist nichts u. s. w.; ich zeige nur, dass sie nicht das sind, was sie in der Illusion der Theologie sind, nicht ausländische, sondern einheimische Mysterien, — die Mysterien der menschlichen Natur."

liegt die sicherste Bürgschaft der religiösen Toleranz. Es ist zum mindesten eine Anmassung, zu glauben, dass demjenigen, der gegen gewisse religiöse Ideen die Stimme der Vernunft erhebt, das Verständnis für die mystischen, ahnungsvollen Empfindungen der Menschenbrust, das Bewusstsein von der Fülle der uns umgebenden Rätsel fehle. „Es giebt Geheimnisse, die der Mensch noch nicht enträtselt hat, die er nie enträtseln wird", sagt man uns. „Wo sie beginnen, fängt auch die Religion, fängt der Glaube an." Als ob man uns damit etwas Neues verkündete! Wer hat wohl ein lebhafteres Bewusstsein von diesen Geheimnissen, derjenige, der ihnen tapfer zu Leibe geht und sie zu enthüllen sucht, oder der, der unthätig vor ihnen auf den Knieen liegt und sie unter demütigem Stammeln beräuchert? Rätsel sind doch wohl dazu da, dass man sie löse? Wer hat nun in der That eine Menge höchst bedeutungsvoller Rätsel gelöst, die Wissenschaft oder Eure Religion, die sich damit begnügte, ein Langes und Breites, Erbauliches und Unerbauliches von jenen Rätseln zu reden? Wenn wir Euren Dogmen und Euren Priestern auch nur den geringsten befreienden Aufschluss verdankten! Irren ist zwar unser Schicksal, das erkennen wir mit derselben, vielleicht mit grösserer Bescheidenheit als Ihr; aber wir wollen irren mit unserm Jahrhundert, nicht mit grauen, vergangenen Zeiten. Emile Zola, dem man vermutlich gern die

Gabe des zersetzenden Verstandes zusprechen wird
und der religiösen Irrtümern keineswegs eine besondere Schonung entgegenbringt, hat uns in seinem
„Pastor Mouret" das lebenswahrste, überzeugendste
Bild eines religiösen Schwärmers gezeichnet und
es mit einer solchen Fülle tiefsinniger, visionärer
Züge ausgestattet, dass nur ein geistig Blinder
daran zweifeln kann, ob jenem unerbittlichen Realisten die Kraft eigne, sich zu mystischen Anschauungen zu erheben. So wagen auch wir es
nicht und werden es niemals wagen, mit brutaler
Selbstüberhebung dem Gefühl und der Phantasie
eine Grenze zu ziehen, die niemand überschreiten
dürfe, ohne unserem schonungslosen Hohn und
unserem inquisitorischen Zwange zu verfallen.
Wir haben keinen Spott und keinen Zwang für
ein Herz, das in anderem Takte schlägt, als das
unsere; wir kennen keine physische, keine moralische, keine soziale Folter für den, der das künftige Paradies in anderen Träumen sieht als wir;
denn wir hegen eine tiefe, mitfühlende und ver-
stehende Ehrfurcht vor dem, was eine ringende
Menschenseele unter Freuden und Schmerzen ge-
boren hat und was ihr als heiligster Besitz gilt.
Wer seine religiösen Gedanken von einer über-
menschlichen Autorität empfangen wähnt, der muss
ja folgerichtig jede menschliche Vernunft dieser
Autorität unterordnen und zur eifrigen Betreibung
jener Seelenretterei gelangen, die im günstigsten
Falle die liebenswürdig-lästige Gestalt annimmt,
welche ihr Lessing in seiner Daja gegeben. Und
nur wer die Religion einzig aus dem Menschenherzen erwachsen glaubt, kann dieser Pflanze ge-
statten, dass sie an jedem Orte so wachse, wie
ihr die Sonne scheint, wie sie der Boden nährt.
Die ganz selbstverständliche Folge dieser unein-
geschränkten Toleranz ist aber der unablässige
Kampf gegen jene Elemente, die uns individuelle
Meinungen, welche von früheren Jahrhunderten

akzeptiert wurden, von uns aber zurückgewiesen
werden, mit einem grossen Mangel an Bescheidenheit und Rücksicht aufzwingen wollen. Es war
ein löbliches Unternehmen, dass der alte, nunmehr
verstorbene Vischer in seinem dritten „Faust" den
Schatten Lessing's heraufbeschwor und ihn den
mutig zurückweichenden Kulturkämpfern die Worte
zurufen liess:

> „Als Losung nicht für weiche matte Seelen
> Hab' ich der Duldung schönen Ruf gemeint,
> Nicht eurer Schonung wollt' ich ihn empfehlen,
> Den „Patriarchen", jeder Duldung Feind!
> Lasst euch von mir zu bessern Thaten stählen!
> Schämt euch! Ich stand allein, ihr seid vereint;
> Da nehmt dies Schwert von mir, sein Nam' ist Wahrheit!
> Grad' aus wie ich, haut durch und schaffet Klarheit!

Wir stehen vor der grossen Frage, ob jener
Kampf gegen die Vergewaltiger unserer Vernunft
auch auf dem Boden der Schule ausgefochten
werden soll. Dass das geschehen soll, versteht sich
nun freilich von selbst. Die Gegner des Dogmas
unter den Lehrern werden genug davon haben,
unter dem Fluch der Unwahrheit zu arbeiten.
Wir sind glücklich zu dem Grundsatze gekommen,
dass für unsere Kinder nur das Beste gut genug
sei; wir bezeichnen es mit Recht als ein pädagogisches Verbrechen, den Schülern offenkundige Irr-
tümer zu übermitteln, wir sind — wiederum mit
Recht — so peinlich geworden, dass wir im Lesen
und Schreiben auch nicht eine einzige sinnlose
Silbe dulden; aber auf dem Felde der Religion
überschütten wir dieselben Schüler mit grauen Irrtümern, sättigen wir sie, oder besser: verstopfen
wir ihnen den Mund mit Worten und Gedanken,
die für sie absolut sinnlos sind, kurzum: gründen
wir ihre sittliche Bildung auf ein System von Gedanken, das unser Vertrauen und das Vertrauen
der Kinder verloren hat. Der Einwand, dass die
Kinder garnicht so weit über diese Dinge nach-
dächten, dass sie alles unbesehen hinnähmen und

später glaubten und dächten, was sie wollten, sei
hier nur als einer von den vielen erwähnt, mit
denen die Freunde des Dogmas sich selbst tot-
schlagen. Glaubt man etwa, dass unsere Kinder
nicht mit einem ganzen Herzen voll Zweifel und
Widerspruch in die Religionsstunde kommen?
Glaubt man etwa, dass das „Gift" der „Aufklärung"
und der „Freigeisterei" nicht auch die Kinderseelen
„infiziert" hat? Wie oft sollte es wohl vorkommen,
dass ein Kind sich geistig von seinen Eltern los-
sagt? Wo ist der kühne Operateur, der die geistige
Nabelschnur zerschneidet, welche das Kind an den
Schoss der Familie bindet? Welcher Vater, wenn
er die Erziehung seiner Kinder irgendwie mit Bewusstsein leitet, suchte wohl nicht den Weg zum
Herzen seines Kindes, auf dem er ihm den köstlichsten Inhalt seiner Seele, seine teuersten Gedanken übermitteln kann; welcher Vater wäre nicht
mit Eifer darauf bedacht, den heranwachsenden
Vertretern seines Hauses sein wertvollstes Erbteil,
seine Überzeugung, zu vermachen? Freilich wird
er es nicht mit plumper Gewalt thun dürfen; im
sanften Wandel der häuslichen Tage vollendet sich
wie von selbst im Kinde das Abbild seiner Eltern.
Jeder weiss, dass die Schule sehr wenig gegen das
Haus vermag; mit ihrem jetzigen Religionsunterricht
lockt sie vollends keinen Hund vom Ofen, ge-
schweige denn ein Kind vom elterlichen Herd.
Die Schule hat einen gewissen Unterricht, den
orthographischen, in dem man es durch jahrelange
Mühe dahin zu bringen sucht, dass der Schüler so
schreibe, wie er nicht spricht; der Erfolg ist denn
auch, wie sich statistisch nachweisen lässt, ein er-
bärmlicher. Wir besitzen in der Religion einen
Unterrichtsgegenstand, dessen Aufgabe darin besteht, die Kinder etwas mit Worten traktieren zu
lassen, was sie günstigsten Falls nicht verstehen,
gewöhnlich aber dem Lehrer nicht einmal bona
fide abnehmen. Wenn man das Resultat dieses

Unterrichts so genau messen könnte, wie das des
orthographischen, so würden die Erfahrungen eine
gleiche Sprache reden. Es ist mir keineswegs ver-
borgen, dass sich mit Hülfe auswendig gelernter
Definitionen, Bibelsprüche und Glaubensartikel eine
schlanke Katechisation herstellen lässt; man sieht
zu seiner Verwunderung: Sie haben alle „tiefsinnig
gefasst, was in des Menschen Hirn — nicht passt."
Wenn mir recht ist, so hat Luther einmal die Bibel
ein Wasser genannt, in dem ein Lamm waten und
ein Elephant schwimmen könne. „Aber an verschiedenen Stellen!" fügen wir mit starker Betonung hinzu, und dann hat freilich das Wasser
der Bibel vor anderen Gewässern nichts voraus.
Die beispiellose Klarheit und Einfachheit der biblischen Sprache, Erzählungen und Gedanken ist
überhaupt ein beliebtes Steckenpferd derer, denen
die Bibel ein „papierener Papst" ist. Mit diesen
Vorzügen hat es eine ähnliche Bewandtnis wie mit
der bekannten schmackhaften Speise in Reuter's
„Stromtid": es ist etwas Herrliches um diese Vorzüge; es ist nur ein Schade dabei: sie sind nicht
vorhanden. Treffend bemerkt ein ausgezeichneter
Schulmann, Dr. Fr. Dittes in Wien: „Wenn das
alles so einfach, so leicht begreiflich ist, warum
zerbrechen sich denn die Herren so lange darüber
den Kopf, und warum haben wir denn heute noch
so viele Konfessionen, die doch alle anerkannt
sind?" Dass das Gefühls- und Willensleben durch
jenen Unterricht keinen höheren, durch das ganze
spätere Leben fortwirkenden Impuls erhält, versteht
sich am Rande. Die grossen allgemeinen Sittengesetze verfehlen natürlich ihre ethische Wirkung
auch hier nicht, trotzdem auch sie von dogmatischen
Schnörkeln umrankt dem Kinde dargeboten werden.
Obwohl die spezifisch religiöse Erziehung mehr und
mehr eine Einschränkung erfahren hat, ist das sittliche Verhalten unserer Kinder in der Schule und
in der Öffentlichkeit gegen früher entschieden ein

besseres geworden. Die „zunehmende Verwilderung
unserer Jugend" ist zu einem Teile eine kirchlich
tendenziöse Vorspiegelung, zum andern eine Erfindung jener nicht genügend beschäftigten Spiessbürger, die um eine nutzlose Abendunterhaltung
verlegen sind. Nur zu einer Zeit zeigen die Schüler
in der Regel eine beklagenswerte Zügellosigkeit,
zur Zeit des Konfirmandenunterrichts nämlich, in
welcher sie doch einen doppelten Religionsunterricht
geniessen. Das ist bezeichnend. Was die Kinder
dem Religionslehrer, seiner moralischen Autorität
sich unterwerfend, in gläubigen Antworten ent-
gegenbrachten, war äusserlich Angehängtes; den
für sie unverdaulichen Stoff konnten sie nicht mit
jener für den Gesinnungsunterricht nötigen Begeisterung empfangen, unter deren Einfluss die
Seele augenblicklich und fest mit ihrem neuen
Inhalt zusammenwächst und Empfängnis gleich-
bedeutend wird mit Befruchtung. Mit der Konfirmation sehen die Schüler ihre Emanzipation von
der Schule herannahen. Jetzt werden sie sich
dessen förmlich bewusst, wie wenig höhere Gewalt
dasjenige auf ihre Entschliessungen ausübt, was
ihnen die Schule während langer Jahre als das
Höchste und Heiligste gepriesen hat; mit einer gewissen Ostentation verüben sie die losesten Buben-
streiche unter den Augen des Lehrers oder Pastors,
der sie mit Bibelworten entlässt. Sie fühlen nicht
den Zwang eines ausgewachsenen und durchge-
bildeten Gewissens (soweit in diesem Alter davon
die Rede sein kann); ein solches Gewissen konnte
nicht erwachsen auf dem Boden abgestorbener
Lehren; man vermisst bei ihnen fast überall die
Anzeichen einer — man mag das Wort belächeln;
ich halte es doch für das richtige: — einer vor-
nehmeren Kindesnatur. Haben sie die Schule und
den Konfirmandenunterricht erst ganz im Rücken,
so setzen sich die wilderen und unbändigeren Naturen mit einem Fluche nicht nur über ihren

Glauben, sondern auch über ihre Sittlichkeit hinweg, die nie einen anderen Zusammenhang kennen
gelernt hat, als den mit der Religion. Zum Überfluss sei noch des Einwurfes gedacht, dass wir den Kindern doch inkonsequenter
Weise auch Märchen und ähnliche Geschichten
böten, die einen naiven Phantasieglauben bei den
Kindern voraussetzten. Wir antworten darauf:
Der kleine Unterschied besteht darin, dass der
Märchenerzähler den Unglauben schlimmsten Falls
mit einem Thaler Busse belegt, der Religionslehrer
ihm aber zeitliche und ewige Qualen in Aussicht
stellt. Es versteht sich, dass demjenigen, der die
Religion aus der Volksschule beseitigen will, sofort
mit drängender Gewalt die Frage nach dem Ersatz
entgegengeworfen wird. Mit einem blossen Moral-
unterrichte, von dem man oft geredet hat, ist bei
weitem nicht genug gethan; abgesehen davon, dass
er praktisch ein Unding ist, vermag er allein das
kindliche Herz nicht mit jener weihevollen Kraft
zu erfüllen, die ewig über dem Bestehenden ein zu
Erstrebendes erblickt. Die Religion in ihrer reinen
Gestalt entspricht nicht etwa nur unserm Sittlichkeitsstreben, sondern zugleich unserm intellektuellen
und Gefühlsleben. Ich kann mich deshalb nicht
für die Kant'sche Behauptung erklären, dass alle
Religion sich auf Moral zurückführen lasse und
dass die Ideen Gott, Unsterblichkeit, Freiheit nur
Postulate der praktischen oder sittlichen Vernunft
seien. Nach Kant ist es Aufgabe der Religion,
sich in Sittlichkeit umzusetzen; mit der sittlichen
Vollendung hat jede Religion aufgehört; die Kirche,
eine ethische Gemeinschaft, lasse sich nur auf
den moralischen Vernunftglauben zurückführen,
weil man nur diesen jedermann zur Überzeugung
mitteilen könne. Abgesehen von der Richtigkeit
oder Unrichtigkeit dieser letzteren Behauptung erhebt aber die Religion an sich unzweifelhaft den

Anspruch, auch für unser Denken und Fühlen, in
summa: für unser ganzes Seelenleben und -streben
die letzten Begriffe zu postulieren; ihr Gott will
nicht nur unserm Sittlichkeitsstreben, sondern auch
unserm Forschungsdrange und unserem Schönheits-
verlangen das höchste Genüge leisten. Darum
fordert die jetzige Religion — entgegen jener
Kinderthorheit vom Parallelismus zwischen Glauben
und Wissen — an sich mit richtiger Konsequenz
Unterwerfung unseres Verstandes und unserer
Ästhetik unter den Glauben; dass sie diese Forderung mit Unrecht erhebt, liegt daran, dass sie aus
dem Postulat ein Dogma macht und darum längst
aufgehört hat, Religion zu sein. Der Gott, den wir
erhoffen, soll nicht nur unsere sittlichen Prinzipien
sanktionieren; er soll auch unserm Denken die
letzte Antwort erteilen und unserm Gefühl die
Seligkeit der fleckenlosen Schönheit schenken. So
identifiziert sich der Begriff der Religion in seinem
ganzen Umfange und Inhalte mit dem Begriff des
Idealismus. Ich kann hinzufügen, dass ich nichts
dagegen hätte, wenn das Wort „Religion" überhaupt aus der Welt schwände; es sagt ursprünglich
so gut wie garnichts, sowohl nach der Ciceronia-
nischen Etymologie wie nach der des Lactantius;
das Wort Idealismus bezeichnet die Sache viel
treffender. Man wolle sich für alles Folgende
gegenwärtig halten, dass ich in der Religion nicht
eine Summe gewisser geistiger Materien, sondern
eine formale Kraft erblicke, die zwar nicht losgelöst, aber doch unabhängig ist von der Materie,
an der sie sich augenblicklich erweist, eine Kraft,
die sich an immer neuen Materien erweisen muss,
weil sie eben Entwickelungsstreben ist. Ferne
sei es von uns, die Manen Kant's dadurch zu be-
leidigen, dass wir in dem Begriffe des Idealismus
dasjenige wieder zusammenmengten, was der kritische Philosoph so streng von einander trennte.
Es ist bekannt, dass der Königsberger Denker

einen wahren Abscheu vor der Naturphilosophie
Shaftesbury's empfand, die die Begriffe „wahr",
„schön" und „gut" ineinander überfliessen liess,
die den Menschen durch Anschauung des Schönen
unmittelbar zur Wahrheit und Sittlichkeit führen
wollte, eine Philosophie, die vielleicht gerade wegen
ihres stürmischen Gedankenganges geeignet war,
die Jugend unseres grossen Schiller zu nähren und
zu verklären. Aber Denken, Wollen und Empfinden
vereinigen sich doch in dem einzigen Ich und
werden aus dem einen Lebensquell des Idealismus
mit gleicher Kraft getränkt. Nicht als In- oder
Durcheinander, aber als harmonisches Nebeneinander erscheinen sie in jener reinsten Form des
Lebens, die wir Wachsen, Streben oder — Idealismus nennen. Dieses Leben, dieser Idealismus
findet seinen gleichsam provisorischen Ausdruck in
der Kunst. Die Kunst bildet vor, was wir in uns
selbst nachzubilden haben. Die Kunst malt das
Paradies, das wir ersehnen. Die Kunst ist die
antizipierte Vollkommenheit. Darum zeigt auch sie
die drei Seiten des menschlichen Wesens vereinigt,
und hier haben wir nun Kant selbst zum Zeugen.
Nach ihm hat das Schöne seinen Ursprung in dem
harmonischen Zusammenwirken aller Seelenvermögen; es ist ihm eine Ausstrahlung des ganzen
Menschen. Wenn aber ein Zusammenwirken aller
Seelenvermögen zur Entstehung des Kunstschönen
nötig ist, so folgt ganz von selbst, dass der künstlerische Stoff sich aus den diesen Vermögen entsprechenden Momenten zusammensetzen muss.
　　So lange es eine ästhetische Wissenschaft
giebt, haben in ihr Gehalts- und Formästhetik einander gegenübergestanden. Jene findet den Grund
des Wohlgefallens am Schönen im Inhalt oder
Stoff, diese in der Form. Wir stellen uns entschieden auf Seite der ersteren, und zwar nicht
etwa, weil wir uns dort in der besten Gesellschaft
befinden, sondern aus guten Gründen. Die Form-

ästhetik argumentiert so: Dieselben Tonempfindungen
geben in gewisser Aufeinanderfolge ein melodisches,
in einer anderen ein hässliches Tonbild; folglich
kann nicht der Stoff, sondern es muss die Form
das Entscheidende sein. Ein einfaches Vorstellungs-
bild, z. B. ein mathematischer Punkt, eine einfache
Gesichts- oder Gehörsempfindung kann weder gefallen noch missfallen. Schluss wie oben. Das
klingt beim ersten Anhören recht plausibel. Die
Formästhetiker nehmen ihre Beispiele mit besonderer Vorliebe aus der Harmonielehre. Die Sache
ändert sich aber sofort, sobald wir jene Begründung auf die Poesie ausdehnen. Will man etwa
die Poesie zu einem Zusammenlegespiel machen
und sagen: Wenn man dieselben Wörter so und
so zusammenstellt, so ergeben sie Poesie, stellt
man sie anders zusammen, so wird nichts daraus?
Es drängt sich einem sofort die einfache Entdeckung auf, dass die ästhetischen Formalisten bei
ihren Deduktionen nicht mehr und nicht weniger
ignoriert haben, als die künstlerische I d e e, die der
wirkliche Inhalt oder Stoff des Kunstwerks ist.
Sie haben die Benennungen verschoben und an
Tönen, Worten und Linien, die nichts weiter als
das versinnlichende Medium, nichts weiter als
F o r m i m w e i t e r e n S i n n e sind, Inhalt und Form
unterschieden. Ein Vergleich soll uns dies deutlicher machen. Der Erzgiesser nennt jedes Gefäss,
das ihm zur Anfertigung eines plastischen Bild-
werks dient, eine Form. Ein solches Gefäss kann
aber in verschiedenen Fällen ein sehr verschiedenes
Etwas entstehen lassen, z. B. eine Büste Schillers
oder ein Reiterstandbild Napoleons. Es ist also
noch eine F o r m d e r F o r m, eine Form im enge-
ren Sinne zu unterscheiden. Der I n h a l t aber ist
das gegossene Metall. Ich bitte nicht zu vergessen,
dass ich einen Vergleich gebrauche. Auf das betreffende Kunstwerk angewandt würde die Rubri-
zierung sich so gestalten: Der Inhalt ist Schiller,

ist Napoleon; die eigentliche Form ist der Inbegriff
alles dessen, was die Persönlichkeit Schiller's oder
Napoleon's charakterisierte, und das versinnlichende
Material, der rohe äussere Stoff, an dem die Form
zur Erscheinung kommt, ist das Metall. Dies
letztere würde nach den Formalisten der Inhalt
sein. Die Töne einer Musik verklingen; die Worte
eines Gedichtes verhallen; nur Farbe und Stein
bleiben. Wenn Worte und Töne vorübergerauscht
sind, bleibt uns der poetische, der musikalische
Gedanke; er bleibt uns in der Form, die er in der
Hülle der Worte und Töne empfangen hat, wenn
wir auch kein einziges Wort, keinen einzigen Ton
behalten haben, und jene Form umfliesst den Gedanken wie ein ätherisches Gewand, das jedes
seiner Glieder abprägt und zur Geltung kommen
lässt. Nur bei den Werken der bildenden Kunst
wird der Formvorstellung die Vorstellung des versinnlichenden Stoffes anhaften, weil die bildnerische
Form sich ohne einen solchen nicht vorstellen
lässt. Nach den Formalisten aber würden wir mit
Worten und Tönen das Wesenhafte am Kunstwerk
verloren haben und nicht dessen Inhalt oder Stoff,
sondern nur dessen „Form" nachhause tragen. Ich
habe von musikalischen Gedanken gesprochen und
begreife es in der That nicht, wie man die Musik
nur aus Tönen bestehen lassen kann. Wodurch
unterscheiden sich denn schon die Motive eines
Beethoven von denen eines Verdi? Was stellt denn
den „Fidelio" so himmelhoch über den „Trouba-
dour", den „Don Juan" über irgend eine Kinderei
à la Flotow oder Adam? Warum können wir ein
Menuett von Haydn oder Bokcherini hundert Mal
mit dem gleichen Entzücken hören, während uns
eine an sich recht gut gelungene Operettenmelodie
beim dritten oder vierten Male anwidert? Warum
überragt das Schubert'sche Lied alle anderen?
Liegt das nur an einer zufälligen Gruppierung der
Töne, oder ist die Harmonisierung an allem schuld?

Die Tonempfindungen können eine Aufeinanderfolge haben, dass sie das Ohr mit schmeichlerischer
Süsse förmlich umstricken, wie das z. B. bei dem
ehemaligen Verdi der Fall ist; es wird aber doch
kein Mozart'sches Briefduett daraus, weil der elek-
trische Strom des hohen musikalischen Gedankens
sie nicht durchzieht. Was dieser musikalische
Gedanke ist — wer vermag es zu sagen? Ich habe
schon vordem die Musik die mystische unter den
Künsten genannt. Sie beginnt da, wo uns die
Sprache versagt. Wir verstehen es, aber wir
können es nicht sagen, was aus der bergetiefen,
purpurnen Finsternis dieses Meeres heraufklingt.

Nichts liegt mir ferner, als die abstrakte Ge-
dankenkunst, die Kunst ohne Fleisch und Blut verteidigen zu wollen. Die Kunst eines Peter Cornelius
ist nicht mein Geschmack. Die realistische Form,
d. h. die Form, die ein naturnotwendiges Produkt
der künstlerischen Idee ist, ist zugleich die einzig
künstlerische. Wo hohe und klare künstlerische
Begriffe walten, da stellen auch Worte, Töne, Farben und Formen zur rechten Zeit sich ein. Dass
wirklich bedeutende Gedanken sich immer nur in
mangelhafter Form wiedergeben liessen, ist eine Aus-
rede fauler oder zuchtloser Künstler. Moritz Lazarus
hat uns in seinem „Leben der Seele" darauf hingewiesen, wie unter der Bühne des Bewusstseins die
wohlthätige, freundlich gesinnte Macht des Unbewussten waltet, die köstlichsten Schätze ans Licht
hebt und sie den schöpferisch thätigen Geist ungesucht finden lässt. Und dieses Element des Unbewussten ist natürlich um so bewegter und freige-
biger, je frischer der Sturm der bewussten Gedanken
darüber hinfährt.

So gut wie eine hochentwickelte, lebendige
Form vereinigt sich auch die Autonomie der Kunst
mit den Prinzipien der Gehaltsästhetik. Denn mögen
ihre Stoffe sich auch aus intellektuellen, moralischen
und ästhetischen Momenten zusammensetzen, so

kann sie doch niemals von dem diesbezüglichen
positiven Besitzstande der menschlichen Seele einen
gesetzgeberischen Zwang dulden; sie steht über
allem Erreichten, weil sie, allem voraneilend, dem
strebenden Geiste immer neue und neue Ziele
steckt und selbst das Feststehende von immer
höheren Gesichtspunkten aus betrachten lehrt. Alle
Gesetze aber, die die Kunst sich selbst giebt, werden
aus dem einen unwandelbaren Grundsatze erwachsen
müssen, dass die höchste Kunst die sei, die am
wahrsten und bestimmtesten die Summe des Vorhandenen zieht und für die Erwerbung neuer idealer
Güter die am meisten glaubhaften und begeisternden
Fingerzeige giebt.

Man wird mir diese scheinbare Abschweifung
in das Gebiet prinzipieller ästhetischer Erörterungen
zu gute halten; sie war nötig, um zu zeigen, wie
ungemein ernst der Lehrer die Kunst zu nehmen
hat. Nur vom Standpunkte der Gehaltsästhetik aus
konnten wir uns dessen bewusst werden, dass die
Kunst ein gewaltiges Inventarium der Menschenseele sei. Es galt von neuem auf das ästhetische
Lebenswerk Schiller's hinzuweisen, der, wie Palleske
uns zeigt, die Kunst wieder zum Günstling der
Vernunft erklärte. Besonders nötig ist ein solcher
Hinweis in unsern Tagen, in denen die Kunst der
Unvernunft ein Spott und ein Tand zu werden
droht, in denen mancher „Realpolitiker" im Stillen
der Ansicht huldigt, dass das Kutschkelied eigentlich unsere grösste nationale Dichtung sei. Die
Kunst kann nur dann eine Erzieherin des Menschengeschlechts sein, wenn in ihr die tiefsten und
klarsten Stimmen der Menschenbrust zu Worte
kommen. Im vollen Umfange geschieht dies einzig
und allein in der Dichtkunst; sie thront über allen
anderen Künsten; denn in ihr thront der greifbare
Gedanke. Der Schwerpunkt des menschlichen Ichs
ruht in seiner sittlichen Vernunft, und mit Recht
hat daher Plato die Idee des Guten die Sonne im

Reiche der Ideen genannt. Kant verlangte, dass
die Kunst moralische Ideen aufnehme; wenn sie das
nicht thue, so führe sie zur Erschlaffung; die Lust
müsse Kultur sein. Es bedarf keines Hinweises,
dass die Dichtkunst dieser Aufgabe bei weitem am
meisten gerecht werden kann. In den unendlichen
Räumen dieses Pandämonions erscheinen alle guten
und bösen Geister der Menschenbrust zum Kampf;
sein Ende ist immer der Sieg des Guten in der
Idee, wenn auch nicht im versinnlichenden Stoff,
und das Bild jenes Kampfes entrollt sich vor uns
mit der höchsten Anschaulichkeit, die das repro-
duktive Bewusstsein kennt. Nur der Dichter hat
alle Farben auf seiner Palette, die zu einem ganzen
Menschenbilde gehören. Und obwohl der Götter-
saal der Dichtung voll ist von wahrhaft idealen,
vorbildlichen Gestalten, bekundet sie doch einen
noch höheren erziehlichen Wert darin, dass sie in
dem Geniessenden eine unvergleichliche Klarheit,
Feinheit und Schärfe der sittlichen Begriffe erzeugt,
dass sie jene Subtilität des Gewissens vorbereitet,
die das Kennzeichen des vornehmen Charakters ist,
dass sie mit andern Worten eine moralphilosophische
Propädeutik sondergleichen ist. Hier mag das Wort
eines Naturforschers, ein Wort Darwins seinen Platz
finden, das aus diesem Munde besonders überzeugend wirkt. „Wenn ich", so schreibt der grosse
Brite, „noch einmal auf die Welt käme, so würde
ich es mir zur Regel machen, mich wenigstens einmal in der Woche mit Poesie und Musik zu beschäftigen; vielleicht wäre mir hierdurch die Gabe,
mich an denselben zu erfreuen, erhalten geblieben.
Der Verlust dieses Geschmacks ist ein Verlust an
Glück, ist ein Schaden für den Intellekt und vor
allem für den Charakter, da durch denselben die
Feinfühligkeit unserer Natur herabgemindert erscheint." Wirkliche Lebenserfahrung wird zwar
immer die instruktivste Lehrmeisterin sein; die
Dichtkunst aber ist ihr glänzendster Ersatz, ja: sie

ist in gewissem Sinne der Menschheit ein weit
höheres Gut; denn sie zieht in das grosse Welt-
weben auch die ärmsten Seelen hinein, denen das
reale Leben nur eine Erfahrung in enger Stube, bei
spärlichem Sonnenschein und bei fröhnender Arbeit
gönnt. Und noch ist mit ihrer instruktiven Bedeutung nicht der höchste Wert der Dichtkunst berührt. Dieser wird immer in ihrer begeisternden Kraft bestehen, wird darin bestehen, dass sie
der Menschenseele die Schwingen der kampfes-
mutigen Hoffnung leiht und sie aus der dumpfen
Luft des Alltagslebens, in der die Flamme des
Herzens erstickt, emporhebt in die ozonreiche Luft
der geweihten Stunden, in der die Herzen brennen.
Die frische, freie Luft ist die grosse Krankheits-
heilerin für Seele und Leib, die Erweckerin des
Lebens, die Treiberin zur Kulturarbeit. Ich weiss
sehr wohl, dass ein ästhetisches Gefühl noch keine
sittliche That ist; der sittliche Charakter ruht auf
der Basis des Willens, nicht auf der des Gefühls.
Wenn es aber ausserhalb der Willenswelt einen
Punkt giebt, von dem aus man diese Welt zu lenken
vermag, so kann er nicht im Verstande, er muss
im Gefühl liegen. Ich weiss, dass ich auf dem
Standpunkte eines durchaus berechtigten Eudämonismus stehe, wenn ich die Quelle jener begeisternden
Kraft, jener geweihten Stunden in der Glückseligkeit sehe, die mit dem Kunstgenusse verknüpft ist.
Es ist hier nicht der Ort, diesen Eudämonismus
gegen Kant's „Rigorismus", der, wie Schiller sagte,
„die Grazien zurückschrecke", zu verteidigen. Wir
bedürfen des Glücks, das Darwin so schmerzlich
vermisste; wir verlangen nach Glück und brauchen
uns dieses Bekenntnisses nicht zu schämen, wenn
unsere Sehnsucht entwickelungsgemäss fortschreitet
und nur im Höchsten ihre letzte Befriedigung findet.
Diese Sehnsucht aber, die niemand zu bannen vermag, der sich ihr einmal ergeben, ist die formale
Kraft, welche die Welt des Willens mit gewaltigen

Hebeln erfasst, sie aus dem Zirkeltanz der trägen Gewohnheit befreit und auf ewige Bahnen lenkt. Mit grosser Freude fallen die frommen Verfechter des Religionsunterrichts über jeden her, der „praktisch so unerfahren, so unreif und urteilsunfähig" ist, dass er die sittliche Erziehung des Kindes ohne Vorhaltung von Lohn und Strafe, ohne Verheissung des Himmels und Androhung der Hölle betreiben zu können glaubt. Wie schon gezeigt, stehe ich auf dem Standpunkt eines vergeistigten Eudämonismus, der durchaus weder die Würde des Menschen noch die Würde des Sittengesetzes herabsetzt, der trotz seiner geistigen Natur den Kindern verständlicher ist als die „ewige Seligkeit" und sich auch vor den Kindern unterscheiden lässt von wohlgefälliger Selbstbespiegelung und pharisäischer Tugendeitelkeit. Das Vollendungsstreben der Menschen ist identisch mit dem Verlangen nach Glückseligkeit.*) Aber doch wohl jener Glückseligkeit, die aus rechtem Denken, rechtem Fühlen und — vor allem — aus rechtem Thun nicht nur entspringt, sondern auch dasselbe begleitet, und die man nicht verlangt oder erwartet, ehe man sich zu einer guten That anschickt? Doch wohl nicht jener Glückseligkeit, die in gemein-eudämonistischen Geschichten für kleine und grosse Kinder den Tugendhaften mit leckeren Kuchen und süsser Milch, mit Reichtum und gesellschaftlichem Ansehn, mit einem stattlichen Rittergut und einer hübschen Frau beschenkt und damit der sittlichen Weltordnung Genüge zu thun glaubt? Über die himmlische Glückseligkeit wollen wir mit

---

*) Die Thatsache, dass es den Menschen unwiderstehlich zur Entdeckung der Wahrheit treibt, selbst wenn diese ihm einen niederschlagenden Aufschluss giebt, widerspricht unserer Behauptung nicht. Denn im Bekanntsein und Einssein mit der Wahrheit sieht der Mensch das e i n e Glück, das ihm mehr gilt als die reichste „Mosaik von endlichen, bescheidenen Glücksmomenten".

den Frommen nicht streiten, da wir alle nichts davon wissen. Aber diese Frommen werden doch
wohl mit ihren Schülern von gutem und schlechtem
Gewissen reden; sie werden doch wohl von der
seligen Stimmung reden, die eine edle That, von
der unglückseligen, die eine böse That begleitet?
Sie werden den Kindern doch die Seligkeit im
Jenseits, wenn sie sie keinen leeren Schall bleiben
lassen, nicht plumper ausmalen als diese eben geschilderte irdische? Sie werden doch wohl dem
tugendhaften Bruder des verlorenen Sohnes gehörig
heimleuchten, wenn er für seine Sittlichkeit ein
Kalb verlangt? Oder nicht? Sollten wohl diese
Herren ihren Schülern eine provisorische Ethik mit
konkreten Aussichten aufnötigen wollen, die diese
Schüler nachher als Schwindel und Lüge erkennen
und verwerfen müssen? Also aus „praktischen"
Gründen den krassesten Irrtum statt Wahrheit
bieten? Doch unmöglich! Man sieht also, dass die
Verfechter der Religion in der Schule, wenn sie
nicht einen plumpen, lügenhaften Eudämonismus
als Seelenfänger benutzen wollen, in der sittlichen
Erziehung mit ganz denselben und keinen grösseren
Machtmitteln arbeiten als andere Leute.

Ein hübsches Stück Verworrenheit, ausserdem
auch ein respektables Quantum kurzsichtiger Selbst-
gerechtigkeit kommt zu tage, wenn die sittliche
Schwäche gewisser Litteraturgrössen zum Einwand
gegen die litterarisch-ästhetische Erziehung benutzt
wird. Weil Goethe, Heine, Bürger und andere
Dichter einen in moralischer Hinsicht keineswegs
unanfechtbaren Lebenswandel führten, sollen ihre
Werke nicht geeignet sein, die oben versprochene
unvergleichliche Klarheit und Feinheit der moralischen Begriffe zu erzeugen. Wir könnten nun
einen weitläufigen Exkurs in die Lebensgeschichte
gewisser biblischer Autoren unternehmen, deren
Missethaten zum Trotz die Bibel „das Buch der
Bücher" genannt wird; wir könnten den Gegnern

bemerkbar machen, dass wir Goethe, Heine und
Bürger nie als sittliche Muster behandeln würden,
wie es mit einer grossen Reihe biblischer Schriftsteller thatsächlich wider Vernunft und Sitte geschieht; aber wir ziehen es vor, gleich dem Grund-
irrtum zu Leibe zu gehen. Jeder Denkfähige
erkennt sofort, dass es sich bei der Erzeugung
jener Klarheit und Feinheit der sittlichen Begriffe
um die sittliche Intelligenz, um die genaue Erkenntnis und Beurteilung von Gut und Böse, also
um ein Moment handelt, das durchaus noch nicht
mit einem sittlichen Charakter identisch, für die
Bildung eines solchen aber von hervorragender,
grundlegender Bedeutung ist. Dass ich mich bezüglich der ästhetischen Erziehung keinen vagen
Illusionen hingebe, geht aus oben Gesagtem schon
hervor. Ich zweifle aber keinen Augenblick, dass
der Verfasser des „Faust" und der „Iphigenie" in
einem Examen für sittliche Intelligenz mit Glanz
neben den Herren bestehen würde, die mit sittlicher Entrüstung die unsittlichen Beispiele — in
der Litteraturgeschichte aufspüren.

Sollen wir im Ernste noch mit jenen Leuten
streiten, die den Religionsunterricht festhalten,
weil er im späteren Leben durch Kirchgang und
Predigt, durch Weihnachts-, Oster- und Pfingstfeier,
bei Hochzeiten, Taufen und Begräbnissen eine
Fortsetzung erfahren könne, weil (mit anderen
Worten) die Religion ein Volkserziehungsmittel sei,
das man auch den Erwachsenen gegenüber noch in
der Hand behalte? Sollen wir jene Leute daran
erinnern, dass es für die Fortsetzung der ästhetischen Erziehung gewisse höchst geeignete Dinge
giebt, die man Bücher nennt, dass es Konzerte
und Kunstsammlungen und vor allem, dass es eine
Schaubühne giebt, die ein gewisser Schiller als
moralische Anstalt bezeichnete, die heutigen Tags
freilich in vieler Hinsicht besser sein könnte als
sie ist, die aber doch recht eifrig besucht wird

und noch viel eifriger besucht werden würde, wenn
der Eintritt, wie anderswo, unentgeltlich wäre?
Sollen wir jene Kurzsichtigen darauf hinweisen,
dass schon allerorten Vorträge über litterarische
und Kunstgegenstände gehalten werden und dass
sich sehr leicht statistisch nachweisen liesse, es
seien dabei bisher nicht mehr Zuhörer einge-
schlafen als bei einer Predigt? Man wird alles das
unmöglich von uns verlangen.

Der norwegische Romanschriftsteller Alexander
Kielland führt uns in einem seiner Romane eine
edle Frau vor, die von bureaukratischen, pedantischen Wackelköpfen durchgreifende Schulreformen
verlangt. Sie wird gefragt, wie sie sich dieselben
praktisch denke; als sie darauf antworten will,
fällt ihr ein Freund in die Rede und sagt:

„Entschuldigen Sie, gnädige Frau, ich muss
auf das bestimmteste davon abraten, dass Sie praktische Regeln für die Durchführung unserer Reform
aufstellen!“

Warum sie das nicht solle, fragen die Gegner.

„Weil derjenige“, fährt der Freund fort,
„welcher eine durchgreifende Reform wünscht, sich
davor hüten muss, mit praktischen Vorschlägen zu
kommen. Denn unter der grossen Menge, die sich
überhaupt jeder Reform widersetzt, finden sich
immer solche, die es verstehen, die praktischen
Vorschläge zu karikieren und lächerlich zu machen,
und dadurch glaubt man die Unzeitigkeit der
ganzen Reform bewiesen zu haben.“

Und weiterhin heisst es:

„Bei solchen Reformen, von denen hier die
Rede ist, ist die praktische Durchführung das
Untergeordnete und verhältnismässig Unwesentliche,
und derjenige, welcher damit anfängt, fängt von
hinten an und verschwendet unnütz seine Arbeit.
Wenn Sie dagegen den in der Reform liegenden
Gedanken zur allgemeinen Überzeugung Ihrer Zeit

machen können, ... wird er ohne Anstrengung
seinen Ausdruck in der Praxis finden."
Für diese goldenen Worte verdiente der ge-
nannte Schriftsteller ein Denkmal bei Lebzeiten,
u. a. auch eines in Deutschland. Ich habe sie an-
geführt, um sie dem Lehrer zur Berücksichtigung
zu empfehlen, nicht um einen praktischen Rückzug
meinerseits zu maskieren. Jene Worte sollen diejenigen dämpfen, die jedes Neue durch sogenannte
„praktische" Vorausnörgeleien systematisch zu ersticken suchen, sollen die geistigen Nachkommen
derer beruhigen, die da fürchteten, Kolumbus werde
in den Weltraum hinabpurzeln. Ich will und kann
eine Diskussion über die praktische Seite meines
Vorschlages nicht verhindern; ja, ich will selbst in
grösster Kürze die Realisierung meiner Wünsche
mit einigen Bemerkungen berühren und, wenn ich
wenig biete, mich damit trösten, dass die Zukunft,
wenn sie der Sache ernstlich und thatkräftig näher-
tritt, mit leichter Mühe das Weitere finden wird.
Dem praktisch-pädagogischen Pharisäismus gewisser
Vertreter des Religionsunterrichts bin ich allerdings,
wie ich gezeigt zu haben glaube, auch jetzt schon
gewachsen. Die Zahl der Litteraturstunden muss
sich in der I. Klasse auf mindestens 5, in den
beiden folgenden auf mindestens 4 belaufen; in den
übrigen Klassen besteht der Litteraturunterricht im
blossen Gebrauch des Lesebuchs. Das nötige Mehr
an Zeit für diesen Unterricht wäre zu erzielen
durch Wegfall der jetzigen Religionsstunden,
Gründung der Orthographie auf das phonetische
Prinzip und Beseitigung des einen unnützen Al-
phabets. Das Leben der Dichter wird mit Bezug
auf ihre persönliche Entwickelung eingehend und
liebevoll berücksichtigt. Alles Gute und Hervorragende aus fremden Litteraturen findet selbstverständlich dieselbe Beachtung wie das Einheimische.
Unter den fremden Litteraturerzeugnissen finden
Auszüge aus der Bibel die ihrem jeweiligen Wert

4

entsprechende Berücksichtigung. Häufiges Lesen,
häufiges Geniessen und Abwechselung bilden die
Hauptsache; wer eine Klasse ein Vierteljahr mit
einem Drama beschäftigen wollte, würde sie für
die Poesie totmachen. Wenn auch nur einzelne
Stellen der Erklärung bedürfen, so werden diese
Stellen doch niemals einzeln herausgerissen; da
sich bei der Erklärung eine gewisse Ernüchterung
niemals ganz vermeiden lässt, empfindet der Schüler
jene Stellen später als grellfarbige Flicken auf
einem harmonisch gefärbten Gewande. Die Erklärung ist deshalb eine erklärende Nachkonstruktion, die das poetische Werk noch einmal,
wenigstens in grossen Zügen, vor dem Schüler entstehen lässt; kann der Lehrer dabei den Duft des
Originals festhalten, um so besser; will es ihm
nicht gelingen, so wird durch erneute Lektüre
nach einem Zwischenraume die Frische des ersten
Eindrucks wiederkehren.*) Ist der Vortrag des
Lehrers von tiefer und warmer Empfindung durchströmt, so ist damit die Hälfte des erforderlichen
Verständnisses schon im Vorwege erreicht; das
rein Poetische lässt sich überhaupt nur auf diesem
Wege übermitteln. Die Frage, ob die Kinder für
die Meisterwerke unserer Dichtung das nötige Verständnis mitbringen, wird viel aufgeworfen werden.
Eine Auswahl des Lehrstoffs muss natürlich auf
das Verständnis Rücksicht nehmen. Im übrigen:
Wenn 14jährige Gymnasiasten die altklassischen
Litteraturen verstehen, werden gleichaltrige Volks-
schüler ihre eigene bewältigen können. Es ist ein
verhängnisvoller Irrtum, wenn man glaubt, der
poetische Ausdruck verdunkle; im Gegenteil:
er illuminiert. Der rein rhetorische Ausdruck mag

---

*) Jene erklärende Nachkonstruktion ist, wie in der Vor-
rede bemerkt, in den letzten Arbeiten dieser Sammlung (natürlich
unter Voraussetzung eines gereiften Publikums) praktisch durchgeführt.

einen Gedanken verhüllen, nicht aber der poetische.*)
Zu schwer könnte an manchen Stellen der Gedanke
an sich sein. Aber es ist kein Unglück, wenn die
Schüler einmal diesen oder jenen Gedanken nicht
fassen. Es ist im Gegenteil ein grosses Glück für
jeden Menschen, wenn am Grunde seiner Seele ein
Fonds von Gedanken lagert, der in stillen Stunden
der Meditation unausgesetzt nach Klärung ringt;
ich bin fest überzeugt, dass jeder von uns, wenn
in ihm kein einziger dunkler Begriff sich hin- und
widerwälzte, sich binnen kurzem mit bewaffneter
Hand in die Gefilde der Vollkommenheit befördern
würde, weil er es hier bei uns vor lauter Langer-
weile nicht mehr aushielte. Und immer werden
die Gedanken unserer Litteratur mindestens so
verständlich sein wie unsere religiösen Dogmen;
jene können noch einmal verstanden werden, diese
zum grossen Teil niemals, und — was die Hauptsache ist — jene sollen nicht wie diese um jeden
Preis geglaubt werden. — Der vorerwähnte Dr.
Dittes in Wien urteilt über die Fasslichkeit der
Litteraturerzeugnisse folgendermassen:

„— ich bin überzeugt, dass die Worte dieser Männer
viel lebendiger, viel wirksamer und heilsamer in die Gemüter der Jugend eingreifen, als der doch wahrhaftig oft

---

*) An der Rhetorik ist fast immer das Bestreben nach-
zuweisen, einen bereits vorhandenen Gedankeninhalt in eine
auffälligere und gefälligere Form zu kleiden; das Kennzeichen
der Poesie ist, dass man von einem solchen Bestreben nichts
spürt; die Form stellt sich intuitiv zugleich mit der konzipierten
Idee ein. Darum lässt sich der rhetorische Ausdruck gewöhnlich
auf eine gleichwertige abstrakte Formel zurückführen; der
poetische Ausdruck duldet eine solche Auflösung nicht. Die
Rhetorik ist gleichsam das dynamische, die Poesie das melodische
Element des sprachlichen Ausdrucks. Die herrlichsten Gedichte
eines Heine, Uhland, Goethe enthalten oft kaum eine einzige
rhetorisch schmückende Figur. Die Stimmung ist der Nerv des
Poetischen. In der Rhetorik vernehmen wir den Gedanken durch
eine schallverstärkende Maske, wie sie die griechischen Schauspieler benutzten; in der Poesie hören wir ihn frisch von der
Lippe, sehen wir ihn abgeprägt auf einem natürlichen, mit-
sprechenden Antlitz.

4*

recht abstrakte, für die Kleinen unbegreifliche . . . . .
Dogmenunterricht, der von berufswegen den Kleinen
erteilt wird."

und derselbe erfahrene und erprobte Praktiker
schrieb dem Verfasser dieses Buches:

> „Was insbesondere Ihren Hauptgedanken betrifft, so wird
> es Ihnen vielleicht von Interesse sein, dass ich vergan-
> genen Sommer einem Berliner Lehrer, der mich in Sachen
> des Religions- (und Moral-) Unterrichts und [über] dessen
> faktischen Bestand in Beratung zog, unter anderem ge-
> antwortet habe, dass mich die übliche Praxis überhaupt
> nicht mehr interessiere, da ich sie für eine gänzlich ver-
> altete und verfehlte halte und ich den Stoff für die frag-
> liche Disziplin, soweit sie in der Volksschule auftritt,
> einfach aus der deutschen Nationallitteratur
> entlehnt wissen will."

Bei der Auswahl des Unterrichtsstoffes wird besonders zu beachten sein, dass die Handlungspoesie
(die epische und dramatische) die geeignete poetische Nahrung des kindlichen Alters ist; die Lyrik
setzt fast ausnahmslos den Empfindungs- und Ge-
dankenschatz einer gereiften Seele voraus. — Ich
habe nichts dagegen, wenn man eine der fünf resp.
vier geforderten Stunden für eine besondere
Pflichtenlehre reserviert, wenn man in dieser
Stunde den litterarischen Anschauungsstoffen solche
aus der biblischen und der „profanen" Geschichte
sowie aus der täglichen Lebenserfahrung hinzufügt
und auf die Gewinnung eines kurz gefassten sittlichen Kanons hinarbeitet, den die Kinder mit sich
herumtragen und ins spätere Leben hinausnehmen
können. Man muss allerdings des unisonen Hohn-
gelächters aller Bibelfanatiker gewärtig sein, wenn
man den ungeheuren, gotteslästerlichen, himmel-
schreienden, brandpfahlwürdigen Frevel begeht, an
der ewigen Vorzüglichkeit der 10 Gebote zu zweifeln und sie durch einen neuen Kanon ersetzen zu
zu wollen. Man darf von diesen Leuten bei ihrer
masslosen Blindheit und Verranntheit nicht erwarten, dass sie erkennen, wie das dritte Gebot
eine wenn auch in ihren Folgen, so doch keines-

wegs in ihrem Wesen sittliche Forderung enthält,
wie das vierte mit einer platten materiellen Verheissung schliesst, wie das neunte und zehnte
Gebot eine verworrene und wertlose Wiederholung
des sechsten und siebenten sind (denn jedes Verbot
involviert das Verbot der Begehrungssünde), wie
die Lüge in den zehn Geboten keineswegs genügend berücksichtigt ist und wie endlich überhaupt der Dekalog die Reihe der elementaren
Sittengesetze nicht erschöpft. Ebenso wenig werden
sie einsehen, dass das passive Heldentum Jesu, die
duldende Feindesliebe, nur bis zu einem gewissen
Grade sittlich ist, darüber hinaus aber unsittlich wird.
Denn die stillschweigende Erduldung eines Unrechts,
das uns in böser Absicht zugefügt ward und aus keinem menschlich vernünftigen Grunde entschuldbar
ist, ist durchaus unsittlich. Abgesehen von der sittlichen Herabwürdigung unserer Person bedeutet
eine solche Duldung eine das Rechtsbewusstsein
korrumpierende Verletzung des objektiven Rechts.*)
Die Moral des absoluten Duldens, des Ausdemwege-
gehens, die schon in dem Streit zwischen Abraham
und Lot zur Geltung kommt, ist undurchführbar
und falsch. Wie lange will man das Ausweichen
im Interesse des andern fortsetzen? Die Erde würde
sehr bald zu klein sein! Nicht auf hundert Meilen
Entfernung, nein, in nachbarlicher Nähe sollen sich
Mensch und Mensch vertragen und lieben. Da
liegt die Aufgabe; das ist Staats- und Gesellschafts-
moral! Diese Abschweifung nur zum Frommen
der Frommen, die aus Unverstand oder geflissentlich
den Wert der zehn Gebote und die vorbildliche

---

*) Wie ernst die christlichen Nationen es mit der prak-
tischen Bethätigung der Feindesliebe nehmen, beweist die Insti-
tution des Krieges. Es ist lächerlich zu hören, dass man sich
auf die „Feindesliebe" etwas zu gute thut, die den verwundeten
Gegner pflegt und beschützt. Wenn wir das nicht thäten, wären
wir allerdings Bestien von ausserordentlicher Roheit und
Wildheit.

Bedeutung der an sich gewiss glänzenden und
schönen Christusgestalt überschätzen. — Einen
wirklich brauchbaren Aufsatz wird man von den
Schülern unserer ersten Volksschulklassen erst
dann erhalten, wenn die Litteratur Hauptunterrichtsgegenstand geworden ist. Während auch bei
14jährigen Schülern auf jede eigentliche Produk-
tivität durchaus zu verzichten ist, ist von der
Litteratur die Herbeischaffung eines reichen prakti-
kablen Gedankenschatzes und eine weitgehende
Versatilität des Ausdrucks zu erwarten. Bezüglich
des Vortrags von Dichtungen haben wir uns an
den Gedanken zu gewöhnen, dass Deklamieren aus
sich herausgehen heisst. Auf diesem Gebiet herrscht
in weiten Gesellschaftskreisen noch eine entsetzliche Philistrosität. Wer sich erlaubt, beim Vortrag
einer Dichtung seine Zivilpersönlichkeit abzu-
streifen, den betrachtet man unter Umständen mit
einer — ich möchte fast sagen: sittlichen Entrüstung darüber, dass er seine Seele in einer so
warm zugeknöpften Gesellschaft sich in adamitischem
Zustande ergehen liess. — —

Ich bin zu Ende. Beseitige man den dogmatischen Religionsunterricht aus der Volksschule
und führe man die Litteratur dafür ein. Schlage
man diesen orbis pictus des inneren Ge-
schehens vor den Augen der Kinder auf, und
eine Freude des Anschauens wird erglühen, eine
Flamme des Glückes und der Tugend auflodern,
wie man sie in den Tagen des unfruchtbaren
Dogmas nicht gesehen. Wohl der Schule und
wohl der Menschheit, wenn der Lehrer nach Jahren,
auf die Schar zu seinen Füssen herabblickend, sich
sagen darf:

„Aus der Kirchen ehrwürdiger Nacht
Sind sie alle an's Licht gebracht." —

Der Lehrer und die Litteratur.

Es liegt uns zunächst daran, aus der geistigen Stellung des Lehrers einerseits und dem Wesen der Litteratur andererseits die Thatsächlichkeit eines inneren Zusammenhanges zwischen beiden nachzuweisen. Der Lehrer ist das wichtigste Medium für die Popularisierung der meisten geistigen Errungenschaften der Menschheit. Was von den geistigen Nährquellen derselben, den grossen Gelehrten und Künstlern ausströmt, das fliesst durch den Mund des Lehrers der grossen erkenntnis- und erziehungsbedürftigen Menge zu. Jeder richtige Gedanke und jedes wahre Kunstwerk kommt der Schule mittelbar oder unmittelbar zugute, und was unmittelbar in ihren Besitz übergeht, tritt sogar qualitativ gegen dasjenige, was ihr nur mittelbar zufliesst, oft in den Vordergrund, nie in den Hintergrund. Aber es ist nicht genug gesagt, dass ein derartiges Verhältnis zwischen Kunst und Schule thatsächlich bestehe, nein: auf wie fernen Wolkenhöhen auch die Künste und Wissenschaften einherschreiten mögen und in wie elementaren Bahnen sich auch das geistige Leben der Schule bewegen mag, jene müssen ihre Segnungen in die Schule hinabsenden; was einmal dem Menschengeiste unverlierbar gehört, das muss mit Naturnotwendigkeit in seinem Kerne auch Eigentum der Schule werden, sei es auf welchem Gebiete es wolle; was wir wissen und können, müssen wir lehren aus geistigem Fortpflanzungstriebe; wie unsere physischen, so müssen wir auch unsere seelischen

Kräfte abgeben zur Erzeugung und Ernährung des
kommenden Geschlechts. Wenn es einmal unum-
stössliche und unanfechtbare Wahrheit werden
sollte, dass der Mensch nichts als eine hochentwickelte Tiergattung wäre, wenn es z. B. durch
aufgefundene Übergangsformen definitiv erwiesen
wäre, so würde unbedingt der Darwinismus auch
seinen Einzug in die Schule halten, kein Sperren
und Sträuben würde etwas nützen und wenn auch
erst nach langem Zögern, die neue Lehre müsste
kommen. Darum haben auch weder ein Kolumbus,
noch ein Kopernikus, weder ein Newton noch ein
Gaus, weder ein Goethe noch ein Grimm für unsere
Schulen umsonst gelebt; ja, selbst ein Homer und
ein Aristoteles sind noch heute in unseren Volks-
schulen thätig, wenn die Irrfahrten des Odysseus
erzählt oder die logischen Grundbedingungen eines
Aufsatzes mitgeteilt werden.

Aus diesen Erklärungen erhellt der universelle
Charakter des Lehrerberufs. Wenn der Lehrer
(auch der Fachlehrer) die verschiedensten Ströme
menschlichen Wissens in seinem Geiste vereinigen
und verarbeiten soll, so muss dieser sein Geist eine
Menge von Organen besitzen; er muss, mit anderen
Worten, eine grösstmögliche Vielseitigkeit zeigen.
Von wenig anderen Gebildeten erwartet man ausser
der amtsgemässen Fachbildung ein so vielseitiges
und zugleich sicheres Wissen und Können wie
vom Lehrer. Er soll die Lehrsätze der Geometrie
so sicher haben wie die Daten der Geschichte und
ein Goethe'sches Gedicht so verständnisvoll behandeln können wie irgend ein chemisches oder phy-
sikalisches Experiment. Nun wird freilich die Aneignung einer allgemeinen Bildung in demselben
Masse schwieriger, als die einzelnen Wissenschaften
fortschreiten, und eine allgemeine Bildung in auch
nur einigermassen erschöpfendem Sinne des Wortes
ist längst zur Unmöglichkeit geworden; aber dem
steht wiederum mit Bezug auf den Lehrer der

Umstand gegenüber, dass ja doch der Lehrstoff der
Schule und somit die Summe des geistigen Mate-
rials, das dem Lehrer zur Verfügung stehen muss,
gewisse feststehende Schranken hat und haben
wird. Nun wird aber auch niemand vom Lehrer
ein universelles Wissen verlangen! Bedeutende
Lücken und Schwächen hat die allgemeine Bildung
jedes Gebildeten, also auch die des Lehrers, und
wir möchten den sehen, der nicht schon hundertmal laut oder im Stillen seine Unwissenheit bei
dieser oder jener Gelegenheit beklagt hat. Wenn
aber nicht universelles Wissen, so doch universelles Interesse dürfen wir vom Lehrer entschiedener als von irgend einem anderen verlangen.
Universelles geistiges Interesse! Das muss
die Kardinaltugend eines jeden Geistes sein, der
berufen ist oder sich berufen glaubt, den jungen
Menschengeist zur harmonischen Vollentwickelung
emporzuführen! Auch auf geistigem Gebiet hat
unsere Gegenwart eine Menge von Modetollheiten
aufzuweisen. So ist es ein Bestreben gewisser
kurzsichtiger Geister, eine Art von wissenschaft-
lichem oder künstlerischem Partikularismus zur
Schau zu tragen, d. h. sich auf irgend ein bestimmtes, oft noch dazu sehr eng begrenztes Fach
zu erpichen, dasselbe mit wirklichem oder schein-
barem Eifer zu poussieren und dafür auf allen
anderen Gebieten des Wissens und Könnens die
kälteste Interesselosigkeit und die krasseste Unwissenheit zu zeigen. Wenn dieser oder jener
geniale Künstler oder Gelehrte seinen Studien und
seinem Schaffen enge und strenge Grenzen vor-
zeichnete, · so war das vielleicht zu rechtfertigen
und für die Leistungen des betreffenden Geistes
nur erspriesslich, wenngleich das Universalgenie
Goethe, wie das auch der Dichter eigentlich unter
allen Umständen sollte, sich sein ganzes Leben
lang das allgemeinste geistige Interesse bewahrte
und das ausgebreitetste Wissen erwarb. Aber in

unseren Tagen kehren auch die kleineren und
kleinen Geister bis hinab zu den Sternen neunund-
neunzigster oder hundertster Grösse ihre, wie sie
meinen, interessante Einseitigkeit heraus und brüsten
sich etwa mit ihrer Unwissenheit auf den realen
Wissensgebieten, um dafür in den historischen
Fächern als besondere Lumina mit verstärktem
Glanze zu leuchten. Ein „schöngeistiger“ Jüngling
oder eine dito Jungfrau blickt mit Verachtung auf
den Staubfäden zählenden oder Käfer sammelnden
Naturforscher herab, oder umgekehrt: ein Mann
der Gleichungen und Logarithmen verzieht spöttisch
den Mund über einen Menschen, der sich über
solch ein Nichts von einem lyrischen Gedichte begeistern kann. Man merkt sehr bald die verstim-
mende Absicht: Wir sollen dem Betreffenden für
seine Lieblingsfächer soviel an Bewunderung und
Auszeichnung zulegen, als er deren auf anderen
Gebieten geflissentlich von sich abweist. Gerade
unter Lehrern ist diese Einseitigkeit häufig zu
finden und gerade für den Lehrer, d. h. eigentlich
für den Schüler wird sie verhängnisvoll. Übrigens braucht eine solche Beschränkung nicht immer
die Beimischung von Gesuchtheit und Eitelkeit zu
haben; der in seiner Ausbildung begriffene Lehrer
wird nicht selten auf eine derartige Beschränkung
hingedrängt, wenn er zugleich vieles und vielerlei
bewältigen soll. Jedem kräftigen Geiste, auch dem
von universellem Interesse erfüllten, wohnt ein
brennendes Verlangen nach Vertiefung inne, und
wenn man nun z. B. von ihm erwartet, dass er in
zwei bis drei Jahren die Kleinigkeit von ebenso
vielen Fächern sich gründlich aneigne, so ist es
eine ganz natürliche Reaktion gegen dieses Ansinnen, dass er sich mit einem Fache beschäftigt
und die anderen liegen lässt. Noch viele mögen
der Ursachen sein, welche Geist und Gemüt des
Menschen in ihrem Interesse verarmen lassen; wir
wollen sie nicht aufzählen, sondern uns mit der

Konstatierung der Thatsache begnügen, dass eine
grosse Zahl, wenn nicht die überwiegende Mehrheit
unserer modernen Bildungsmenschen in kleingeistig
und engherzig beschränkter Sphäre lebt und strebt,
und dass jede Einseitigkeit des geistigen Interesses,
wenn sie zuweilen auch noch so harmlos erscheint,
von den schwerwiegendsten Folgen für die Menschheit ist. Die tausendfachen Einzelerscheinungen
des Natur- und Menschenlebens wollen von höheren
Gesichtspunkten, von grundlegenden Prinzipien aus,
das Besondere will im Hinblick auf das Allgemeine
beurteilt sein. Nur in einem philosophisch denkenden Kopfe malt sich ein voll ausgeführtes und ge-
treues Bild der Welt. Philosophisch denkt jeder
Kopf, der gewohnt ist, aus einer Summe von Einzelerscheinungen und Einzelvorfällen das allen Gemeinsame herauszuheben und für sich zu fassen. Man
braucht meine Forderung der philosophischen Weltanschauung nicht mit misstrauischen Augen anzu-
sehen; diese Philosophie soll nichts a priori Kon-
struiertes sein, sie soll auf so induktivem, empirischem
Wege zustande kommen, wie nur immer denkbar.
Nun giebt es freilich Menschen, die auch so nichts
von der Philosophie wissen wollen, die gegen jedes
abstrakte Denken wüten und sich auf recht sicherem
Boden wähnen, wenn sie sich in ihrem Urteil immer
nur an den jedesmaligen konkreten Fall halten.
Dass der unvollkommenste Geist bei seinen einfachsten Denkvorgängen mit Abstraktionen hantiert
und dass diese Abstraktionen unumgänglich sind,
das wissen jene Leute recht gut; es fällt ihnen aber
nicht ein, dass man diese Verallgemeinerung der
Begriffe und Urteile immer weiter fortsetzen kann,
ja, dass aller Wissensdrang nur Drang nach fort-
gesetzter Abstraktion und alle Wissenschaft nichts
anderes als konsequent durchgeführte Abstraktion
ist, dass also dem Menschen der Trieb zu abstrahieren unverlierbar innewohnt. Philosophie ist
Abstraktion über die Einzelwissenschaften hinaus.

Zum Abstrahieren gehört Material, aus dem man
das Allgemeine herausheben kann. Je mehr Material wir besitzen, desto sicherer gehen wir. Je
mehr wir wissen, im wahren Sinne des Wortes
wissen, desto richtiger vermögen wir zu denken.
„Nur die Fülle führt zur Klarheit", sagt Schiller;
darum sollen wir „vorwärts streben", „uns ins Breite
entfalten" und „in die Tiefe steigen", d. h. die
ganze Welt vom Zenith bis zum Nadir in unseren
Gesichtskreis zu bannen suchen, um ihren räthsel-
haften Gang zu deuten und ihr die letzte Wahrheit
abzuringen. Kann das ein Geist, der nur in einer
Richtung strebt? Nimmermehr! Er hat keinen
Blick auf das Ganze; ihm fehlt das Material, aus
dem er abstrahieren könnte; er schaut nur ein Stück
der Welt an, und dieses Stück ergänzt sich nicht
von selbst zu einem vollständigen Bilde. Partei-
fanatismus, Zunftborniertheit, Klassen- und Rassen-
hass, kaltherziges Zelotentum oder rührselige Sentimentalität, starrköpfiges Festhalten an eingefleischten
Vorurteilen, das sind die Früchte jeder einseitigen
Geistes- oder Herzensbildung. Der beschränkte
Geist beurteilt die Welt von einem Standort in ihr;
es ist natürlich, dass er in neunundneunzig von
hundert Fällen irrt; der allseitig interessierte Geist
beurteilt sie von einem Standort über ihr; er muss
seltener irren, und wenn es geschieht, so irrt er
konsequent; ist das eine allgemeine Mass unrichtig, so misst er alles Besondere verkehrt; aber
das ist ein Irrtum, „durch den er zur Wahrheit
reist". Der Einseitige schwankt unbewusst zwischen
Wahrheit und Irrtum, und aus diesem Wirrsal giebt
es keine Befreiung.

Jeder Lehrer hat in der pädagogischen Theorie
die Forderung kennen gelernt, die er zu erfüllen
hat, um den jungen Menschen zu jener Allseitigkeit
des Interesses zu führen. Diese Forderung heisst:
harmonische Ausbildung des Menschen. Es
giebt kein höheres Ziel für die Erziehung. Was

heisst „harmonische Bildung" anders als kläräugiges
und offenherziges Anschauen der gesamten, grossen
Welt, als bereitwilliges Erfassen und Verstehen des
Umuns und Inuns?! Der höchste Lohn für alle
erzieherischen Mühen des Lehrers ist der, dass er
einst in den Seelen seiner Pflegebefohlenen die
Welt im Kleinen wiederfinde mit ihren Sternen und
Blumen, ihren Schönheiten und Hässlichkeiten, ihren
Wonnen und Schmerzen, mit Licht und Finsternis,
dass die Seelen der Menschen, die unter seiner
Obhut herangereift, sich in allen Punkten mit dem
Weltganzen berühren, mit ihm verknüpft sind, dass
sie der Welt all die edlen Früchte tragen können,
die ein Mensch hervorzubringen vermag und genuss-
fähig sind für alle edlen Früchte, welche ihnen die
Welt bietet.

Was ist selbstverständlicher, als dass der
Lehrer, der im Hinblick auf ein solches Ideal arbeiten soll, selbst ein Mensch sein muss, der allen
hohen, hervorragenden Interessen der Menschheit
in seinem Geiste eine gastliche Heimstätte bereitet?!
Er, der Lehrer, muss vor allem und zuerst ein
Mikrokosmos, eine Welt im Kleinen, er muss vor
allem ein Wesen sein, dass in seiner Seele alle
Hauptströme des menschlichen Erkennens und Empfindens zusammenrafft und konzentriert; er muss
sich, wie jeder voll entwickelte Mensch, als Mittelpunkt des Weltganzen fühlen, nicht in dem egoistischen Sinne, dass er alles auf sich bezieht und nur
für sich vorhanden glaubt, sondern in dem kosmo-
politischen Sinne, dass er für alle Eindrücke des
Wahren und Schönen offen und empfänglich dasteht.
So verstehe ich das universelle Interesse, das ich
vom Lehrer verlange. Dass ein universelles Wissen
und Können von ihm nicht zu erwarten ist, habe
ich schon erwähnt. Wenn aber das auch nicht, so
kann er sich doch mit den Grundzügen aller Wissenschaften und Fertigkeiten vertraut machen und sich
über die wesentlichen Ergebnisse und Fortschritte

der menschlichen Geistesthätigkeit auf dem Laufenden erhalten. Ist doch das wissenschaftliche Studium des Lehrers überhaupt nur ein rezeptives, fällt ihm doch überhaupt nicht die Aufgabe zu, zu forschen, sondern das Gefundene aufzunehmen und zu verarbeiten! Damit ist natürlich nicht ausgeschlossen, dass dieser oder jener Lehrer auf dem einen oder anderen Gebiete ein Mann der Wissenschaft, ein Gelehrter sein könne. Aber ein Lehrer, welcher spricht: Ich achte die realen Wissenschaften nichts um der bedeutsameren historischen willen oder umgekehrt, der ist in jedem dieser Fälle ein Narr und versündigt sich gröblich an dem Ideal der harmonischen Bildung. Dem Lehrer fällt die schöne Aufgabe zu, die Gegensätze zu versöhnen, das Besondere jederzeit im Hinblick auf das Allgemeine hinzustellen und den Streit der Meinungen, der Parteien, der Wissenschaften fernzuhalten von der Bildungsstätte der Werdenden.

Habe ich in dem Vorigen ausgeführt, aus welchem Grunde mir ein universelles Interesse beim Lehrer erforderlich scheint, so wende ich mich nun meinem eigentlichen Thema zu, indem ich der Universalität des Interesses ein entsprechendes Feld für ihre Bethätigung zeige und vor allem die Früchte aufführe und kennzeichne, welche dieses Feld dem eifrigen Bebauer trägt. Ich denke an die Beziehung des Lehrers zur Kunst. Wenn ihn ein allgemeines Interesse für die Erscheinungen der Aussen- und Innenwelt erfüllt, so muss er durch dieses Interesse unfehlbar auf die Kunst verwiesen werden. Darum habe ich bisher so umständlich und ausdrücklich die Notwendigkeit eines universellen Interesses beim Lehrer dargethan, weil die Kunst die höchste und umfassendste Offenbarung des Menschengeistes ist und weil ich die Beziehung des Lehrers zur Kunst, besonders zur Dichtkunst klarlegen wollte. Nichts hat der Mensch zu Tage gefördert, in dem sich so vollkommen sein

eigenes Wesen abspiegelt, wie in der Kunst: nirgends hat er seine Stellung zum Weltganzen, nirgends seine höchsten Gedanken so unumwunden
und so fasslich zum Ausdruck gebracht, wie in der
Kunst; nirgends hat er vor allem die ganze Stufen-
leiter seiner Gefühle so offen und beredt in die
Erscheinung treten lassen, wie in der Kunst. Sein
Innerlichstes, Tiefstes, Geheimstes vertraut der
Mensch der Kunst an; die Gedanken, an denen
sein Mut sich aufrichtet, die Gefühle, von denen
seine Hoffnung sich nährt, sie verewigt er in erhabenen Bildwerken, in herrlichen Gesängen. Darum
zeichnet uns auch die Kunst und wiederum vor
allem die Dichtkunst eindringlicher als irgend eine
Wissenschaft die Epochen des Glanzes und der
Schmach in der Geschichte der Völker, in der Geschichte der Menschheit. Darum darf auch Goethe
vom Dichter sagen:

> Sein Ohr vernimmt den Einklang der Natur;
> Was die Geschichte reicht, das Leben giebt,
> Sein Busen nimmt es leicht und willig auf;
> Das weit Zerstreute sammelt sein Gemüt,
> Und sein Gefühl belebt das Unbelebte.

Hierher, zu den Hallen der Kunst, wende
seinen Stab, wer den Menschen sucht in seiner
vollsten und freiesten Entfaltung, wer die Welt
verstehen möchte mit ihren aufbauenden und zer-
störenden Gesetzen! Hier muss auch das Interesse
des harmonisch gebildeten Lehrers tiefe Wurzeln
schlagen. Und weil unter allen Künsten die Poesie
diejenige ist, welcher das unumschränkteste Gebiet
zugewiesen ist und die vermöge ihres Werkzeugs,
des Wortes, den Gedanken bis in seine verborgensten und leisesten Regungen zu verfolgen fähig
ist, darum muss die Dichtkunst, muss die Litteratur
am ehesten imstande sein, dem Lehrer eine befrie-
digende Nahrung für sein universelles Interesse zu
gewähren.

Da auch der Lehrer das Recht hat, sich in
erster Linie als Mensch zu fühlen, so dürfen wir

zuerst fragen: Was gewährt die Dichtkunst dem
Lehrer als Menschen? Dass sie ihm etwas gewähre,
setzt aber voraus, dass er sich mit ihr beschäftige.
Nun ist es allen sattsam bekannt, dass ein apodik-
tisches „das sollst du thun“ und „das sollst du
lassen“ verzweifelt oft an den Lehrer herantritt,
dass man ihm namentlich bezüglich seiner geistigen
Qualitäten die möglichsten und unmöglichsten Vor-
schriften macht, und dass der Kodex eines richtigen,
staatlich patentierten Schulmeisters mehr Gesetze
aufzuweisen hat, als Exodus und Deuteronomium
zusammengenommen. Auch hat man wohl hier und
da verlangt, dass er die allerhervorragendsten Werke
der Litteratur lese; aber dabei wurde die Bekanntschaft mit diesen Werken in den meisten Fällen
nur als ein notwendiges Anhängsel der allgemeinen Bildung, die dem Lehrer eigen sein müsse,
angesehen. Ja, ich habe von älteren, obwohl nicht
alten Lehrern gehört, dass sie auf ihren Seminaren
keine Spur von Litteratur-Unterricht genossen haben
und als abgehende Seminaristen kaum ein Schiller’-
sches Drama gelesen hatten.. Auch heute ist ein
litteraturfreundlicher und einigermassen litteratur-
kundiger Lehrer immer noch ein seltener Vogel.
Wenn wir nun dem Lehrer zurufen: du sollst dich
mit der Litteratur wenigstens deines Vaterlandes
beschäftigen, sollst für die Schätze der Dichtkunst
einen offenen Sinn und eine empfängliche Seele
haben, sollst einen beträchtlichen Teil deiner freien
Zeit der Vertiefung in die Schöpfungen der Dichter
widmen, — so fügen wir damit seiner Gesetzes-
sammlung ein Gebot hinzu, das er ohne Stirnrunzeln
entgegennehmen darf; denn bei der Erfüllung dieser
Forderungen findet am allerbesten der Mensch im
Lehrer seine Rechnung. Die Dichtkunst giebt dem
Lehrer alles, was sie überhaupt dem Menschen giebt;
„sie gewährt uns“ (nach Börne’s schönen Worten)
„was uns das Leben versagt: eine goldene Zeit, die
nicht rostet, einen Frühling, der nicht abblüht,

wolkenloses Glück und ewige Jugend." „Eine
goldene Zeit, die nicht rostet!" Wohl: So lange
das Auge auf den Gebilden des Dichters ruht,
blickt es die fernher leuchtenden Ideale der
Menschheit an, und solange er das erhabene Ziel
seiner Wanderung anschaut, rostet die goldene
Hoffnung nicht in der Brust des Erdenpilgers.
„Einen Frühling, der nicht abblüht!" Mag draussen
der eisige Wintersturm über die Felder jagen, mag
das Herz des Menschen unter Kummerfrösten erstarrt sein, wenn er der Poesie in das strahlende
Auge blickt, dringt durch die Nacht seiner Seele
Nachtigallenlaut und Frühlingsahnung. „Ewige
Jugend" gewährt uns die Dichtkunst. Sie gleicht
dem fernhin blauenden Meer, das den Müden und
Erschlafften zum Bade lockt und ihn rein vom
Schlamm und Staube des Alltagslebens wieder
entlässt, dass er in jugendlicher Frische und Schönheit dasteht wie der Sohn des Laertes vor der
phäakischen Königstochter. Wem könnte eine
ewige Jugend erwünschter sein, als dem Lehrer?
Was kann er sehnlicher verlangen, als dass er
seine Schüler an jedem Morgen mit arbeitsfrohem
Herzen begrüssen könne und dass er im Stande
sei, „des Dienstes immer gleich gestellte Uhr" mit
Geduld und Ausdauer ablaufen zu sehen? Auch
für den begeistertsten Jünger des Lehramts ist
die Arbeit des Unterrichtens oftmals eine unsäglich
ermüdende. „Unterrichten!" Ein Lehrer wird es
verstehen, wenn Brachvogel's Narziss alle Qualen
eines gefolterten Geistes in dieses Wort presst.
Ein lebhafter Geist besitzt eine lebhafte Expansion,
ein heftiges Verlangen, sich zu bereichern und sich
ungehindert auf den Gebieten des Wissens bis ins
Fernste zu ergehen. Wenn nun ein solcher Geist
einem Lehrer gehört, so mag er es oft genug mit
Unbehagen empfinden, sich immer wieder in die
niedere Sphäre der Lernenden hinabgedrückt zu
sehen und immer auf's neue gezwungen zu sein,

das hundertmal Gedachte wiederzukäuen. Dagegen könnte man einwenden: der Unterrichtsstoff ist dem Lehrer so zu Fleisch und Blut geworden, dass er ihn gar nicht mehr zu durchdenken braucht und ausserdem hat sein Geist die interessante Anspannung, dass er auf methodisch richtige Behandlung des Stoffes denken muss. Nun, dass von der Methode auch ein gewaltiges Stück in Fleisch und Blut übergeht und zur mechanisch geübten Selbstverständlichkeit wird, weiss jeder, der unterrichtet hat. Ferner: dass der Lehrer den Unterrichtsstoff nicht mehr zu durchdenken braucht, ist richtig; aber er muss fortwährend an ihn denken, muss sich immer wieder seiner erinnern und die alten Vorstellungsreihen aufs neue durchlaufen; wie könnte er sonst den Stoff in Worte fassen, wie könnte er sonst den Faden des Unterrichts behalten? Wenn er noch den Stoff selbst durchdenken müsste, würde dieser auch interessant für ihn sein; gerade aber weil dem Lehrer der Gegenstand so spielend geläufig ist, wird die umständliche Beschäftigung mit ihm langweilig. Wenn schon ein erhabener Kunstgenuss, der uns in allzu häufiger Wiederholung aufgedrängt wird, unseren entschiedensten Widerwillen hervorrufen kann, so ist es bei den Elementen des Wissens noch weit eher der Fall. So kann der Lehrer wohl einmal in die peinliche Stimmung kommen, dass er nicht das mindeste Interesse für den Gegenstand besitzt, für den er seine Schüler interessieren sollte. Zu dem Angeführten kommt ausserdem, dass jeder schwach beanlagte Schüler den Lehrer nötigt, noch besonders lange bei den einfachsten Dingen zu verweilen, und sich solchermassen wie ein Bleigewicht an den bewegungsbedürftigen Geist des Unterrichtenden hängt. Wahrlich, dabei giebt es oft härtere Geduldsproben zu bestehen, als bei der Unart der ungezogensten Schüler! Aber diese Unarten sind auch nicht gering zu achten. Kaum

vergeht ein Tag, dass nicht ein nagender Ärger
durch die Seele des Lehrers schleicht oder doch
ein Gefühl der Trauer seinen Mut zu Boden drückt,
wenn sich unüberwindliche Hindernisse seinem
Bildungswerke in den Weg stellen. Da kann sich
wohl bei aller Liebe zu den Kindern eine Menge
von Zündstoff, der sich in Zornausbrüchen entladen
möchte, in der Seele des Lehrers anhäufen, kann
sich wohl einmal die aufs äusserste erschöpfte Geduld in unlustiges Verzagen verkehren, wenn dem
Lehrer nicht daheim eine Gelegenheit zu freierem
Geistesfluge und zu tröstender Erhebung winkt,
wenn ihm nicht ein ewiger Born der Jugend quillt.
Es braucht gewiss nicht immer und nicht allein die
Dichtkunst zu sein, aus der er neue Kräfte schöpft;
aber weil es ihre Eigenart ist, dem Geiste ungewöhnliche Gedanken, dem Herzen ausserordentliche
Gefühle, den Sinnen seltsame und seltene Bilder
und Töne zu bieten, deshalb ist sie wie keine
Kunst und keine Wissenschaft dazu angethan, nach
ermüdendem Einerlei das Labsal der Abwechselung
und Erhebung zugleich zu geben.

Wenn die Wirkung litterarischer Genüsse auf
den Lehrer nur eine irgendwie tiefe und nachhaltige
ist, so wird auch sein Charakter nicht unbeeinflusst
bleiben von den Regungen seines Gefühls. Dass
der Lehrer ein Charakter sein muss, versteht sich
von selbst. Dass er es aber in unseren Tagen in
sehr vielen Fällen nicht ist, ist mit grossem Recht
behauptet worden. Damit ist natürlich nicht gesagt, dass irgend ein Stand moralisch höher da-
stehe, als derjenige der Lehrer. Unsere Zeit hat
überall an Charakteren keinen Überfluss; die
schreckliche, in verheerendem Masse um sich greifende Seuche des Servilismus beweist es. In kaum
einem Stande aber macht sich ein zweifelhafter
Charakter empfindlicher bemerkbar, als im Lehrerstande, weil die Macht des Beispiels selten von
einer Persönlichkeit auf so breite und zugleich

empfängliche Schichten des Volkes ausströmt, wie
von der des Lehrers. Wie nun die Genüsse,
welche ein Mensch zu seiner geistigen und leiblichen Aufrichtung erwählt, nach manchen Seiten
ein klares Licht auf den Wert seines Charakters
werfen, so bildet sich selbstverständlich auch der
Charakter eines Menschen in vielen wesentlichen
Zügen allmählich nach den Ergetzungen seines
Leibes und seiner Seele. Kein Genuss wirkt aber
so entschieden kräftigend und reinigend auf den
Charakter des Menschen, wie der litterarische.
Haben wir es nicht gehört, dass die Tragödie die
Leidenschaften reinige? Wissen wir es nicht selbst
aus den Stunden poetischer Andacht, dass der
Hauch eines höheren Lebens durch unsere Seele
geht, wenn die Gestalten einer grossen Dichtung
an uns vorübergezogen sind, dass das ergriffene
Herz zu den leuchtenden Gebilden des Dichters
aufbebt und den brennenden Wunsch hegt, sich
die Zugehörigkeit zu jener besseren Welt des
Dichters zu erringen? Wohl erfüllt uns das Hohe
und Reine, das wir uns nahe gerückt sehen, mit
dem Gefühl des glühenden Begehrens, dass wir
mit der Sternseherin des Matthias Claudius
sprechen können:

„Ich werf' mich auf mein Lager hin
Und liege lange wach
Und suche es in meinem Sinn
Und sehne mich danach."

In dieser Stimmung des innersten Ergriffen-
seins ist kein Mensch eines unreinen Gedankens,
einer niedrigen Handlung fähig. Es wandelt ein
vornehmer Geist in den Rhythmen der Dichtung
daher, vor dessen ragender Hoheit sich die kleinen
selbstischen Gelüste unserer Seele eilends ver-
kriechen. Robert Hamerling hat es in seiner „Venus
im Exil" ausgesprochen, was die Seele desjenigen
endlich erfüllt, der rastlos nach dem Ideal der
höchsten Schönheit sucht:

„Es hebt aus schweren Träumen sich mein Haupt,
Des Einzellebens banger Traum entschwindet:
All-leben, das ich ewig fern geglaubt
Der Kreatur, hat sich in mir entzündet;
Und solches Glück wird nimmer mir geraubt,
Weil nicht in meinem ird'schen Sein es gründet.
Allwille lebt in mir; ihm fügt ergeben
Mein Eigenwille sich, mein ird'sches Streben."

Der fortgesetzte Genuss des Kunstschönen
übt eine fortgesetzte Wirkung auf die moralischen
Begriffe des Menschen. Je wärmer er sich einlebt
in eine Welt harmonischer Gedanken und Gefühle,
desto weiter hinter ihm wird „das Gemeine" zu
„wesenlosem Scheine" verschwinden. Man hat die
geringe Achtung, welche der Lehrer, besonders der
Volksschullehrer im Publikum geniesst, mit gewissen
typischen Eigentümlichkeiten des Pädagogen begründen
wollen. Das ist eine sehr verfehlte Begründung.
Ein Mensch von vornehmer Denkart verschafft sich,
wenn man ihm nicht systematisch entgegenarbeitet,
überall den heiligsten Respekt, selbst wenn er in
einer Gesellschaft öfter das Unglück hat, einer
Dame auf die Schleppe zu treten. Ganz sicher
sind auch die wahrhaft schönen, nicht blödsinnig
raffinierten Umgangsformen eines Menschen nur
äusserste Ausflüsse eines zuerst vorhanden ge-
wesenen edlen Seeleninhalts. Die „schöne Form"
ist niemals vor der „schönen Seele" da. Dass aber
dem Lehrerstande in vielen seiner Glieder jeder
festruhende Fonds von vielsagenden Gedanken und
weitgreifenden Gefühlen durchaus abgeht, das ist
vor allen Dingen sein Unglück, das setzt ihn leider
nur zu oft (zum grössten Gaudium aller Finster-
linge und Schulfeinde) in den Augen der Menge
zum Trossknecht der Kultur herab. Geistige und
moralische Vornehmheit holt man sich nun nicht
aus der Bierstube und vom Kartentisch. So sehr
jedem Beamten, der geistig angestrengt arbeitet,
hin und wieder eine frische, fröhliche, sorgenlose
Kneipstunde zu gönnen ist, so gewiss ist es, dass

ein gewohnheitsmässiger, vielleicht gar täglicher
Wirtshausbesuch auf Geist und Gemüt des Menschen
eine unsäglich verödende Wirkung ausübt. Auf
den seltenen Gast übt das oberflächliche Leben im
Wirtshause einen eigenartigen Reiz aus, und jene
Oberflächlichkeit ist für ihn eine wohlthuende Ab-
wechslung; aber ein unheimlicher Schauer beschleicht ihn oft, wenn er denken muss, dass der
Besuch des Wirtshauses, das tägliche und stunden-
lange Herumhocken in demselben für unendlich
Viele der Gipfel alles Vergnügens ist und dass
viele Geister sich für Lebzeiten eingewöhnt und
eingelebt haben in die niedere Sphäre der Bier-
stubenunterhaltung. Der Biertisch ist nur zu oft
die Kanzel für die Legion der berüchtigten „Bier-
redner“, der phrasendreschenden Hohlköpfe, Halb-
wisser, Alleswisser und Klugschwätzer; hinter dem
Bierkruge sitzt die satte und platte, alltägliche
Selbstsucht und reisst mit überlegenem Grinsen
dumme Witze über den Idealismus der „unerfah-
renen Leute“. Soviel steht fest: Hier darf der
Lehrer so wenig wie irgend ein anderer Mann
seinen Charakter in Zucht und Pflege geben; in
anderen Genüssen und namentlich auch in dem
Genusse poetischer Kunstwerke muss er den Gipfel
seines Vergnügens finden; dann kann er zu einer
ausgeprägten geistigen Persönlichkeit und dadurch
auch zu einem zielbewussten Charakter werden.
Mit dem inneren Leben des Lehrers wird alsdann
das äussere ganz von selbst an Vornehmheit und
Feinheit der Formen gewinnen.

Nachdem wir gesehen, was die Dichtkunst,
was die Beschäftigung mit der Litteratur dem
Lehrer als Menschen gewährt, sehen wir zu, was
sie dem Lehrer als solchem bietet. Wenn Goethe
schon gesagt hat, dass das eigentliche Studium des
Menschen der Mensch sei, so darf man mit Bezug
auf den Lehrer nach Muster des Montecuculischen
Satzes sagen: das Studium des Lehrers ist erstens:

der Mensch, zweitens: der Mensch und drittens:
der Mensch. Der unsterbliche Rousseau hat das
genialste Wort der Pädagogik gesprochen, als er
sagte: „Studiert erst die Natur des Kindes; bis
jetzt kennt ihr sie nicht." Wer die Menschenseele
überhaupt kennt, der hat den Schlüssel in Händen,
der ihm die Seele des Kindes öffnet. Die Kunst
des Lehrers hat grosse Ähnlichkeit mit der des
Arztes: der Lehrer wie der Arzt müssen vor allem
Meister in der Diagnose sein. Der Arzt soll mit
scharfem Blick den Sitz, die Ursache, den Charakter der Krankheit, das Störende im Organismus
erkennen, und dazu befähigt ihn ausser dem erforderlichen ärztlichen Ingenium am besten eine
reiche Erfahrung; der Lehrer soll ebenso mit
raschem Blick den Sitz, die Ursache, den Charakter
der seelischen Störung, des geistigen Irrtums oder
des sittlichen Vergehens beim Schüler finden, und
dazu befähigt ihn ausser der auch hier erforderlichen ursprünglichen Begabung am besten eine
reiche, reiche Menschenkenntnis. Diese Fähigkeit,
in der Flucht des Augenblicks eine treffende Diagnose zu stellen, ist es, die den findigen Lehrer
immer wieder rettet, wenn die schönste Präparation
elend zu Wasser geworden ist; sie ist das unspezi-
fizierbare Etwas, das die Praxis vor der Theorie
voraus hat und das sich nun und nimmer in Lehrsätze einkapseln lässt, weil die Fälle, in denen es
zur Anwendung kommt, so bunt, so mannigfach
und regellos auftreten, wie es die Menschenseele
in ihren Kundgebungen ist. Nun giebt es freilich
eine Psychologie, eine Wissenschaft von der Seele,
und ihre Aneignung ist für den Lehrer von zweifellosem Nutzen. Aber in der Psychologie sind,
ihrem Charakter als Wissenschaft entsprechend, die
Denkvorgänge, die Gefühle, Leidenschaften und
Willensakte fein säuberlich auf einen Faden ge-
zogen und jedes Einzelne ist, wie Mephisto sagt:
reduziert und gehörig klassifiziert. Die Seelenlehre

kann daher schon vorhandene Erfahrungen klären
und befestigen und für künftig zu machende das
innere und äussere Auge schärfen; aber sie kann
nicht der Erfahrung überheben, sie kann keinen
praktischen Lehrer machen. Es giebt aber auch
eine ins Praktische übersetzte Psychologie; es hat
Menschen gegeben und giebt deren noch heute,
die ihren Mitmenschen tief ins Innere geblickt,
ihnen die verborgensten Geheimnisse abgelauscht
und abgelockt und sie neugeschaffenen Wesen ein-
geflösst haben, die freilich nicht als leibhaftige
Menschen gleich uns den Staub der Erde treten,
die aber frisch und lebendig, mit vollen Wangen
und pochenden Herzen vor unserer Phantasie
stehen und uns durch das Leben geleiten. Jene
Menschenkenner und Menschenbildner sind die
Dichter; ihre Schöpfung ist die Poesie. Es ist
kein totes Papier, solch eine Bibliothek von
Dichterwerken. Was in ihnen lebt, ist wahrhaftig
eine Welt für sich zu nennen. Es ist eine Welt,
die zwischen der Erde und dem Himmel schwebt,
zugleich ein Abglanz dieser und jener besseren
Welt, nach der wir streben. Was jemals auf dieser
Erde geschehen, woher es gerührt und wohin es
geführt, das hat die Dichtkunst in Worte geschlossen, und wenn wir ihre Schätze aufschliessen,
dann umschwebt uns ein stilles Geistesheer, das
alle Kämpfe des Lebens vor unsern Augen ehrlich
ausficht. In der Welt des Dichters finden wir ihn
wieder, den Inhalt unseres Lebens: den beständigen
Kampf des Lichtes mit der Nacht, des Guten mit
dem Bösen; wir sehen das ewige Sichabstossen
und Wiedervereinen, sehen drohend sich ballende
Wolken und den lachenden Sonnenschein, der sie
verjagt; wir sehen die Menschenseele in
allen Gedanken und Begehrungen, mit
denen sie am Wahne klebt und in allen Gedanken und Begehrungen, mit denen sie
nach der erlösenden Wahrheit greift. Wir

sehen Faust und finden in ihm den Menschen, der
mit brennendem Verlangen nach der Lösung des
Welträtsels sucht; wir sehen Richard Gloster und
finden in ihm den Menschen, dessen Herz die
Schlangen des Ehrgeizes durchwühlen und ersticken
und der mit bluttriefender Hand nach dem Idol
des irdischen Glanzes greift; wir sehen Francesca
von Rimini und finden in ihr den Menschen, dessen
Herz in dem allgewaltigen Feuer der Liebe auf-
flammt und, des Verbotes vergessend, in kurzem
Rausch das süsseste Glück geniesst, das die Erde
der Jugend gewährt. Durch welche Mittel immer
der Dichter die „gemeine Deutlichkeit der Dinge“
verklären mag, immer werden wir in seinen
Schöpfungen, wenn anders sie wahrhaft im Feuer
künstlerischen Schaffensdranges geborene Werke
sind, einen grossen Teil unseres eigenen Seeleninhalts wiederfinden, immer werden wir mit einer
hervorstechenden Seite unseres Innenlebens an
seinen Gedanken interessiert sein. Aber nicht nur
unser eigenes Selbst spiegelt die Poesie in reinster
Klarheit ab; in ihr wird uns Fürchten und Hoffen,
Harren und Glauben, Klagen und Verstummen,
Erröten und Erblassen der mit uns lebenden Menschen mit einem Male bekannt und vertraut, wenn
es uns im Gewirre des Lebens ewig unverständlich
geblieben war. Im Drama erscheinen die Charaktere knapp und scharf gezeichnet, und sie wandeln
in den eng umzirkten Bahnen der dramatischen
Handlung. Wie die Elektrizität im wachsenden
und abnehmenden Gewitter, so entladen sich die
Seelen im Drama in rasch aufsteigender und sin-
kender Handlung; aber sie geben ihr Innerlichstes,
Tiefstes an den Tag. Im Epos, im Roman ist
Raum für eine breitere, behaglichere Darlegung des
Seelenlebens gegeben; hier können sich die Gestalten des Dichters nach unendlich verschiedenen
Seiten hin ausspielen; aber immer bleibt, im Drama
wie im Epos, die Klarlegung des inneren Menschen

an bestimmte Personen und an eine bestimmte
Handlung gebunden, und das unterscheidet Epik
und Dramatik mit Rücksicht auf ihren psychologischen Gehalt auf das schärfste von der Lyrik.
Hier herrscht der souveräne Gedanke, das souveräne
Gefühl, losgelöst von jeder Wirklichkeit, von Handlung und Person, darum am meisten der Gefahr
der Unbestimmtheit und Unverständlichkeit ausgesetzt, darum aber auch am freiesten und er-
schöpfendsten in der Darstellung alles Lebendigen
in uns. In der Epik und Dramatik ist der Dichter
ein „Bürger zweier Welten", der Welt des Gedankens und der Welt der Sinne, und zwei Ge-
bieterinnen hat er zu gehorchen, der Muse und der
Wirklichkeit. In der Lyrik lebt er nur mehr in
der Welt des Stätigen, des Gedankens und Gefühls;
hier feiert er mit seiner Muse eine Stunde seligen
Alleinseins, und was dem Alleinsein zweier Liebenden die erhabene Weihe giebt, das geschieht auch
hier: gleich einer Geliebten liest die Muse jeden leisesten Gedanken von der Stirn des Dichters, und wie
einer Geliebten erschliesst er ihr den ganzen Inhalt
seiner Seele. Hier werden jene leisen Seelenregungen vernehmbar, die dem Lufthauch gleichen,
der über unsern Häuptern durch die Kronen des
sommerlichen Waldes zieht und kaum genaht,
schon wieder entschwindet; hier steigen Bilder und
Melodien herauf, die so ätherisch zart, so mystisch
erhaben, so seltsam und eigenartig in der Kompo-
sition von Farben und Tönen sind, dass sie im
Drama und im Epos nicht gleichen Schrittes neben
der derbgefügten Wirklichkeit einherschreiten
konnten und darum verstummen mussten. Für uns,
die wir uns in diesem Augenblick mit den psychologischen Aufschlüssen der Dichtkunst beschäftigen,
springt aus obiger Betrachtung das Ergebnis hervor, dass die dramatische und die epische Poesie
die Vorgänge der Seele markiger, klarer und bestimmter, gleichsam im Lapidarstil zur Erscheinung

bringen, dass der psychologische Inhalt der Lyrik
aber umfänglicher und reichhaltiger ist.

Bei keiner der drei Dichtungsgattungen wird
also der Lehrer vergebens anklopfen, wenn er seinen
Geist mit psychologischer Kenntnis anzufüllen
strebt. Im Umgang mit den Gestalten der Dichtung
wird ihm allgemach eine Erfahrung und Menschenkenntnis heranwachsen, die er nicht durch Opfer,
sondern durch Genuss erkauft hat, die aber deshalb
nicht weniger ernst und bedeutungsvoll für seinen
Beruf ist und ihn selten oder nie im Stiche lassen
wird. Es ist selbstverständlich, dass ich dabei an
einen gesunden, naturgemässen litterarischen Genuss
denke, nicht an die sogenannte „schöngeistige"
Gefühlsduselei übergeschnappter Schmachtlappen
und zuckerschleckernder Backfische. Und es ist
ebenso selbstverständlich, dass ich nicht glaube,
der psychologische Inhalt der Poesie lasse sich
immer auch auf die Pädagogik beziehen und die
Bekanntschaft mit diesem Inhalt lasse sich immer
auch in Erziehung und Unterricht verwerten. Die
Masse, welche in der Kunst zur Anwendung gelangen, werden für die Verhältnisse der Schule in
vielen Fällen bei weitem zu gross sein. Das ist
aber auch völlig belanglos: das Auge, welches einmal soweit geschärft ist, dass es mehr sieht als
den äusseren Menschen, wird auch in der Schule
nicht an der Oberfläche haften bleiben, und wer
die seelischen Eigenschaften und Vorgänge im
Menschen in ihren charakteristischen und hervorstechenden Momenten zu erfassen versteht, dem
werden sie sich auch da verraten, wo sie noch im
Keime ruhen. Immerhin dürfen wir also die Behauptung aufrecht erhalten, dass die Dichtkunst
dem Lehrer Gelegenheit zu reicher psychologischer
Erfahrung giebt und dass er, auf die aus der Kunst
geschöpfte Menschenkenntnis gestützt, schneller
und leichter zu einer zielbewussten Arbeit in der
Schule gelangen wird, als ihm dies möglich ist,

wenn er alles Heil allein von der mehr oder minder
experimentierenden, hierhin und dorthin tastenden
Erfahrung im Amte erwarten soll.

Das Verhältnis des Lehrers zur Litteratur
klarzustellen, ist unsere Aufgabe. Wir haben dabei
zuerst von der Bedeutung der Litteratur für den
Lehrer gesprochen und gefunden, dass sie für seinen
ganzen Menschen eine Panacee, eine Quelle erhebenden Genusses, für seinen Charakter eine erzieherische Macht und für seinen Geist eine Fund-
grube psychologischer Erkenntnis ist. In Folgendem
werden wir mehr und mehr davon hören, welche
Bedeutung der Lehrer für die Litteratur hat, haben
kann oder haben soll. Wenn ich dabei zuweilen
das Verhältnis der Litteratur zur Schule überhaupt
beleuchte, so bitte ich nicht zu glauben, dass ich
mein Thema vergessen oder verschoben hätte; ich
werde die Berührungspunkte zwischen Schule und
Litteratur nur soweit in den Bereich meiner Betrachtungen ziehen, als Wesen und Thätigkeit des
Lehrers dabei von hervorragender Bedeutung sind.

Alles was über den Wert der Litteratur für
den Lehrer gesagt ist, das gilt mutatis mutandis
von dem Wert der Litteratur für den Menschen
überhaupt. Der Beruf des Lehrers musste für ihn
eine besonders enge Beziehung zur Litteratur ergeben; deshalb habe ich dies Verhältnis einer besonderen Betrachtung unterzogen. Die Bedeutung
der Litteratur für die Menschheit nachzuweisen,
hiesse sich in unerhörten Selbstverständlichkeiten
ergehen. Der Litteraturunterricht ist deshalb ein
nicht wegzudisputierendes Stück im Lehrplan jeder
normalen, vollentwickelten Schule. Wenn ich somit diesen Unterricht nicht im Prinzip für die
Schule zu empfehlen brauche, so darf ich doch
vielleicht auf eine Seite desselben hinweisen, die
nicht genug beachtet wird. Paul Heyse sagt in
einem seiner Sprüche:

„Will diese Welt, du arme Poesie,
Nichts von dir wissen,
Wie kann dich's wundern? Du beleidigst sie.
Bist du denn nicht das Weltgewissen?"

Ja, sicherlich ist sie das Weltgewissen, das
durch seine ernsten Anklagen der Welt so oft die
Schamröte ins Gesicht treibt — wenn es die Welt
nicht eben vorzieht, ihr Gewissen beim Buchhändler stehen und Makulatur werden zu lassen.
Auch die Poesie ist ein Weib mit einer Wage,
deren empfindliche Zunge je nach dem Mehr des
Rechts oder Unrechts hier- oder dorthin spielt,
und im Namen einer höheren Gerechtigkeit lob-
singt die Poesie dem Rechte und verdammt sie das
Unrecht. Und wo sie das Recht nicht zum äusseren
Siege gelangen und statt dessen das Unrecht
triumphieren lässt, da senkt sie uns einen um so
herberen Stachel ins Herz, der uns nur um so
mehr zur Erbitterung und Empörung über uns
selbst oder über andere reizt. Wir brauchen nicht
einen Bruder ermordet zu haben wie der König
Claudius' im Hamlet und brauchen nicht „die Ermordung des Gonzago" zu sehen, um hie und da
die Erfahrung zu machen, dass unsere innere
Stimme plötzlich auf die Stimme des Dichters
reagiert, und dass aus den Tagen unserer Vergangenheit Gedanken und Geschehnisse herauf-
steigen, die mit den Phantasieen des Dichters eine
bedrückende Ähnlichkeit haben. Freilich: auch
herzerhebend kann die Ähnlichkeit ausfallen; wir
können von uns gehegte Gefühle und von uns ge-
übte Thaten in den Zeilen der Dichtung mit leuchtender Verklärung gekrönt sehen und die be-
glückende Tröstung geniessen, dass wir nicht
immer umsonst nach dem Lichte gerungen haben.
Immer wird die Beschäftigung mit den Hervorbringungen der Dichtkunst eine lebhafte Bewegung
der in uns schlummernden moralischen Begriffe
veranlassen und sie zu gegenseitiger Abwägung,
Durchdringung und Vereinigung treiben. Indem

die Dichtkunst uns von moralischen Irrtümern befreit, die vorhandenen halbrichtigen moralischen
Anschauungen läutert und uns neue moralische
Wahrheiten zuführt, bewerkstelligt sie gleichsam
den regen und beständigen Stoffwechsel unseres
sittlichen Menschen. Da sie auf den verschiedensten
Gebieten und unter den mannigfachsten Verhältnissen namentlich den Kampf des Moralisch-Häss-
lichen mit dem Moralisch-Schönen oder doch die
Ergebnisse dieses Kampfes darstellt, so setzt sie
bei dem Leser oder Hörer eine Menge moralischer
Begriffe und Urteile voraus, und zu dem, was
sie voraussetzt, ist sie auch die beste Erzieherin. Was sie fordert, das giebt sie: eine
verschwenderische Fülle ethischer Gedanken. Es
geht mit der Dichtkunst wie mit jeder anderen
Kunst: keine Ästhetik lehrt sie uns so geniessen,
wie sie es uns selber lehrt, auch mit Bezug auf
ihren moralischen Gehalt. Die Poesie setzt keinen
moral-philosophischen Unterricht voraus. Nach all
dem Gesagten halte ich dafür, dass in unserem gesamten Lehrplan keine Disziplin zu finden ist,
welche der sittlichen Erziehung der Jugend so her-
vorragend praktische Dienste zu leisten im
Stande ist, als der Litteratur-Unterricht und zwar
nicht nur in dem schon anderweitig angedeuteten
Sinne, als die sittigende Wirkung des Litteratur-
genusses ihren Weg über die ästhetische Bildung
nimmt, sondern ganz besonders in direktem Sinne.
Woher aber die Zeit zu ausgedehnterem Litteratur-
unterricht nehmen und sie nicht der schon genug
belasteten Jugend stehlen? Ceterum censeo: man
strebe danach, dass aus unserer Schrift das eine
überflüssige Alphabet ausgeschieden und unsere
Orthographie auf das Prinzip: „Für jeden Laut ein
Zeichen" gegründet werde. Dann brauchten wir
nur etwa die Hälfte der jetzt üblichen Schreib-
stunden und brauchten uns und die Schüler nicht
bis in die Oberklasse hinauf mit dem orthogra-

phischen Unterricht zu quälen, der doch nur, wie
sich statistisch nachweisen lässt, höchst armselige
Resultate zeitigt. Was kann der Lehrer dazu thun?
Er kann sich um die lernende Jugend und um die
Litteratur zugleich ein hohes Verdienst erwerben,
wenn er alle Hebel in Bewegung setzt, um den
angeführten, vernunftgemässen Reformen und zwar,
soweit es die Schule angeht, in erster Linie zu
gunsten eines weit ausgedehnteren Litteraturunter-
richts zur Durchführung zu verhelfen.

Wenn ich vom Lehrer und der Litteratur
rede, so darf ich wohl auch über Charakter und
Methode des litterarischen Unterrichts, soweit namentlich die Individualität des Lehrers dabei im
Spiele ist, ein kurzes Wort fallen lassen. Der
Litteratur-Unterricht verlangt das ganze Herz des
Lehrers. Auch bei anderen Unterrichtsgegen-
ständen ist das Interesse des Lehrers „von nöten
und erspriesslich". Aber bei den meisten wird es
vorwiegend das Verstandesinteresse sein, das den
Unterricht belebt; in der Litteraturstunde muss
das mächtig wirkende Fluidum einer gehobenen,
begeisterten Stimmung vom Lehrer auf die Schüler
ausströmen. Es ist die alte Wahrheit, die sich
hier geltend macht, dass es „von Herzen gehen"
muss, wenn man „Herz zu Herzen schaffen" will.
Ähnlich geht es im Geschichtsunterricht. Ich habe
als Knabe einen Geschichtslehrer gehabt, der durch
seinen warmen, innig beseelten Vortrag mein ganzes
Herz für sich einzunehmen wusste. Mein Leben-
lang werde ich die Erinnerung an jene schönen
Stunden im Herzen tragen, da ich den alten Mann
mit hellglänzenden Augen und lebhaften, aber
würdigen Gestikulationen Geschichte erzählen hörte.
In solcher Weise wünschte ich den Litteratur-
Unterricht erteilt zu sehen. Wenn dem poetisch
fühlenden Lehrer auch günstige äussere Mittel zu
Gebote stehen, so ist das ein weiterer Vorzug; aber
verlangen kann man unmöglich von jedem Lehrer

der Litteratur, dass er ein Meister im Vortrag sei.
Die wahrhaftige, redliche Begeisterung, die aus
innerster Seele emporschlägt, wirkt auch in der
bescheidensten, ärmlichsten Gewandung mit zündender Kraft, und wer selbst nicht mit Engelszungen zu reden vermag, der kann doch ein feines
Ohr und ein zartes Gefühl für die Musik der
Sprache besitzen. So kann er auch den mündlichen Vortrag, diese lebendigste Seite des litterarischen Unterrichts, bei seinen Schülern zu be-
merkenswerter Ausbildung bringen. Fern vom
Litteratur-Unterricht mögen aber die bleiben, die
infolge mangelhafter Erziehung oder übler Gewohnheit oder unbarmherzig unabänderlicher Natur-
anlage in ihrer Rede dem Sandmann gleichen, der
des Abends heimlich die Treppen heraufhuscht und
den müden Kindlein so sanft die Augen schliesst.
Und vor allem fern mögen diejenigen bleiben, die
da glauben, ihre Lehrerpflicht buchstäblich bis
zum Tüttel auf dem i erfüllen zu müssen, die nach
jedem fünffüssigen Jambus mit einer Erklärung
dazwischen fahren, welche sich jeder nicht ganz
blödsinnige Mensch von selbst zurechtmacht und
die er ebenso wenig für nötig hält wie einen Beweis der mathematischen Grundsätze. Das einzige
Resultat, dessen sich ein solcher Lehrer gewärtigen
kann, ist eine ausgesprochene Geringschätzung
seiner Schüler gegen einen Schiller, einen Lessing
und ähnliche Geister, die so langweilige Dinge wie
den Tell, den Wallenstein, den Nathan zuwege
gebracht haben. Eine solche im schrecklichsten
Sinne des Wortes statarische Lektüre, bei der es
mehr Urteil als Urteilsstoff, mehr Weisheit als
Schönheit giebt, sowie ferner alle apriorische ästhetische Belehrung verhärten das Gefühl des Lesers,
machen es kalt und reserviert. Das Herz des
Schülers soll aber weich und empfänglich für die
Stärken und Schwächen des Kunstwerks sein; es
soll mit naiver Unparteilichkeit, gleichsam im

ästhetischen Unschuldszustande an dasselbe heran-
treten, es in vollen, ununterbrochenen Zügen geniessen, sich 'daran berauschen, meinetwegen bis
zur bacchantischen Verzückung — danach wird
noch immer Zeit genug sein, die wirklich künstlerischen Eindrücke zu vertiefen und die unkünst-
lerischen aufzuheben. Wenn hier und da wirklich
ein Wort oder ein Satz unverstanden bleibt, was
schadet das? Die Hauptsache ist, dass der Schüler
begeistert werde; dann wird er immer und immer
wieder zu den Quellen seiner höchsten Genüsse
zurückkehren und gerade am öftesten zu den ge-
heimnisvollsten Quellen, die ihm dann auch, je
mehr er aus ihnen schöpft, desto mehr von ihrem
innersten Wesen offenbaren werden.

Noch eine letzte Beziehung zwischen Lehrer
und Litteratur will ich klarlegen, und auch hier
werde ich vom Lehrer als solchem sprechen, aber
nicht mehr vom Lehrer in der Schule. Es wird
eine nicht geringe Kulturaufgabe schon der nächsten
Zukunft sein, die grosse Menge des arbeitenden
Volkes für den Genuss einer besseren Litteratur
empfänglich zu machen und sie von den abscheu-
lichen Erzeugnissen der Kolportage-Litteratur zu
befreien.*) Zum grossen Teil, aber nicht vollends
kann das durch einen besseren und reichlicheren
Litteratur-Unterricht in der Schule erreicht werden.
Aber für einen echten Lehrer hört auch der Mensch
nicht mit seiner Konfirmation schon auf zu leben,
vielmehr verfolgt er den Bildungsgang der Menschheit überhaupt mit dem ausdauernden Interesse
eines Menschen, der die verschiedensten Geister in
dem stillen Weben und Streben ihrer Entfaltung
belauscht hat. Und wie er in der Schule die
schwächsten und unglücklichsten Kinder mit doppelter Liebe zu sich heranzieht, so steht er auch

---

*) Man vergleiche den Essay über den modernen Dilet-
tantismus in der Litteratur.

mit doppelter Freundschaft und Hingebung zu den
Schwächsten und Hülfsbedürftigsten unter den Erwachsenen. Ich habe schon im Eingang den Lehrer
als den wichtigsten Popularisator geistiger Errungenschaften bezeichnet. Namentlich der Volksschullehrer ist durch seine Stellung dazu berufen, ein
Aufklärer des Volkes zu sein, und ein Lichtbringer
im edelsten Sinne des Wortes wird er sein, wenn
er in kleinen und grossen Vereinen und Versammlungen, in engsten und weitesten Kreisen ein
kräftiges litterarisches Bedürfnis erweckt und es
da, wo es freilich vorhanden ist, aber auf falschen
Bahnen wandelt, auf die richtigen Wege lenkt.
Dazu ist aber nötig, dass Lehrer und Publikum in
gegenseitiger Achtung, und was noch mehr sagen
will, im Verhältnis gegenseitiger Zuneigung stehen.
Es lässt sich wohl kaum behaupten, dass von seiten
der Schule nicht genug geschähe, um die Eltern
und überhaupt die Erwachsenen vor Kindern und
Lehrern in Achtung zu halten. Wohl aber ist es
zeitgemäss (ich verweise da auf hunderte von neu-
zeitlichen Vorkommnissen) den Kindern und Eltern
recht ad oculos zu demonstrieren, dass so ein Lehrer,
namentlich in subalterner Stellung, doch nur eine
höchst bedeutungslose Null, dass er ein Mohr
sei, der seine Schuldigkeit zu thun und dann zu
gehen habe. Eine derartige Depression des Lehrers
liegt im wohlverstandenen Interesse der herrschenden, bureaukratisch-reaktionären Zeitströmung. So
lange aber ein solches Missverhältnis nicht gehoben
ist, wird eine innige Verbindung des Lehrers mit
dem Publikum kaum herzustellen sein.

Nun sollte ich wohl nach einem antiken
Schema in einer „conclusio“ den praktischen Zweck
meiner Erörterungen zu erkennen geben. Es bleibt
aber nichts mehr zu enthüllen; alle einzelnen
Zwecke sind in meine Darlegung eingereiht, und
zusammengefasst ist der Zweck eine Aufforderung
an die Lehrer: „Ruft überall ein littera-

risches Bedürfnis wach und — habt es zuerst selbst!*) Wohl aber bleibt noch ein Einwand
zu beseitigen. Mancher wird sagen: „Ich habe
keine Anlage für den Kunstgenuss und kann mir
aus der Poesie nichts machen; ich bin Verstandesmensch." Wir werden ihm antworten: „Wenn du
nur Verstandesmensch bist, so bist du nur ein
halber Mensch; zu einem ganzen Menschen gehört
auch ein Gemüt. Zu dem Etwas in uns, das den
pythagoräischen Lehrsatz beweist, gehört für einen
normalen Menschen auch noch ein Etwas, das da
liebt und hasst, lacht und küsst, verehrt und verachtet, einerlei ob dieses Etwas nun ein „„Em-
pfindungsvermögen"" oder „„Wechselwirkung von
Vorstellungen"" oder mit der Verstandesthätigkeit
zugleich „„eine Adhärenz, eine Funktion der Materie"" oder sonst etwas ist." — Der Mangel an
Empfänglichkeit für die Wirkungen der Kunst ist
fast ausnahmslos die Folge mangelhafter Erziehung
und mangelhaften Unterrichts. In wessen Seele
nicht schon von Kindheit an das Schönheits-
bedürfnis genährt ist, der hat freilich viel nachzu-
holen. Niemals kann man ein Kind zu früh der
Einwirkung des Kunstschönen aussetzen; ich weiss
aus eigener Erfahrung, wie spät und mächtig solche
Wirkungen selbst aus fernster Jugendzeit noch
nachzittern. Der gänzliche Mangel eines Organs
für den Kunstgenuss ist gewiss äusserst selten zu
erweisen. Die meisten von denen, welche der
Kunst fremd und teilnahmlos gegenüberstehen,
wissen noch nicht, bis zu welchem innigen Verständnis man sich in eine Beethoven'sche Symphonie, eine Raphael'sche Madonna, ein Shakespeare'sches Drama hineinhören, hineinsehen
und hineindenken kann, wenn sie anfangs auch

---

*) „Politik und Litteratur sind die normalen Bahnen
öffentlicher Bethätigung", sagt Hieronymus Lorm; fügen wir
hinzu: auch für den Lehrer.

noch so kalt gelassen haben. Gewiss gilt es auch
hier durch einen Schleier zu dringen; aber die
Kunst ist kein „verschleiertes Bild von Sais", das
den kühnen Forscher, der es zu enthüllen wagt,
zornig zu Boden schmettert, nein, sie ist eine milde,
menschenfreundliche Göttin, die, wenn wir ihren
Schleier gelüftet, mit herzgewinnendem Lächeln
herniedersieht auf uns trostbedürftige Erdenkinder.

Ein Parasit der Seele. *)

Motto: Es liesse sich auf dem Wege der Kultur-
geschichte sehr klar ausführen, dass der Ehrgeiz keine Naturnotwendigkeit ist, dass er
wie eine Unart, wie eine Kulturkrankheit dem
Künstler, Dichter, Gelehrten anerzogen worden, und endlich, dass er für den Strebenden
und Ausübenden zeitweilig vielleicht von Vorteil, für den Menschen aber fast immer zum
Unheil ist.   P. K. Rosegger.

Zu tausenden Malen ist der Ehrgeiz der Hebel
grosser Talente und die Triebfeder zu ihrer Entfaltung gewesen. Das ist eine banale historische
Wahrheit, und wenn uns gleich der Ehrgeiz phä-
nomenaler Menschen mit dem Gefühl des Unheimlichen, Dämonischen oder Krankhaften erfüllt, so
acceptieren wir doch stillschweigends jene Zugabe
ihres Wesens, die eben darum den Nimbus der Unsterblichen verstärkt, als eine Voraussetzung, ohne
welche die betreffende Kraft vielleicht nicht auf den
Schauplatz der Weltereignisse getreten wäre. Unsere
Zeit ist vielleicht am meisten dazu angethan, die
Gefühle und Bestrebungen ehrgeiziger Genies zu
begreifen, diese Zeit, welche korrespondierend mit
der allseitigen Nutzbarmachung der heftigen, pochenden ungeduldigen Dampfkraft die expansive Gewalt
des Ehrgeizes kultiviert und den „freien Wettbe-
werb der Kräfte" als Hauptmittel zum Kulturfort-
schritt proklamiert.

„Sieh, da entbrennen in feurigem Kampf die
eifernden Kräfte."

*) Preisgekrönt von der „Pädagogischen Reform" (Hamburg).

Eine Ausstellung folgt der andern; eine Kon-
kurrenz tritt der andern auf die Ferse; es flimmert
einem oft vor den Augen von all dem Rennen,
Wetten und Wagen. Freilich erscheint hier der
Ehrgeiz oft unter starker Bedeckung von materiellen
Interessen, mag auch wohl nicht selten ganz hinter
diesen verschwinden und in dem Stadium eines allgemeineren Gefühls, des Neides überhaupt verharren,
der zwar die Voraussetzung des Ehrgeizes ist, diesen
aber nicht notwendig zur Folge hat. Aber nicht
nur die gereiften und erstarkten Kräfte der Erwachsenen ruft der Ehrgeiz in die Arena, er zieht
auch, ein moderner Rattenfänger, mit helltönender
Pfeife vor den Kindern einher und lockt sie aus
der Heimat ihrer frischen und freien Fröhlichkeit,
Harmlosigkeit und Naivetät hinweg in den Abgrund
des Neides, der Scheelsucht, Abgunst, Eifersucht.
Wir setzen den Ehrgeiz auf die Schulbank unter
die Kinder und lassen ihn anstacheln, anfeuern,
treiben, lassen uns seine kräftige Unterstützung bei
der Verfolgung unserer jugendbildnerischen Ziele
zu gute kommen. Glänzendes Zeugnis und hoher
Klassenplatz sollen schon das sechsjährige Kind zum
Lerneifer reizen. Man wende nicht ein, dass eine
vernünftige Pädagogik alle jesuitische „Ämulation"
verbiete; die Psychologie mag den Unterschied
zwischen nützlichem Ehrgefühl und schädlichem Ehrgeiz noch so scharf heraustreiben, für die erzieherische Praxis ist in der Wahl der den Ehrgeiz an-
spornenden Mittel absolut keine scharfe Grenze zu
halten; denn der Übergang vom Ehrgefühl zum
Ehrgeiz ist unmerklich, und die Schule fordert, weil
sie die schärfsten Kontraste in Anlage und Willen
der Kinder aufweist, nicht selten zu einer radikalen
Taktik und zur Anwendung starker Reizmittel heraus, wenn die Anwendung solcher Mittel einmal
eine eingerissene Gewohnheit ist.
    So unbestreitbar nun der durch den Neid ent-
flammte Wetteifer der Intelligenzen und Charaktere

für die Gesamtheit nicht minder als für den Einzelnen von grossem Nutzen ist, so unversagbar ist die Anerkennung des Neidgefühls als eines berechtigten Motors im Leben der Menschheit, mag es subjektive oder objektive Verwertung finden. Und wollten wir es nicht anerkennen, so würden Moralitätsphrasen es nicht verschwinden machen. Man wird auch niemandem das Recht streitig machen können, seine latenten Kräfte zu befreien, zu verstärken und wirksam zu machen, und da immer viele andere mit ihm nach dem gleichen Ziele streben, ist es seine Sache, nicht zurückzubleiben. Wenn es nun wahr ist, dass in der Geltendmachung und Behauptung des Ich nicht nur eine unumgängliche Bedingung seines seelischen Glückes liegt, sondern davon auch seine menschenwürdige leibliche Existenz abhängt, so ist kein Zweifel, dass der viel und fast immer mit vollem Recht verachtete und doch von fast allen heute oder morgen so oder so gefühlte Neid, mag er sich nun prosaisch-materiell als Brotneid oder idealer als Ehrgeiz äussern, im Prinzipe vollkommen zu Recht besteht.

Damit sollen nicht die kleinliche, gemeine Abgunst, die Schmähsucht und Verkleinerungssucht, der giftige, boshafte Hass gegen den Besseren und Tüchtigeren in den Glanz eines Naturgesetzes gerückt und verklärt werden. Der Neid an sich ist durchaus moralisch. Aber ungemein bezeichnend ist eben der Missklang, den die Wörter „Neid" und „Ehrgeiz" für uns haben, für die Formen, welche die durch sie bezeichneten Gefühle in den meisten Menschen bisher angenommen haben und noch annehmen. Der Neid nach landläufiger Auffassung vereint mit sich Missgunst, Hass, Feindseligkeit und führt in seinen Konsequenzen zu allen intriguanten Handlungen vom kleinlichen Schabernack bis zur verleumderischen oder verräterischen Infamie. Für den Neider bedeutet der Neid qualvolles und ruheloses Sichselbstverzehren. So kommt denn auch

der unermüdlich strebende Herr Opitz v. Boberteld
zu den Worten:

„Neid ist ein schlimmes Ding; das Lob bleibt ihm
indessen:
Er pflegt dem Neider Herz und Augen abzufressen.‟

Dieser Auffassung analog gilt der Ehrgeiz für
ein hastiges, ruheloses Mühen und Haschen nach
einem vorgesteckten glänzenden Ziele, für ein Ringen
ohne Rücksicht, ohne Gerechtigkeit und Anerkennung gegen den Mitmenschen, aber begleitet
von Prahlerei und imposantem Selbstvertrauen.

Und die Physiognomie, welche Neid oder Ehrgeiz in unserer heutigen Gesellschaft annehmen, der
Einfluss, welchen sie auf die moderne Charakter-
bildung bei Kindern und Jünglingen ausüben, die
Handlungen und überhaupt die Äusserungen, welche
sie zeitigen, geben zu einer solchen Auffassung
allerdings das vollkommenste Recht.

Der Ehrgeiz (um nunmehr diese speziellere
Bezeichnung, da es hier wesentlich auf ideellere
Interessen ankommt, mit der allgemeineren „Neid‟
zu vertauschen) der einerseits unvernünftig angestachelte und andererseits nicht genug paralysierte
Ehrgeiz hat ohne Zweifel wesentlich mit dazu bei-
getragen, jene geistige Rückenmarksdarre unserer
Jugend, jene Austrocknung und Verknöcherung der
jugendlichen Herzen zu bewirken, welche man in
unsern Tagen schon so oft als Mangel an Idealismus und an Gemüt beklagt hat. Man braucht ja
nicht anzunehmen, dass unsere Zeit allein an dieser
Krankheit leide, aber dass sie grassiert und unter
unserer Jugend ihre Grenzen immer weiter steckt,
das kann niemand leugnen, der namentlich mit der
reiferen Jugend in näherer Verbindung steht. Das
Unglück will, dass die Jugend noch dazu die realistischen Bewegungen unserer Zeit in ihren Extra-
vaganzen erfasst und missversteht.

Bei Betrachtung der Phänomene eines ehrgeizigen Charakters muss man allerdings von solchen

Fällen absehen, in denen der Ehrgeiz sich entzündet an aussergewöhnlicher Energie und an ebenso
hervorragender Begabung. Dergleichen Fälle ent-
ziehen sich der generellen Beurteilung. Der tiefe
Schaden sitzt in der ungleich grösseren Masse der
Menschen vom Mittelschlage oder von, wenn auch
mehr als gewöhnlicher, so doch nicht illustrer Veranlagung. Wie die Umstände sich heutzutage durchweg gestalten, entfaltet der Ehrgeiz in so gearteten
Menschen eine in weit höherem Grade hemmende
als fördernde Wirkung, welch letztere man ihm doch
gemeinhin zuschreibt. Der Ehrgeiz trifft überhaupt
in seinen intensivsten und schädlichsten Konsequenzen den Ehrgeizigen selbst. Das erste Danaerge-
schenk, dessen sich dieser von jenem erfreut, besteht
in einer schimmernden und gefälligen, aber hohlen,
sporadischen und darum haltlosen und unzuver-
lässigen Bildung. Der Grund hierfür liegt einmal
darin, dass die fliegende Hast und Ungeduld des
Ehrgeizes die rechte fröhliche Hingebung und Sammlung, den stäten, unermüdlichen und von wahrer
und natürlicher Begeisterung erwärmten Fleiss nicht
verträgt. Der so recht vom Ehrgeiz umstrickte
Mensch (der Ehrgeiz immer ohne die grossartige Begabung und die wuchtige Energie eines hochbe-
gnadeten Menschen gedacht!) findet nicht genug
daran, auf einem oder einigen Gebieten seine Kraft
zu versuchen und sich künftige Lorbeeren zu er-
träumen, er möchte alle Gebiete beherrschen, will
alles wissen und können, aber nicht aus gesundem
Wissensdrang, aus Begeisterung für das Schöne
und Grosse, sondern — aus Neid, aus Ehrgeiz.
Themistokles liess nur der Ruhm des Miltiades nicht
schlafen. Themistokles war auch ein Genie und
ein Held. Den Ehrgeizigen vom gewöhnlichen
Schlage aber lässt heute der Ruhm eines Schau-
spielers, morgen der eines Dichters, übermorgen der
eines Virtuosen und am nächsten Tage der eines
Gelehrten nicht schlafen. Am fünften Tage neidet

er vielleicht gar einer Ballerine nicht ihre Kunst,
aber ihre Kränze. Und man kann sich darauf verlassen, dass er heute ein Künstler, morgen ein Gelehrter dieses oder jenes Faches zu werden versucht,
in allen Wissenschaften und Künsten herumirrlich-
teliert und bald zu diesem, bald zu jenem „den
Beruf in sich fühlt.“ Heute „studiert“ er Sanskrit,
morgen macht er die ersten Versuche auf dem Cello
und übermorgen entwirft er das Personenverzeichnis
zu einem Drama. Was ihn lockt, ist immer nur
der Erfolg, nicht die Sache. Und weil der Gedanke
an Erfolg immer seine Arbeit durchkreuzt und seine
etwaige Andacht zerreisst, weil besonders die Aufschlüsse der Wissenschaft nicht auf ihren ersten
Blättern geschrieben stehen und die noch sprödere
Kunst nicht „jedem neugeheckten Bruder die Hand
drückt“, so bleibt eben der Erfolg aus, und es entsteht jene zerrissene, zerfahrene und verzerrte, der
Titelblattbelesenheit mancher Litteraturkenner ähnliche Bildung, die möglicherweise viel Zeit gekostet,
viel Kraft aufgezehrt und doch nie eine rechte, er-
freuliche Ernte gewährt hat und gewähren kann.
Dieses Herumnippen und -naschen an allem ohne
Lust und Liebe, ohne Ernst und wahre Begeisterung
währt so lange, bis der Ehrgeizige sich selbst einmal fragen muss, was er aus sich gemacht habe
und — wenn er dazu noch Vernunft genug besitzt
— erkennt, was für ein trauriges, wertloses Elaborat
seiner selbst er sei.

Andrerseits findet man den Grund für eine
solche Bildung in dem Umstande, dass im Verkehr
unter der grossen Menschenmasse Scheinbildung
mehr gilt als tiefe und wahre Bildung, und der
geistreichelnde, routinierte Schwätzer besser reussiert
als der bescheidene, an Kenntnissen und gesunden
Gedanken reiche Kopf. Und weil nun der Ehrgeizige fast immer Eitelkeit besitzt, selten oder nie
aber Stolz, (denn der echte Stolz gründet sich
auf grössere Vornehmheit und Selbständigkeit des

Charakters wie auf energischere Begabung) so bemüht er sich und genügt es ihm, sein dankbares
Publikum zu befriedigen und mit dem kunterbun-
testen Durcheinander von Kenntnissen zu kokettieren.
So erzählt er seinen staunenden Zuhörern, dass
dieses Gemälde nicht perspektivisch genau, jene
Ouverture nicht ihrem Gedanken nach konsequent
durchgeführt, dass eine wissenschaftliche Hypothese
über den Mond durchaus irrig und lächerlich und
der Faust nichts weniger als ein Drama sei. Das
alles hat er hier oder da bei seiner unstäten Arbeit,
vielleicht an sich ganz richtig, aufgefasst und sich
gemerkt; aber er trägt es vor mit der ganzen ge-
wichtigen Würde eines Grundgelehrten und mit der
arroganten, wegwerfenden Grazie eines eingebildeten
Genies. Der Beifall wird splendid gezollt; der Ehrgeizige fühlt sich für den Augenblick tief befriedigt
— was Wunder, dass er sich bei seinen Studien,
wenn man seine Thätigkeit so nennen darf, be-
fleissigt, sich mit Goldflittern zu behängen und
seinen Geist mit solchen pikanten, geschmackvoll
formulierten Auszügen aus allen Wissenschaften anzufüllen, da solche Scheidemünze überall am Wege
liegt und beim Publikum so beliebt ist!

Ausser der Zersplitterung und der Oberflächlichkeit droht der Bildung des Ehrgeizigen wenigstens in vielen Fällen noch die Schiefheit der Auffassung und Mangel an jeglicher Objektivität. Es
sind gewiss sehr wenige Fälle, dass der ehrgeizige
Charakter nicht von einem heftigen, leidenschaftlichen oder kapriziösen Subjektivismus beherrscht
wird und sich im Gefühl seiner überschätzten Kraft
den grossen Erwägungen der Wissenschaften und
Künste gegenüber autonom geberdet. Das Ich ist
zu sehr Zentrum seiner Gedanken und Antrieb
seiner Thätigkeit, als dass er nicht Personen und
Gedanken mit dem Massstab seiner oft komisch-
vaguen Ansichten messen sollte. Ja, dieses Vor-
drängen des subjektiven Elements geht wohl zu-

weilen so lächerlich weit, dass der Ehrgeizige über
Dinge, die er nie kennen gelernt, absprechend urteilt zu Gunsten solcher Materien, von denen er
zufällig Kenntnis erlangen konnte oder mochte.

Wenn schon in der schwülen, drückenden Atmosphäre eines solchen engherzig und kleingeistig
beschränkten Strebens die fröhliche Unbefangenheit,
die sorglose Ruhe und der gesunde Fortschritt, wie
man sie von der Jugend eines Mannes erwartet,
nicht gedeihen, so erschüttert der Ehrgeiz noch auf
anderem Wege und mit empfindlicherer Nachwir-
kung die Ruhe einer jungen Seele und stellt sie
vor einen Bankerott, in dem nicht selten die letzte
und kräftigste Stütze des Charakters: die Selbst-
achtung verloren geht. Man irrt wohl nicht, wenn
man annimmt, dass fast immer bei der ersten Ent-
schlussfassung eines jungen Herzens, einen hohen
Platz unter Künstlern, Gelehrten, Politikern u. s. w.
zu erstreiten, in diesen Rausch des mit Hülfe der
Phantasie vorweg genommenen Erfolges eine wahrhaftige, mehr oder minder intensive Zuneigung zu
dem geübten oder gelernten Gegenstande an sich
(der Kunst, der Wissenschaft) sich mischt, dass mit
dem allerdings immer prävalierenden Ehrgeiz die
Fähigkeit, künstlerische Eindrücke und wissenschaftliche Gedanken auf sich wirken zu lassen, sich vereinigt, wenn diese Zuneigung auch immer von der
Kälte des Egoismus angehaucht ist und (wie um
die selbstempfundene Unzulänglichkeit des Gefühls
zu bemänteln) in ihren Äusserungen übertreibt. Nun
fliegen die Gedanken des Ehrgeizigen mit einem
Flügelschlage vom Anfang zum Ende; an den Vorsatz, zu wollen, reiht die Phantasie unmittelbar die
aufregenden Gefühle des erlangten Ruhms, und an
dem starken Impuls, welchen eine Seele in solchen
Augenblicken erhält, haben Einbildung und Vorspiegelung einen grösseren Anteil als Vernunft
und Wille.

True hope is swift, and flies with swallow's wings;
Kings it makes gods, and meaner creatures kings. *)

Neben diesem ephemeren Jubel hält sich, so
lange er eben währt, jene oben erwähnte Einge-
nommenheit für das Wahre und Schöne an sich;
eine Verwandtschaft der Stimmungen, die momen-
tane Erhebung und Verworrenheit des Rausches
verknüpft und verschmelzt die an sich verschieden-
artigsten Empfindungen — ja, die mehr oder minder
tiefe Begeisterung für das wirklich Verehrungswürdige umstrahlt die egoistischen Gelüste des Ehrgeizigen mit einer gewissen verklärenden Glorie und
giebt ihnen den Anstrich idealer Bestrebungen. Das
Gericht ereilt aber den Ehrgeizigen, sobald er versucht, seine Illusionen zu verwirklichen. So grausam
und unnachsichtig nur jemals und irgendwo die
Wirklichkeit einen vaguen Traum zerstören und ein
Luftschloss fortblasen kann, so grausam und unnachsichtig thut sie es dem Ehrgeizigen, dem nicht,
wie immer vorausgesetzt, ausserordentliche Gewalten
zu Gebote stehen. Das Leben ernüchtert Ehrgeizige
vor allen bald und gründlich. Die sehnsüchtigen
Wünsche des Strebenden fliegen, unwillig über den
Schneckengang der etwaigen thatsächlichen Erfolge,
tausendmal an das erhoffte Ziel und müssen tausendmal wieder zurückkehren zum wirklich Erreichten.
Aber nicht nur und nicht am meisten in der Winzigkeit und Spärlichkeit der Erfolge, wenn solche überhaupt eintreten, wird dem Ehrgeizigen eine schmerzliche Ernüchterung bereitet; eine solche Niederlage
kann wenigstens sogar von Nutzen sein; am em-
pfindlichsten wird der innerste Nerv eines solchen
Menschen getroffen durch den gänzlichen Verlust
aller reineren, edleren und selbstloseren Gefühle,
die sonst noch seine ehrgeizigen Wünsche beglei-
teten, sie moralisch stützten und gewissermassen

---

*) Hoffnung ist schnell und fliegt mit Schwalbenschwingen;
Aus Kön'gen macht sie Götter, Kön'ge aus Geringen.

vor ihm rechtfertigten, beschönigten. Es ist eine
Wahrheit, die keinen Zweifel zulässt, dass man nicht
von Herzen und in Wahrheit den Idealen menschlicher Entwickelung nachdenken und nachstreben
kann, wenn egoistische Absichten dieses Streben
verunreinigen und verdunkeln, es müsste denn vor
lauter Verschwommenheit der Gedanken und Gefühle dem Menschen selbst das eine wie das andere
Streben nicht klar zum Bewusstsein gekommen sein.
Der Geist unserer Sprache hat dem Compositum
„Ehrgeiz" nicht umsonst ein Grundwort von so
bösem Klange gegeben. Und es ist beachtenswert,
dass Ehrgeizige sich darüber in der Regel sehr
bald klar werden, wie es auch natürlich ist; denn
das Leben, die Erfahrung, die Wirklichkeit, die
gerade den Ehrgeizigen besonders rauh und unerbittlich anfassen, schaffen klare Köpfe *). Die langsame, schwere, trockene, ärgerliche Ausführung
seiner hochfliegenden Pläne zerstört bald die Illusion
des Ehrgeizigen über die Würde seiner Absichten
und Bestrebungen. Er erkennt es klar und deutlich:
**Was ihm hohes, heiliges Ziel, ein um der
ganzen Menschheit willen erstrebenswertes
Ideal sein sollte, das hat er herabgewürdigt
und geschändet zum Mittel für eigene
Zwecke.** Was er scheinbar und vor der Welt
heilig hielt, das hat er entheiligt jeden Tag und
jede Stunde, das Edle, Grosse und Schöne, das ihn
sonst mit besseren Empfindungen erfüllt und beglückt, hat für ihn alle Macht und allen Reiz verloren, seine Empfindung ist erloschen, abgestumpft,

---

*) Eine schöne Legende erzählt von einem Einsiedler, der
den Vorsatz fasste, für jedes ihm gelungene, andächtige und in-
brünstige Gebet eine Nuss an einen bestimmten Ort zu legen.
Wie freute er sich, als das Häuflein wuchs und wuchs! Da kam
er eines Tages auf den Einfall, die Nüsse zu öffnen, und — siehe
da! — sie waren alle hohl; nur die letzte, das Zeichen seines
ersten Gebets, hatte einen guten Kern. Schon beim zweiten
Male hatte die Eitelkeit sein Gebet entwertet!

sein Herz leer; jetzt erst fühlt er, dass er ein Paradies verloren: die unbefangene, reine, herzliche Freude am Höheren; vor ihm selbst bleibt ihm nichts als Verachtung, vor der Welt nichts als — Heuchelei. Dieses plötzliche Erwachen, diese mit Naturnotwendigkeit eintretende und schonungslose Blosslegung seines frigiden Egoismus zugleich mit dem Gefühl des Mangels an jeglichem freiwillig und ungezwungen edlen Instinkt erfüllt den Ehrgeizigen mit einem unsäglich herben Schmerz und mit der dunklen Empfindung trauriger Vereinsamung. Mit dem Bewusstwerden seiner eigenen Profanität schwindet in ihm der Glaube an höhere und edlere Impulse überhaupt und in der ihn umgebenden Welt sieht er nur ein trübes, abstossendes und bestandloses Durcheinander, in dem tausend und abertausend kleinlich-selbstsüchtige Wünsche und Gedanken den seinen gleich sich in unentwirrbaren kritzligen Zügen kreuzen und verschnörkeln. Dieser verloren gegangene idealere Gehalt (der ja ohnehin an und für sich niemals von grosser Tiefe war) braucht dem Ehrgeizigen garnicht einmal so stark bewusst gewesen zu sein, braucht sich nie aktiv geäussert zu haben; das Ausschlaggebende und Gefahrvolle bei dieser Wendung liegt darin, dass der junge Mensch die Ideale der Menschheit vor sich entweiht hat und alle Menschen von gleicher oder schlimmerer Selbstsucht befangen glaubt als sich. Wie schnell und verwegen gerade der Selbstsüchtige auf gleiche Gesinnung bei seinen Mitmenschen schliesst, das hören wir jedesmal, wenn ein offenherziger Egoist seine Denk- und Empfindungsweise vor andern entschuldigt: Andere machen es nicht besser als ich; wenn ich nichts habe und nichts bin, hilft mir niemand.

Es ist leicht ersichtlich, wieviel von dem gepriesenen fröhlichen Mute und der sprudelnden Lebenslust der Jugend einem jungen ehrgeizigen Manne nach einem solchen Erwachen noch bleiben

muss. An Stelle der glücklich-sonnigen Jugend-
stimmung tritt ein Ekel, ein Überdruss, der fast
peinlicher wirkt als das Gefühl der Übersättigung,
welches den Lasterhaften beschleicht. In den seltensten Fällen hat dann ein junger Charakter die
Kraft, über seine bisherigen Wünsche und Träume
einen herzhaften Strich zu machen und den Weg
ernsten und aufrichtigen Wirkens einzuschlagen.
Nicht selten verschwimmt die Missstimmung des
Gemüts in Schwermut und Apathie, endigt auch
wohl mit Selbstmord. In den weitaus meisten
Fällen aber setzt sich der Ehrgeizige in einem
leichtsinnigen Augenblicke über seine innere Zer-
rissenheit und Haltlosigkeit hinweg und setzt sein
unseliges Hangen und Bangen und Verlangen fort.
Denn abgesehen davon, dass der Ehrgeizige an
dem Ausbleiben oder doch der Winzigkeit seiner
Erfolge tausendmal eher der Undankbarkeit und
Unwissenheit der Menschen als seiner eigenen Unzulänglichkeit die Schuld giebt, wird es ihm unendlich schwer, den Genüssen der wenn auch noch
so schwach befriedigten Eitelkeit zu entsagen,
wird es auch seiner verlotterten, zerstreuten und
zerfetzten Geisteskraft schwer, sich zu konzen-
trieren und zur Ausdauer zu zwingen. Auch kann
er es nicht über sich gewinnen, aus diesen oder
jenen Verhältnissen, wie es doch nötig wäre, herauszutreten, vielleicht ist es ihm auch thatsächlich
unmöglich, und was sein Unvermögen, weder die
Ideale der Menschheit noch diese selbst zu lieben
und an sie zu glauben, betrifft, so schmeichelt er
sich vielleicht, wenn er schon unverschämt genug
gegen sich selbst ist mit der Hoffnung, es jenen
überall vertretenen Schauspielern gleichthun zu
können, die mit grossem Ruhm und vieler Verehrung vor der Welt eine erhabene Kunst oder
edle, menschenfreundliche Gedanken vertreten, aber
daheim ihre Theorieen belächeln und sie durch ihre
Handlungen verhöhnen. Und wie er nun langsam

seinen Lebensfaden weiterhaspelt, bleibt ihm, wie
oben gesagt nichts als Heuchelei und Schauspielerei.
Er muss den vom Funken reiner Begeisterung In-
flamierten oder den biedern, warmherzigen und
menschenfreundlichen Mann (à la Dr. Jenkins in
Daudet's „Nabob", wenn auch nicht mit soviel
Gemeinheit) spielen, während er beständig sich
selbst hinter die Kulissen sieht und zu eigenem
Ekel und Abscheu nichts als geschminkte, ver-
stellte Fratzen, grobe Klexerei und alles in allem
konsequente, raffiniert berechnete Täuschung bemerkt. Er spielt dabei eine entsetzlich anstrengende
und aufreibende Komödie, wenigstens so lange das
junge, warme Blut noch edlerer Wallungen fähig
ist und ab und zu ein mahnender Gedanke, ein
Heimweh nach der schönen Ruhe und dem Frieden
eines selbstloseren Ringens in ihm aufsteigt. Indessen die Erpichtheit auf das Ziel, das trotz allem
und allem nicht näherrücken will, der sich immer
tiefer einfressende Ärger darüber stumpfen bald
gegen solche Reminiscenzen ab. Wenn schon diese
Empfindungen und Stimmungen wenig dazu angethan sind, den Menschen auf eine reinere Höhe
zu erheben, so macht sich im Laufe der Jahre
noch ein anderer Faktor geltend, der den Charakter
sanft abwärts geleitet in den tiefsten Schlamm der
Plattheit, Alltäglichkeit und Niedrigkeit. Es tritt
jene Verdickung und Trübung des Blutes ein, jene
Erlahmung der Empfindungsnerven, die langsame
Petrifikation der schönen Jugendträume, das woh-
lige Versinken in den ewigen Schlaf vor dem Tode,
welches die meisten Männer unserer Zeit dann
überkommt, wenn sie gerade im erhabensten Sinne
des Wortes Männer sein sollten — kurz: der Fluch
des Philistertums breitet nun auch allgemach seine
Schatten aus über Geist und Gemüt des Ehrgeizigen.
Von seinem Haschen nach geistigem Erfolg, seinem
Ehrgeiz, seiner Eitelkeit, die seinem Charakter
immerhin das Timbre einer gewissen Originalität,

Selbständigkeit, ja Vornehmheit gaben, lässt er ab
und verschwindet nun in der schwarz wimmelnden
Menge des gemeinen, materiellen Strebertums, sein
unum necessarium formuliert er nach dem Gebet-
buch des vegetierenden, schäbig-selbstsüchtigen
Spiessbürgers. Die Devise dieses reichlich und
nirgends mehr als im Beamtentum vertretenen
Typus ist bekannt: Gebrauche im Gedränge Deine
Ellbogen, und zwar schonungslos.

Wie aus oben Gesagtem erhellt, braucht der
Ehrgeiz sich nicht erst in diesen Sumpf zu ver-
laufen, um schädlich und gefährlich zu wirken.
Der gemeinen spiessbürgerlichen Selbstsucht stehen
wir noch mit dem wohlthuenden Lächeln der Verachtung und mit einem gewissen souveränen Humor
gegenüber. Aber mit schmerzlicher Trauer erfüllt
es, den Ehrgeiz in jungen werdenden Charakteren
überwuchern und bedenkliche Früchte zeitigen zu
sehen. Wer jemals einer grossen Gemeinschaft
von jungen Männern, z. B. in einem grossen Lehr-
Institut, angehört hat, der wird erfahren haben,
wie sehr Neid, Ehrgeiz, Scheelsucht und die daraus
entspringende Gehässigkeit den Geist der Gemeinschaft beeinflussen und welche Stellung sie die
einzelnen Geister zu dem Gegenstande der gemeinsamen Thätigkeit nehmen lässt. Fasst ohne Ausnahme: Nichts von Begeisterung für den zukünftigen Beruf oder doch für die gegenwärtige Thätigkeit!
Der Ehrgeiz wälzt und windet sich in diesen
jungen Herzen hin und her, beunruhigt, verdirbt
sie und treibt ihnen die Blässe des Neides auf die
Wangen. Die Bildung, weit entfernt, ihnen Mittel
zu einem grossen und erhabenen Zwecke oder gar
Selbstzweck zu sein, ist ihnen nur Mittel zur Befriedigung ihrer ehrgeizigen oder gar hier schon
materiell-selbstsüchtigen Gelüste, und die Gegenstände des Studiums werden auch nur soweit
poussiert, als dies zur Erreichung der augenblick-
lichen Absicht nötig ist. Es ist leider wahr und

nicht übertrieben, dass z. B. ein Lehrer, der jungen
Leuten als seinen Schülern von einer idealeren
Auffassung des Lebens und der Aufgaben des
Menschen spricht, in den meisten Fällen riskiert,
den frivolen Spott, das sublime Gelächter dieser
jungen zukünftigen Vorkämpfer der Kultur auf sich
zu ziehen. Wohl ist meistens eine Art von Begeisterung, auch ein gewisser Corpsgeist vorhanden;
aber welcher Art sind sie! Die Begeisterung ist
jene, welche in den schwülen Wolken der Bierstube brütet, die Gehirne so wunderbarlich ver-
drehen kann und mit den Gedanken eines „Illu-
minierten" so drollige, halsbrecherische Tänze
aufführt. Der sogenannte Corpsgeist, weit davon
entfernt, auf Schutz und Wahrung der Standesehre
oder auch Verallgemeinerung, Ausbreitung, Vereinigung und Veredlung geistiger Bestrebungen zu
zielen, besteht in einer kuriosen Solidarität bei
Ausübung von dummen oder frivolen Streichen, in
einer bewunderungswürdigen Hartnäckigkeit, die
Dummheit gewisser Anschauungen nicht einsehen
zu wollen, sondern im Gegenteil dieselben mit
Haltung und Bravour zu vertreten. Die Fröhlichkeit und Leichtigkeit, ja selbst die harmlose Tollheit und der Übermut der Jugend sollen nicht
griesgrämig bekrittelt und verurteilt werden. Aber
das Lächerliche an jener modernen Erscheinung
ist, dass man den grössten Thorheiten und Alfan-
zereien eine gewisse Würde, ja zuweilen wohl gar
eine Art tragischen Ernstes anzuhängen sucht, und
das hässlich und widerwärtig Berührende besteht
darin, dass dieselben Jünglinge einem solchen
Fetisch von Corpsgeist bedenkliche Opfer bringen
würden, aber nicht im Stande sind, sich auch nur
zu zweien zusammenzuthun, um in einer neid- und
selbstlosen Freundschaft des Geistes zu beharren
und an leuchtenden Vorbildern und gemeinsamer
begeisterter Arbeit sich zu erwärmen und zu
stärken. Der Ausnahmen sind unendlich wenige,

und wer Erfahrung nach dieser Seite besitzt, wird
eine solche Behauptung nicht für schwarzseherisch
übertrieben ansehen. Man kann es in jeder Schule,
sowohl bei erwachsenen als unerwachsenen Zög-
lingen erfahren, dass, wenn das überwallende Neid-
gefühl sich Luft zu machen versucht, die meisten
jungen Naturen eine Beschränktheit und Klein-
lichkeit, einen verhaltenen, boshaften Grimm, eine
Grausamkeit und Perfidie an den Tag legen, die
unter anderen Umständen wirklich und glücklicher-
weise ganz ausser ihrem Charakter liegen. Und
wer selber wohl einmal von der jähen Glut des
Neides überrascht wurde, sich aber rechtzeitig
darüber ertappte und den Neid bezwang, der erinnert, dass er in solchen Augenblicken sich selbst
nicht wiedererkennt, dass er erstaunt über die
Niedrigkeit und Hässlichkeit der in ihm aufge-
störten Gedanken und Wünsche, und dass dem
Augenblicke des erbosten Neides eine nachhaltige,
tiefe und schmerzliche Scham folgt. Diese schroffen
Gegensätze, dieser ruckweise Seelenvorgang unterscheidet sich eben sehr bemerkenswert von dem
langsameren dialektischen Prozess zwischen Gewissen und Versuchung, der in der Regel unseren
etwaigen unwürdigen Handlungen vorangeht und
unmerklich unser moralisches Niveau erniedrigt.

Ohne Zweifel muss es eine heilige Aufgabe
der Erziehung sein, die Kindheit wie die reifere
Jugend vor der schädlichen Treibhaustemperatur
des vaguen Ehrgeizes zu bewahren und ihnen die
destruktiven Einflüsse des Neides fernzuhalten.
Wenn aber doch der Neid, der Ehrgeiz für den
Einzelnen wie für die Gesamtheit von grossem
Nutzen und, was mehr sagen will, ein- für allemal
unausrottbar, weil in der menschlichen Natur und
ihren Entwickelungsgesetzen begründet sind! Was
dann? Müssen wir dann wohl oder übel und ohne
Phrase im Hinblick auf den Fortschritt der Menschheit den Ehrgeiz als eine conditio sine qua non

hinnehmen und mit ihm den Schmerz, den er dem
Ehrgeizigen selbst, die Anfeindungen und Intriguen,
welche er der Umgebung des Strebenden einträgt?
Nein! Man wird den Ehrgeiz, den man nicht ver-
tilgen kann, auch nicht in ein Wonnegefühl verwandeln, man wird ihm einen gewissen schmerzlichen Stachel nicht nehmen können. Aber man
kann seinen Charakter veredeln, man kann ihn
durch vernünftige erzieherische Massregeln mässigen
und muss ihn bei weitem mehr mässigen, als es
heutzutage geschieht, man kann seiner fruchtbaren,
treibenden Kraft solidere, wohlthätigere Wirkungen
entlocken, als die Befriedigung der Eitelkeit und
überhaupt rein selbstischer Gelüste, gleichwie man
die Hasserin des Menschenwerks, das Feuer, in
eine wohlthätige Macht gewandelt hat.

Zunächst sollte der Ehrgeiz in der Schule der
Kleinen eine bescheidnere Rolle spielen. Die pe-
dantische Betonung des Ehrgefühls, wie sie sich
in den stereotypen Einrichtungen des Zensierens
und Lozierens ausspricht, steht zu der naiven, ursprünglichen, keimenden, fröhlichen Kraft des
Kindes, die wenigstens im Beginn des Lernens
förmlich nach Bethätigung und Beschäftigung
schreit, in einem höchst grotesken Gegensatze.
Bei dem erfreulichen Eifer der modernen Schul-
männer, die Methodik des Unterrichts immer mehr
mit psychologischer Erfahrung zu durchtränken
und auf diese Weise rationeller zu gestalten, steht
auch zu erwarten, dass die Lernfreudigkeit mit der
Lernleichtigkeit immer mehr gehoben und dadurch
der unfreundliche Wetteifer des Ehrgeizes, soweit
überhaupt möglich, verdrängt werde. Wenigstens
geben die bisherigen Erfolge an wohlgehaltenen
Schulen zu solcher Hoffnung entschieden Recht.
Man bemüht sich ja gewiss mit Recht, die rohe
Furcht als Treiber zur Arbeit aus der Schule zu
verbannen, indem man die körperliche Strafe mehr
und mehr beschränkt oder ganz aufhebt. Aber

der angestachelte, aufgeregte, zitternde, prickelnde
Ehrgeiz wäre für jene Furcht ein ungesunder Ersatz.

„— — — Für die Kleinen aber war die Verlesung der
Zeugnisse etwas ganz anderes. Ehrgeiz und Eitelkeit,
Enttäuschung und Verzweiflung — bis zur Gefühllosigkeit
hinab; Missgunst und Hass, Hochmut und Schaden-
freude — bis zur Rachsucht hinauf — all' das ging durch
die dichtgedrängten Reihen der kleinen Köpfe; es war
ganz wie eine Vorübung für das Leben in der Kunst,
sich mit den Ellbogen vorwärts zu stossen, an einander
vorbei zu kommen und wäre es nur um eine einzige
Nummer; Gleichheit und Kameradschaft sollten vergessen
werden, um sie daran zu gewöhnen, sich im Kampf mit
den anderen um Rang und Ruhm zu denken; sie lernten
nach oben hin missgönnen und nach unten hin ver-
achten. Und während in dem langen Jahre nicht das
Mindeste gesagt oder gethan worden war, um die müh-
same Erwerbung von Kenntnissen zu einer gemeinsamen
Arbeit in Freude und Brüderlichkeit zu machen, so ward
jetzt auch beim Abschluss des Jahres nicht mit einem
Wort von den Kenntnissen gesprochen als solchen, die
Gleichheit und Brüderlichkeit hervorbringen, sondern es
wurden diese Kenntnisse selber im Gegenteil dazu gebraucht, um sie alle sorgfältig zu rangieren und zu nume-
rieren — nach unten und nach oben." (Aus „Gift" von
Alexander Kielland.)

Man wird, wie gesagt, hoffentlich auch für den
Ehrgeiz einen Ersatz finden und die Verantwortung
für die Leistungen der Kinder mehr und mehr mit
der praktischen Tüchtigkeit des Lehrers in Verbindung bringen.

Wenn man behauptet, dass das bessere Be-
tragen und der grössere Fleiss gewisser Schüler
doch Belohnung oder gegenteilige Eigenschaften
an anderen Schülern Bestrafung heischten, so ist
zu erwidern, dass, wenn der Lehrer nur einigermassen in seiner Schulgemeinschaft die Wärme
und Innigkeit einer gewissen Familiarität zu erzeugen weiss, ein solcher Lohn oder eine solche
Strafe sich meistens von selbst ergeben. Ein
freundliches Lächeln, ein Scherzwort des Lehrers,
eine verschwiegene Vertraulichkeit und Zutraulich-
keit zwischen ihm und seinen guten Schülern ist

diesen eine wahre Herzensfreude und Lohn und
Ermutigung genug, und sie fühlen dieses unsicht-
bare Band zwischen dem Lehrer und sich sehr
wohl mit dem den Kindern eigenen Zartgefühl für
Zuneigung und Wohlwollen. Andererseits findet
der lässige und ungezogene Schüler seine Strafe
in einer grösseren Zurückhaltung, Fremdheit, in
einem ebenso wie jene Vertraulichkeit verschwie-
genen, bedauernden Ernste des Lehrers ihm gegenüber. Ein Kenner der kindlichen Seele weiss, wie
tief eine solche (spontane, nicht erkünstelte!) Zurückhaltung des Lehrers selbst die Herzen der
widerspenstigsten Unholde und Arbeitsscheuen ergreift, wenn sie nicht von Haus aus gänzlich ver-
roht und verkommen sind. Denn wer in Kinder-
augen zu lesen versteht, der findet in ihnen auch
bei den schlechtestgearteten jene Sehnsucht nach
Liebe und Zärtlichkeit, welcher die Kinder bedürfen
und begehren in der Schule wie im Hause. Es ist
einer der glücklichsten und fast immer mit Erfolg
gekrönten Kunstgriffe eines kinderfreundlichen
Lehrers, ein widerstrebendes Kind, bei dem immer
einmal hier oder da ein glücklicher Moment eintritt, in dem es sich interessiert, willig und aufmerksam erweist, in einem solchen Augenblicke zu
erfassen und mit freundlichem Zuspruch zu er-
muntern. Man kann alsdann einen merkwürdigen
Feuereifer, ein hastiges, fast aufdringliches Interesse sich entfalten sehen, in welchem sich deutlich
das Verlangen des Kindes kundgiebt, die einmal
gewonnene Position zu behaupten und die be-
glückende Stimmung zwischen sich und dem Lehrer
zu erhalten. Aufmerksamkeit und Ausdauer des
Lehrers gehören dann dazu, die gute Regung im
Kinde zu kräftigen. Aber alles das ist möglich
ohne ostensives Loben oder Tadeln, ohne Zensuren
und Versetzung, kurz: ohne Anstachelung des
Neides, des Ehrgeizes. Und um einem etwaigen
Missverständnisse vorzubeugen, mag noch besonders

betont werden, dass Annäherung und Zurückhaltung
des Lehrers um alles in der Welt nicht kalt und
künstlich von ihm abgemessen, nicht pedantisch
trocken überlegt sein sollen. Sie sollen spontan,
freiwillig, natürlich sein! Hier tritt voll und ganz
das Herz des Lehrers ein; es ist menschlich und
natürlich, dass Anmut des Betragens und Lebhaftigkeit des Geistes ihn anziehen, und dass Unart
und Trägheit ihn ernst, traurig, zurückhaltend
stimmen. Er darf durchaus diese Wirkungen
äussern; denn er kann dabei die strengste Unparteilichkeit bewahren, und (worauf es hauptsächlich
ankommt) seine Zurückhaltung gegen unsym-
pathische Schüler braucht nie den herben Zug einer
ein- für allemal entschiedenen Abneigung zu tragen.
Auch bei einem derartigen Charakter der Schulgemeinschaft werden vielleicht die Regungen des
Ehrgeizes nicht ewig in den Herzen der Kinder
vollständig vergraben und verschwiegen bleiben.
Aber man kann dem Ehrgeize kräftig entgegen-
arbeiten, ihn in die Schranken des Ehrgefühls
bannen und ohne ihn die Ziele der Schule erreichen. Das ist ein Segen; jeder Kinderfreund
muss zugestehen, dass ein ehrgeiziges Kind unter
allen Umständen eine krankhafte, anormale, widerwärtige Erscheinung ist.

Jedenfalls würde auch ein derartiges der
Scheelsucht und Gehässigkeit gegenüber prophy-
laktisches Verfahren einen wesentlichen Beitrag zur
reineren Gemütsbildung der Kinder bedeuten. Sind
doch überhaupt die Eindrücke der Kindheit von so
immenser Bedeutung für die spätere Gestaltung des
Gemüts und für den Idealismus der reiferen
Jugend! Und so gut der ungebundene Ehrgeiz die
Illusionen der Jugend schnell zerstört und zersetzt,
so gut sind eben diese Illusionen und ist überhaupt
ein wärmeres und reicheres Gemüt die Sphäre, in
welcher die schädlichen Konsequenzen des Ehrgeizes am schwersten gedeihen. Darum wäre auch

einer Läuterung ehrgeiziger Triebe durch eine tief-
greifende Kultivierung des Gemütslebens wesentlich
gedient. Dass die jungen Männer unserer Tage
mit seltenen Ausnahmen in eine erschreckende Ge-
fühlsarmut versunken sind, unterliegt keinem
Zweifel. Der viel und mit so grossem Recht be-
klagte Indifferentismus der Männer gegen die Erzeugnisse der Kunst und Litteratur beweist es.
Mit einem Hinweis auf die Gemütsbildung als ein
Mittel zur Bekämpfung des rücksichtslosen Ehrgeizes ist allerdings wenig gethan. Denn einmal
ist die Entwickelung des Gemütslebens eben derjenige Teil der Erziehung, an welchem dem Hause
(wenigstens während der Kindheit) ein- für allemal
der grösste Anteil verbleibt, und eine Besserung
der häuslichen Erziehung verlangt nichts Geringeres
als eine Besserung der Menschheit überhaupt. Um
solche allgemeinen Forderungen pflegt aber „die
Menschheit" sich leider nicht zu kümmern. Andererseits sind sich die Gelehrten über die zu wäh-
lenden Mittel und Wege zu einer solideren Gemütsbildung noch immer sehr uneinig, und die pädagogische Wissenschaft ist in diesem Punkte ebenso
weit hinter der Methodik der Geistesbildung zu-
rückgeblieben, wie überhaupt der sittliche Wert
der Menschen hinter ihrer Intelligenz.

Dennoch haben Lehrer und Erzieher der
Jugend ein ausgezeichnetes und wirksames Mittel
in ihren Händen, um dem für Bildung und Charakter verderblichen Ehrgeiz die Spitze abzubrechen:
Das ist eine solidere Geistesbildung. Diese
Forderung scheint mir die treffendste und muss die
entschiedenste sein aller für's erste realisierbaren
Forderungen überhaupt. Man befestige in den
Kindern und hernach in den strebenden und lernenden Jünglingen mehr als je die Fundamente
der Bildung! Man kann einen Geist nicht besser
disziplinieren, als wenn man seiner Arbeit eine
unverlierbare Grundlage giebt. Die unfehlbare

Herrschaft über die Elemente des Wissens (man
braucht hier nicht den Begriff „Elemente" gar so
eng zu fassen) ist allein schon hohe Bildung und
besser und seltener als die Weisheit manches „Gelehrten". Eine solche Sicherheit giebt der Arbeit
bei allem Eifer zufriedene Ruhe und bestimmte,
bewusste Richtung. Sie giebt aber auch auf seltsame Weise einen klaren Begriff von dem gewaltigen Umfang und von der Würde einer Wissenschaft. Ihre Folge ist darum richtige Selbstschätzung
und Bescheidenheit. Man kann die Erfahrung
machen, dass die am gründlichsten gebildeten fast
immer die bescheidensten und darum am wenigsten
ehrgeizigen Männer sind. „Der Ehrgeiz ist eine
gesunde Eigenschaft, sobald er mit dem besonnenen
Bewusstsein der eigenen Leistungsfähigkeit gepaart
ist" — so las ich vor Zeiten in einem Aufsatz über
H. v. Kleist. Aber man muss den Lernenden auch
Gelegenheit geben, auf der gewonnenen festen
Grundlage selbständig weiter zu bauen. Man lasse
die jungen Geister zu Atem kommen, damit sie
sich ungehindert in die ihren Anlagen und ihren
Neigungen entsprechende Thätigkeit versenken,
vertiefen können! Musse zu selbständiger Arbeit
ist ein Glück, ein Segen für die kräftige Entwickelung des Geistes. Wenn die Lehrer nur
einigermassen für ihre Gegenstände zu interessieren
und die Anlagen der Schüler zu entdecken und zu
lenken wissen, so ist die Jugend wegen ihrer
Kraftfülle zu tieferem Eingehen und zu liebevollem
Erfassen der Gegenstände gern bereit. Und mit
dem weiteren Vordringen in ein gern betretenes
Gebiet wächst noch immer mehr das Bewusstsein
von der umfänglichen wie inhaltlichen Grösse der
zu lösenden Aufgabe. So gerüstet mag immerhin
der junge Geist in den Wettstreit der jugendlichen
Kräfte treten, mag er sich messen und vergleichen
mit anderen. Wenn er noch den schmerzlichen
Stich des Neides fühlt, so wird er nicht leichtfertig

und verblendet seinem Unbehagen in einem tücki-
schen, boshaften Hasse gegen seine Nebenbuhler
Luft machen, sondern er wird den Stachel des
Ehrgeizes gegen sich selbst wenden und sich zu
erneutem Eifer anspornen. So wird ihm der Ehrgeiz wahrhaft zur treibenden, fruchtbaren Kraft.
Er hat einen hohen Begriff von der Sache, welcher
seine Nebenbuhler wie er selbst dienen; die gesunde, ehrliche Arbeit hat sein Wesen geadelt,
und er ist nunmehr zu vornehm, zu anständig, um
gemein zu beneiden und zu begeifern, wenn er
auch in dem Augenblicke, wo er den Vorsprung
eines Rivalen gewahrt, diesen nicht gerade liebevoll
umarmen möchte. Wenn der Geist eine solche
Gewalt über den Willen gewonnen hat, so ist
schon ein Grosses erreicht. Aber einmal so weit
gelangt, ist dem Menschen noch höhere Vollendung
erreichbar. Je mehr das Jünglingsalter dem Mannes-
alter weicht, je mehr der Mann mit seinem Ideal
und mit seiner Arbeit eins wird, umsomehr erhebt
er sich über sich selbst, und was er zu selbsti-
schem Zwecke begonnen, das kann er mit edlerer
Absicht weiterführen. So manche, auch unbedeu-
tende Menschen machen die Wandlung des Goethe'-
schen Faust durch, der anfangs nur daran denkt,
sich selbst zu den Göttern zu erheben und hernach die
selbstsüchtig errafften Geistesgüter im Dienste der
Menschheit verwertet. Mit dem tieferen und edleren
Gehalt in seinem Innern empfindet der Mensch alsdann die Schalheit und Oberflächlichkeit menschlicher Gunstbezeugungen; er fühlt, dass sie nichts
sind gegen die in ihm wohnende reine und heilige
Sehnsucht nach der Wahrheit, gegen das Glück
des Erkennens, gegen die Freuden eines mit Segen
erfüllten Berufs. Er arbeitet immer fort mit un-
ermüdlichem Eifer und liebevoller Ausdauer; aber
der Ehrgeiz ist wohl ganz geschwunden.
    So werde denn der Krieg erklärt dem Ehr-
geiz, dem scheelen Neide und dem widerwärtigen

Strebertum! Es hiesse ja doch an der siegenden
Kraft der reinen Wahrheit und der reinen Schönheit jämmerlich verzweifeln, wollte man wähnen,
dass man nur durch Vermittelung des Ehrgeizes
die Jugend den idealen Zielen ihrer Entwickelung
zuführen könne. Der Ehrgeiz mag unter Umständen zu etwas Gutem führen — jedenfalls darf
er in dem Entwickelungsgange eines normalen
Menschen nur eine flüchtig vorübergehende Rolle
spielen. Den Ehrgeiz aber in aller Form als allein-
seligmachenden Vorwärtstrieb der Menschheit sanktionieren, das ist ein Irrtum und ein Vergehen,
dessen sich kein denkender und fühlender Lehrer,
kein wahrer Menschenfreund schuldig machen sollte.

Constante Majoritäten.

(1887.)

Die politische Konsequenz des Pessimismus
ist die Verachtung der Majorität, der absolute Monarchismus und Despotismus, und nur auf den
Pessimismus lassen sich diese politischen Krank-
heiten und Verirrungen zurückführen. Wer die
Menschheit für eine Gesellschaft blinder, vernunft-
loser, dem stupiden „Willen zum Leben" sklavisch
unterworfener Thoren hält, muss sie natürlich unter
dem Polizeistock eines allmächtigen Vogtes am
besten aufgehoben wähnen.*) Wer nun behaupten
wollte, dass die Majorität immer im Rechte sei,
würde selbstverständlich Unsinn reden und einen
Sturm des Widerspruchs hervorrufen. Vielmehr
Beifall scheint gegenwärtig das vornehme Philo-
sophem zu finden, dass Recht und Vernunft immer
bei der Minorität zu suchen seien. Und doch ist
eine Phrase so billig und haltlos wie die andere.
Richtig ist allerdings, dass jede neue Wahrheit zunächst durch eine Minorität vertreten wird, die,
wenn sie nicht zufällig über eine gewisse Macht-
summe verfügt, für jene Wahrheit leiden und ohne
ihre Segnungen sterben muss. Jeder Fortschritt,

---

*) Man kann es allerdings erleben, dass ausserordentliche
geheime und öffentliche Confusionalräte den Pessimismus mit
Freisinnigkeit, Sozialismus, Anarchismus, Nihilismus, ja — man
staune! — mit Materialismus und Darwinismus in ursächlichen
Zusammenhang bringen, während doch diese Anschauungen samt
und sonders den hochgradigsten Optimismus (d. h. das Vertrauen auf den Weltfortschritt) zum Teil sogar in unsinnig über-
schwenglicher Weise voraussetzen oder auf ihn hinführen.
Ein köstliches Beispiel jener Verworrenheit leistet sich ein gewisser Oberst v. Meerheimb in seiner „Psychodramenwelt",
einem Buche, das echte Poesie mit fabelhaftem Unsinn und
haarsträubendem Schwulst auf verblüffende Weise vereinigt.

den die Menschheit verzeichnen durfte, hat sich
durch Macht zur Geltung gebracht. In civilisato-
rischen Dingen ist Macht im letzten Grunde gleich-
bedeutend mit Majorität; in der Politik ist Macht
nichts weiter als blanke, zählbare Majorität. Dieser
Thatsache gegenüber können aufgeblasene Redensarten von persönlichen und dynastischen Herr-
schafts- und Souveränetätsrechten, von monarchi-
schem Willen u. dgl. m. nur ein Lächeln der
Rührung erwecken. Ja, wir wissen es: tausendmal
hat eine brutale, freche Majorität eine edle, hülf-
lose Minorität totgeschlagen; aber das alles hilft
nichts: wir müssen doch von der Majorität den
endlichen Sieg des Besseren erwarten. Die Minder-
heit, die daran verzagt, jemals Mehrheit d. h. Macht
zu werden, soll einpacken; sie hat für die Menschheit
keinen praktischen Wert. Ibsen's Dr. Stockmann
verdirbt alles Gute, was er geleistet, durch die
fade Sentenz, der stärkste Mann sei der, welcher
allein stehe. Gewiss: das Genie steht fast immer
allein, und das Genie ist in individuellem Sinne
und im Hinblick auf die Zukunft der stärkste
Mensch; stark aber im Sinne der gegenwärtigen,
ausdauernden praktischen Kraftbethätigung — und
das ist die Meinung des Ibsen'schen Helden — ist
der Alleinstehende wahrhaftig nicht; im Gegenteil:
hier ist er eine armselige Null. In diesem Sinne
sind „Mann“ und „alleinstehen“ einander wider-
sprechende Begriffe. — Die politischen Vertreter
der Minoritätsgerechtigkeit identifizieren die recht-
habende Minorität gar zu gern mit den „gebildeten
Ständen“. Man sollte es nicht immer zu wiederholen brauchen, dass gesunde Vernunft und Urteils-
befähigung sich oft sehr unabhängig zeigen von
dem, was wir Bildung nennen. Zudem laufen die
Ergebnisse, müssen die Ergebnisse der einzelnen
Bildungswissenschaften schliesslich auf relativ einfache Wahrheiten hinauslaufen, die allerdings oft
durch eine „gelehrte“ Zunftsprache verdunkelt

werden. Und wie der Philosoph die Resultate der
Forschung aufnimmt und neu verwertet, ohne eine
allseitige Einsicht in ihre fachwissenschaftliche Gewinnung haben zu können, so nährt sich, lebt und
gedeiht der schlichte, gewöhnliche Mensch vom
geistigen Brote, ohne den intellektuellen Prozess
seiner Zubereitung zu kennen. Sehr richtig hat
deshalb auch die Wissenschaft erkannt, dass Verbreitung ihrer Aufschlüsse im Volke ein ebenso
lohnendes wie unerlässliches Stück ihrer Aufgabe sei.
    Welcher Art wird nun die Majorität sein
müssen, von deren Machtspruche wir das Heil eines
Volkes und damit das der Menschheit zu erwarten
haben? Wird es eine constante Parteimehrheit oder
eine wechselnde Mehrheit von Individuen sein
müssen? Ohne Zweifel das letztere. Ein unbegrenzter Individualismus würde freilich jede kom-
pakte, brauchbare Mehrheit ausschliessen. Aber
die festgewurzelte, unbewegliche Parteimajorität ist
ein Baum, auf dem die Blüten der Wahrheit verfaulen, ehe sie zu Früchten werden. In diesem
Falle tritt wirklich ein, was Ibsen behauptet: die
Parteiprogramme erdrosseln die jungen, lebens-
fähigen Wahrheiten.
    Der Reichskanzler nimmt bekanntlich seine
Majoritäten, wo er sie findet, und die abwechselnde
Benutzung der Nationalliberalen und des Zentrums,
namentlich das anmutige Spiel des „Andiewand-
drückens" der ersteren, bietet ein wahres Musterbeispiel — schwankender Majoritäten. Die
Antipathie gegen das Zentrum und seinen Führer
hindert den „Lenker unserer Geschicke" nicht im
mindesten, gelegentlich für ein Stück aufgehobenen
Maigesetzes ein zollfreundliches Gesicht von jenen
einzuhandeln. Wie gestaltet sich aber die Sache,
wenn sich einmal eine Majorität gegen den Gewaltigen zusammenballt? Da urteilt er mit strenger
Miene: Diese Majorität ist keine feststehende, ist
eine zufällig und gelegentlich zusammengelaufene;

mit ihr kann ich auf anderen Gebieten nichts aus-
richten, mit ihr kann ich keine Politik machen,
ergo kann ich meinen Willen nicht unter dieselbe
beugen — setzen wir hinzu: wenn diese Unter-
ordnung des persönlichen Willens auch nach sonstigen menschlichen Begriffen nur recht und billig
wäre. Sehen wir uns doch diese Forderung einmal
näher an: eine feststehende Majorität! In der That
ein leuchtendes Ideal! Sie wird erreicht sein, diese
feststehende Majorität, wenn alle Menschen wenigstens annähernd vollkommen geworden und deshalb
in allen gemeinsamen Fragen einmütig sind; dann
aber wird vermutlich Fürst Bismarck nicht mehr
„leitender Staatsmann“ sein, weil man dann einen
schwachen fehlbaren Menschen aus dem neun-
zehnten Jahrhundert für diesen Posten nicht mehr
gebrauchen kann, weil dann so eine einzelne alles
bestimmende Persönlichkeit gar nicht mehr zur
Geltung kommen kann. Bis zu diesem nicht allzu
nahen Zeitpunkt werden aber die gesunden Majoritäten in ihrer Zusammensetzung immer schwankend
bleiben, weil die Menschen lebendige, mannigfaltige
Naturen sind und es niemals wirklich und bis zur
mechanischen Selbstlosigkeit lernen werden, sich
alle oder doch in bestimmten Mengen und Gruppen
nach einer Schablone, z. B. nach einer von der
deutschen Reichsregierung angefertigten Schablone,
zu entwickeln. Nirgends in der Geschichte hat es
jemals eine in allen Fragen des politischen, religiösen und sozialen Lebens andauernd feste Majorität gegeben, wenn nicht äusserliche Momente an
Stelle des freien Willens und freien Denkens die
Menschen verband. Will der Kanzler eine constante Majorität? Nun, so beweise er, dass das
Regierungsprogramm in allen wesentlichen Punkten
ein richtiges ist und durchaus andauernde Unterstützung verdient. Etwas einleuchtend Gutes
hat immer die beste Chance, allgemein zu gefallen.
Was hören wir? Das Regierungsprogramm hat

seine Mängel? Natürlich, denn es ist ja Menschenwerk, und ein Menschenwerk ist nie vollkommen.
Ei, dann muss es sich der Kanzler gefallen lassen,
dass eine andere Majorität die seine hie und da
durchbricht und ihre Entschliessungen an die Stelle
der seinigen setzt! Ebenso müsste die Opposition,
wenn sie Anspruch auf eine absolut constante
Majorität machen wollte, bei ihren Plänen schlecht-
hinnige Unantastbarkeit in allen wesentlichen Be-
zügen voraussetzen; andernfalls muss auch sie es
sich gefallen lassen, dass bei dieser oder jener
Gelegenheit ein Teil von ihr abfällt und ihren
Gegnern eine vorübergehende Majorität bilden hilft.
Selbstverständlich fordert die Parteidisziplin, dass
der Einzelne eine Meinungsverschiedenheit in Nicht-
prinzipfragen im Interesse des Ganzen unterdrücke.
Weicht er indessen einem gewissen Gegenstande
gegenüber in seiner fundamentalsten Auffassung
von seinen Parteigenossen ab, d. h. entsteht eine
prinzipielle Differenz, so ist es nicht nur sein Recht,
sondern sogar seine heilige Pflicht, anders als diese
zu stimmen. Ein treues, ehrliches Herz besitzt
wohl Corpsgeist, aber keinen Hammelherdengeist.
Eine Mehrheit, die heute und morgen und alle Tage
in e i n e r Richtung bei Hauptsachen und Neben-
sachen durch Dick und Dünn geht, kann nur durch
e i n e n Trieb in dieser Gleichförmigkeit erhalten
werden — durch Parteiverblendung. Diese Parteiverblendung veranlasst den Reichskanzler bekanntlich, wo er im gegnerischen Lager auf dieselbe zu
stossen meint, zu grosser moralischer Entrüstung;
gleichwohl fordert er sie indirekt für seine Zwecke,
wenn er nur den Willen einer (ihm freundlichen)
constanten Majorität respektieren will. Mit einer
zähen, aus Vorsatz unerschütterlichen Majorität hört
die Bedeutung der Majoritätsentscheidung, die auf
der einfachen Souveränetät des von allen fremden
Einflüssen freien Willens beruht, überhaupt auf.
Freilich ist auch die Entscheidung durch Mehrheits-

beschluss allen Finsterlingen und Volksfeinden ein
Dorn im Auge. Dieses Institut ruht auf der Voraussetzung, dass die Menschheit immer vollkom-
mener, und dass es darum mit der Welt immer
besser werden muss, dass die Menschheit in ihrer
Mehrheit immer mehr und mehr das Gute und
Wahre ergreift, oder anders ausgedrückt, dass Recht
und Wahrheit in der Menschheit eine immer
grössere Stimmenzahl und zuletzt die absolute Majorität finden werden. Das ist eine im Grunde
optimistische Auffassung der Menschennatur. So
gern es nun auch die Leute vom Gefolge des Herrn
Reichskanzlers sehen, dass der Arbeiter mit Optimismus sein karges Stück Brot isst, dass er sich
mit Optimismus auf sein elendes Lager wirft und
mit Optimismus auf die väterlich-liebevolle Gesinnung seiner Herren und Fürsten vertraut — ebenso
gründlich verabscheuen sie dieselbe Lebensan-
schauung, wenn man aus ihr konsequenter Weise
die Berechtigung des Mehrheitsbeschlusses folgert.
Hier werden jene Herren zu den galligsten Pessimisten, sie, die doch hinwiederum eine so prächtige
spiessbürgerlich - sittliche Entrüstung produzieren,
wenn ein Zola die stellenweise und zeitweilig her-
vortretende Niedrigkeit und Erbärmlichkeit des
Menschengeschlechts in treuen Farben darstellt, in
einer Weise darstellt, die nach der Meinung dieser
Herren, „auf eine Negation alles Sittlichen und
alles Schönen in der Welt hinausläuft“.

Eine absolut feststehende Majorität
ist politisch wertlos. Eine solche Mehrheit
wünschen wir weder der Regierung noch der Opposition. Wohl aber wünschen wir dem
Reichskanzler eine gegnerische Majorität,
aus deren Munde mit ehernem, Achtung er-
zwingendem Klange die Stimme des vom
naturgemäss wechselnden Zeitgeist be-
fruchteten Volkswillens ertönt.

Eine Phrase der Geistig-Armen.

(1887.)

„Wir Zivilisten verstehen nichts von Militär-
sachen!" so lautet das herrliche geistige Armutszeugnis, das der ganze Schwarm der Konservativen
und Nationalliberalen sich bei Gelegenheit der Mi-
litärdebatte promptest ausgestellt hat, und auf das
besagter Schwarm bei passender und unpassender
Gelegenheit immer wieder zurückkommt. Diese
modernen Ignorantiner haben den Schein jener
Bescheidenheit für sich, die sich „kein Urteil an-
masst über Dinge, die sie nicht versteht". Und
der Kanzler hat den Gedanken, dass Windthorst
und Richter dem Autoritätsspruche Moltkes und
anderer militärischen Grössen mit Recht widersprechen könnten, als absurd hingestellt — Grund
genug für die „geistig-armen" Jasager, in dasselbe
Horn zu stossen.

Gehen wir einmal dieser Bescheidenheitsphrase
auf den Grund! Zunächst wäre es logisch ein barer
Unsinn, dem Reichstag überhaupt ein Entschei-
dungsrecht zuzusprechen über Dinge, die er nicht
versteht. Wenn der Reichstag Unkenntnis halber
nichts abschlagen darf, so hat er Unkenntnis halber
auch nichts zu bewilligen; denn zum Bewilligen gehört „so zu sagen" auch Verständnis der Sache, wenn
das auch nicht jedermann einsieht. Wenn aber die
militärischen Autoritäten allein im Stande sind, die
Sachlage richtig zu beurteilen, so geschähe ihnen
doch ein bitteres Unrecht, wenn sie, die allein Wissen-

den, nicht auch die allein Bestimmenden sein
sollten. Wäre denn aber die militärische Autorität
wirklich die einzige auf Erden, die sich die Unfehl-
barkeit in jeder Hinsicht ergattert hätte?! Wir wagen
daran zu zweifeln.

Zunächst sind auch wir der Ansicht, dass man
in öffentlichen wie in privaten Dingen gut thut, in
erster Linie Fachmänner zu hören. Worin einer
Tag für Tag und Stunde für Stunde arbeitet, darüber zu reden, hat er ein gutes Recht, und er darf
verlangen, aufmerksam gehört zu werden. Indessen gehört zur Beurteilung aller menschlichen
Angelegenheiten ausser der jeweiligen Fachkenntnis
noch ein gehöriges Stück allgemeiner gesunder
Vernunft, und diese pflegt denjenigen Geistern, die
jahraus, jahrein auf einem und demselben Gebiete menschlichen Denkens thätig sind, nicht selten
ganz oder doch fast ganz verloren zu gehen. „Die
Gelehrten — die Verkehrten" — soweit dieses
Sprichwort wahr ist, trifft es die Gelehrten der
Kriegswissenschaft gewiss nicht minder als die Vertreter anderer Wissensgebiete. Neben jeder emsigen
Vertiefung in ein engbegrenztes Teilgebiet schleicht
das drohende Gespenst der Einseitigkeit einher, und
selbst dem vorzüglichsten Geiste ist es aus Gründen
menschlicher Unvollkommenheit nicht immer möglich, sich neben der eifrigen Forschung im Einzelnen
einen offenen und unverschleierten Blick für das
grosse Ganze, für die allgemeinen Interessen der
Menschheit zu bewahren. Die wahrhaft bedeutenden
und wahrhaft bescheidenen Geister unter den Fachgelehrten sind sich deshalb auch meistens wohl bewusst, dass sie einer Ergänzung von Seiten derer
bedürfen, die mitten im ganzen und vollen Leben
stehen, und deren Gesinnungen und Wünsche aus
dem Schosse des frischen Lebens erwachsen. Die
Hinzuziehung des Laienelements bei allen öffentlichen Angelegenheiten ist deshalb eine dringende
Forderung der reinen und unbeirrten Vernunft.

Die dünkelhafte Fachisolierung geht aber gegenwärtig so weit, dass sie anfängt, auf das Zwerchfell
zu wirken. Eine Zeitung für Kunstreiter und Be-
rufsverwandte spricht einem bedeutenden Professor
der Ästhetik das Recht ab, über Cirkuskünste zu
urteilen, da er nicht „Fachmann" sei, d. h. also,
weil er nicht über zwölf Pferde springen, mit hundert Kilo hantieren und ein Ei auf der Nasenspitze
balancieren könne. Ja, ja, das naseweise Drein-
reden von Laien wird nicht aufhören, bis jeder
Professor der Ästhetik einen Kursus am freischwe-
benden Trapez durchmacht und jeder männliche
und weibliche Erdenbürger vom ersten Schritt an
den Zweck des menschlichen Daseins — auf dem
Exerzierplatze studiert!

Aber jene Hinzuziehung des Laienelements
ist auch eine Forderung der Billigkeit und Gerechtigkeit, eine Forderung der Moral. Es ist
eine Schwäche des einzelnen Menschen, gewöhnlich mehr zu verlangen, als ihm mit Rücksicht auf
die Gesamtheit gewährt werden kann. „Jedes Dasein ist ein Egoismus", lässt ein moderner Dichter
einen seiner Helden sagen, und bis zu einem gewissen Grade trifft diese Auffassung zu. Auf seinen
eigenen Vorteil bedacht sein, ist bis zu einer bestimmten Grenze überhaupt sittlich erlaubt; es giebt
aber noch eine Menge von Wünschen und Begehrungen, die der Einzelne verfolgen kann, ohne
mit dem geschriebenen Gesetz zu kollidieren, und
die er doch aus höheren Sittlichkeitsgründen nicht
verfolgen darf, weil er sie nur auf Kosten seiner
Mitmenschen befriedigen könnte. Hierin pflegt aber
eine grosse Menge von Menschen nicht skrupulös
zu sein, und die weniger guten als klugen Leute
verhöhnen sogar denjenigen, der nach dieser Seite
hin Bedenken hegt, und verargen es ihm, dass er
nicht zugreift, wo etwas zu haben ist. Dieser individuelle Egoismus findet sein vollkommenes Eben-
bild im Standesegoismus. Auch dieser hat seine

stark berechtigte Grundlage, ist aber im übrigen
ebenso rücksichtsvoll und ebenso rücksichtslos in
seinen Wünschen wie jener. Die Einbildung, dass
dem eigenen Stande dieses oder jenes Privilegium,
dieser oder jener Vorteil, diese oder jene Stütze vor
der Allgemeinheit gebühre, entsteht so leicht, so
natürlich, so ganz von selbst, dass man sich als
Glied des betreffenden Standes gar nicht vorstellen
kann, wie Aussenstehende noch einen Zweifel in
die Berechtigung der jeweilig gestellten Forderungen setzen können. Man hat sich eben „im engen
Zirkeltanz, wie junge Katzen mit dem Schwanz“
gedreht und das Verständnis für die Verdienste
anderer Stände und die Bedürfnisse der Gesamtheit ganz aus den Augen verloren, oder — es überhaupt nie zu erlangen gesucht. Die Standesselbst-
sucht ist nicht um ein Gränchen bescheidener als
die individuelle, und wenn man einmal jeden Stand
gewähren und seine Interessen völlig ungehindert
verfolgen liesse, man würde an dieser „freien Kon-
kurrenz“ sein blaues Wunder erleben, und Wünsche
würden laut werden, von denen sich selbst unsere
Grossgrundbesitzer jetzt noch nichts träumen lassen.
Man denke sich einmal ohne Unterschied jeden
Stand nur 24 Stunden mit der Abfassung von
Reichsgesetzen beschäftigt, also eine Art legislatori-
scher Saturnalien! Man male sich — es gehört
eine Dante'sche Phantasie dazu — die Welt als
Kampfplatz der entfesselten Fachleute, der losge-
bundenen „Interessenten“! Ein Bestienkampf aus
einer römischen Arena würde gegen diese Würgerei
das reine Waisenvergnügen sein. — Der Soldaten-
stand ist natürlich wie alle anderen; deshalb muss
auch er, und zwar nach dem Vorerwähnten aus
Rechtlichkeitsgründen eine wohlthätige Beschränkung durch den grossen klugen Laien: die Allgemeinheit erfahren.

In der Praxis des öffentlichen Lebens sind
diese Grundsätze — wenn auch bei weitem nicht

immer zur Genüge — zur Geltung gebracht. Das
Gericht hat sein Laienelement in den Geschwornen.
Laien sitzen in den Verwaltungsvorständen der Gemeinden, der Kirchen und Schulen, überhaupt der
meisten öffentlichen Institute. Wenn der Reichstag
in Schul- und Kirchenangelegenheiten verhandelt,
fällt es ihm gar nicht ein, Lehrer und Geistliche
als absolut bestimmende und massgebende Autoritäten zu betrachten, und mit Recht. Wenn wir die
Konsequenz aus dem konservativ-nationalliberalen
Armutszeugnis ziehen, so haben in Zukunft in
agrarischen Dingen nur die Grundbesitzer, in
kommerziellen nur die Kaufleute, in kirchlichen nur
die Geistlichen, in Schulangelegenheiten nur die
Lehrer und über alle den Arbeiterstand betreffenden
Fragen — nur die Arbeiter mitzureden und zu be-
stimmen. Die edlen Jasager werden namentlich aus
der letztgezogenen Konsequenz mit Schaudern er-
sehen, wohin ihre rührende Bescheidenheit führt.
Und der Reichskanzler selbst hat einmal (bei Gelegenheit der Kornzolldebatte) auf das Entschiedenste
gegen die „Berufsparlamentarier" (also die par-
lamentarischen Fachleute) geeifert und verlangt, dass
man ihm Leute in den Reichstag schicke, die mitten
im praktischen Leben stünden. Er hat dabei freilich vergessen, dass diese Berufsparlamentarier (wenn
sie selbst wirklich einmal nicht mitten im Volks-
leben stehen sollten) doch wenigstens von der
grossen Masse des Volkes gewählt sind, während
Minister und Ministerpräsidenten (abgesehen davon,
dass sie selbst oft „Berufs"-Diplomaten sind) von
Fürsten nominiert werden, d. h. von Männern, die
„Berufs"-Regenten sind.

Wäre es trotz alledem so, dass die Männer
der Pickelhaube allein wüssten, was sie fordern
müssen, so steht doch eines unleugbar ebenso fest,
nämlich, dass das Volk allein fühlen kann, was es
gewähren darf. Eine Hälfte der Arbeit, nämlich
das Bezahlen, fällt ja dem lieben Volke zu. Es hat

also wenigstens von dieser Seite her „gewissermassen" ein Interesse am Verlauf der Dinge. Und
der Beispiele sind recht viele, dass ein gelehrter
Arzt immer tiefer und tiefer in die Wunde eines
Patienten schneiden, ja, ihm vielleicht gar Arm
und Bein hat amputieren wollen, der Kranke dagegen gerufen hat: „Genug von Deiner Kunst!"
und danach gesund geworden ist, ohne Arm und
Bein zu verlieren. Möge das deutsche Volk in Zukunft zeigen, dass es sich nicht willen- und gedankenlos seinem Doktor Eisenbart, seinem grimmi-
gen, unersättlichen Aderlasser, dem Militarismus,
überlassen will.

Das Elend der modernen Lyrik.

Wiederholt ist die Verflachung der modernen Lyrik im einzelnen klargelegt und zugleich als die Ursache für den Misskredit bezeichnet worden, dessen sich die Lyrik beim Publikum erfreut. Man kann den Klageführenden, soweit es eben jene Verflachung selbst betrifft, in allen wesentlichen Punkten nur Recht geben, und es ist auch gut, dass man die Schuld für die Gleichgültigkeit des Publikums gegenüber der Lyrik zuerst bei dem Dichter selbst gesucht hat. Der Dichter, der doch in gewissem Sinne ein Priester und ein Lehrer der Menge ist, muss auch insofern seinem Berufe entsprechen, als er wie der Priester und der Lehrer den Grund für die Erfolglosigkeit seines Wirkens zuerst in sich selber sucht. Aber es würde doch einen allzu hohen Grad von Selbstverleugnung bedeuten, wollten die Dichter immer nur ihr eigenes Fleisch kasteien und das wohllöbliche Publikum in dem süssen Wahne lassen, als wäre seine Stumpfheit gegen lyrische Erzeugnisse das natürlichste und berechtigtste Verhalten von der Welt. Nein, das Publikum trägt selbst die weitaus grösste Schuld an dieser Stumpfheit, und das zu beweisen ist der Zweck dieser Arbeit.

Fragen wir uns zunächst: Liest denn das Publikum gute Lyriker, wie Vischer, Lingg, Lorm, Hamerling und andere? Liest es unsere grössten Lyriker, wie Goethe, Heine, Uhland? Nein! Forsche man doch einmal in gebildeten und „hochgebildeten" Kreisen, ob der Lyriker Goethe, ob der Lyriker Heine in Wirklichkeit unserer gegenwär-

tigen Generation auch nur einigermassen näher
bekannt sind! Sie sind es nicht; man müsste denn
naiv genug sein, den Umstand, dass manche Lieder
der Letztgenannten oft gesungen werden, als ein
Zeichen für intime Beschäftigung mit dem Dichter
Goethe oder Heine zu nehmen. Das Verhalten des
modernen Publikums gegen die Lyrik ist ein Verhalten gegen die Lyrik als solche und steht kaum
in irgend einem Kausalnexus zu der faden und
seichten Frühlings- und Liebesdudelei, die dem
Geschmack des Publikums sogar unter Umständen
noch am ehesten zusagt. Die geistige Natur unseres
modernen Publikums und das Wesen des Lyrischen
sind Dinge, die wenig oder nichts miteinander
gemein haben und die sich niemals eng miteinander
befreunden können, ohne dass eines derselben seine
Eigentümlichkeit aufgiebt.

Der Grund für die Unempfänglichkeit des
Publikums gegenüber den Eindrücken des Lyrischen
liegt in der allgemeinen Veräusserlichung des
Geschmacks, in der Richtung auf das Sinnlich-
Bewegte und dem Abscheu vor dem Geistig-Stä-
tigen. Es hat mich angenehm überrascht, bei zwei
verständnisvollen Kritikern unserer Tage auf Gedanken zu stossen, die sich, wie mir scheint, mit
meiner Ansicht innig berühren. Ernst Eckstein
schrieb in einem Artikel „Deutsche Litteratur im
Auslande" (Nr. 46 des „Magazin für die Litteratur
des In- und Auslandes" von 1885) folgendermassen:

„Die Leute, die sich allen Ernstes einbilden, ein Batail-
lonskommandeur oder ein Ministerialrat bedeute für die
Nation mindestens zehnmal soviel als der grösste ihrer
Poeten, zählen bei uns nach Millionen."

Und Karl Bleibtreu sagt in seiner „Revolution
der Litteratur":

„-- — weil ich das Kriechen vor dem Erfolg quand-même
und die Brutalität gegen das Erfolglose . . . mit Entrüstung seit lange überschaute, . . . deswegen bin ich
schonungslos im offenen Ausdruck u. s. w."

und im weiteren Verfolg:

„Der Reichskanzler beklagt sich fortwährend über die
Undankbarkeit der deutschen Nation. Wollte Gott, der
Michel wäre auch nur den tausendsten Teil so dankbar
gegen die Märtyrer und Helden des Gedankens, wie er
es gegen jedes staatlich patentierte real-materielle Verdienst
im Übermasse ist!"

„Das Kriechen vor dem Erfolg quand-même":
Das heisst den Nagel auf den Kopf getroffen.
Dieses Kriechen ist aber die Äusserung moralischer
und intellektueller Feigheit. „Der Lenker unseres
Staates ist ein Genie!" Folgerung: „So wollen
wir unsere eigene Meinung hinunterschlucken."
„Er ist ein Koloss an Thatkraft." Folgerung: „So
wollen wir uns schnell in den Staub werfen und
unsere Gesinnungstüchtigkeit und unseren Thaten-
mut für die Zeit sparen, wo es eine erfolglose
Minorität totzuschlagen giebt." Blinkende Säbel
und Gewehrläufe, Krupp'sche Kanonen: das sind
Dinge, die imponieren; denn sie wissen sich
meisterlich Erfolg zu verschaffen. Wie konkret
nimmt sich ein Schanzensturm gegen eine Dichtung
aus und nun gar erst gegen ein lyrisches Gedicht!
Und das Sinnfällige ist so schön verständlich! Der
Erfolg verhält sich meistens zur Ursache wie das
Sinnliche zum Abstrakten. Die Denkfaulen warten
deshalb auf den Erfolg, um die Ursache zu verstehen; sie warten die Zeit der Frucht ab, um den
Apfelbaum vom Kirschbaum zu unterscheiden. Was
in die Augen fällt, ja: womöglich, was in den
Mund fällt, das entscheidet. Der in unserer Zeit
grassierende widerwärtige Personenkultus ist nichts
Anderes als der Ausdruck der blinden Anbetung
des Erfolgs. Und dass immer nur der Erfolg und
das Erfolghabende hergenommen und verherrlicht
wird, das ist eben der deutlichste Beweis für die
Veräusserlichung und sit venia verbo Verrohung
der gesamten Anschauungsweise unseres Volkes,
die sich scheut, von der vorliegenden, fühlbaren
und fassbaren Frucht des Gedankens, d. h. von der
Handlung aus rückwärts über die rein geistigen

Beweggründe oder vorwärts über die zu gewärti-
genden Folgen der Handlung nachzudenken. Unserm
Volk ist es zur Gewohnheit geworden, sich ohne
Beschwerden mit dem hochgradigsten politischen
und ökonomischen Experimentalismus abzufinden.
Der vor drei Jahren verstorbene Carlos von Gagern
hat einmal mit Nachdruck und Schärfe denselben
Gedanken Ausdruck gegeben. Das Vorstehende
ist also nicht neu; aber soviel ich weiss, ist es
noch keinem eingefallen, dass die Konsequenzen,
welche sich aus so gearteten Gesellschaftszuständen
für das Ansehen der Litteratur überhaupt ziehen
lassen, in doppelter und dreifacher Schärfe die abstrakteste Form der Dichtung, nämlich die Lyrik,
treffen müssen. Die Gunst, welche das Publikum
den äusserlich fühlbaren militärischen und diplomatischen Glanzleistungen beweist, verhält
sich zur Gunst, die es der Litteratur überhaupt
entgegenbringt, wie sich diese Neigung zur Litteratur überhaupt zu der Sympathie verhält, mit
der es die lyrischen Erzeugnisse unserer Zeit
aufnimmt. Das ist eine regelrechte stätige Pro-
portion mit fallenden Verhältnissen; der Exponent
ist jene Veräusserlichung des Geschmacks.

Die reine, nicht mit epischen Elementen durch-
setzte Lyrik ist ihrem Inhalt nach nur Gedanke,
nur Gefühl; diese erscheinen losgelöst vom Stofflichen, und die wirkliche Lyrik bleibt deshalb
immer die abstrakteste Form der Dichtung, mag
ein feuriger und phantasiebegabter Dichter ihr auch
ein noch so sinnliches und plastisches Äussere
geben. Das Drama und der Roman bieten Stoff-
liches; je niedriger die Spekulation des Verfassers
ist, desto mehr roh-äusserliche Handlung pfropft er
in sein Machwerk hinein, und der bändeverschlin-
gende Lesewüterich braucht nur mit ganz unerheb-
lichem Aufwand von Aufmerksamkeit die Seiten
zu überfliegen, um immer noch ein leidliches Mass
von „Unterhaltung" davon zu tragen. Den groben

Mechanismus der meisten Romanstoffe zu begreifen,
dazu genügt eben schon ein ganz bescheidenes
Spiessbürgergehirnchen, das einen Stoff, der als
Organismus auftritt, nicht verdauen kann und ihn
deshalb verächtlich bei Seite schiebt. Dieses Behagen und einzige Gefallenfinden am Stofflichen
ist in allererster Linie die Ursache dafür, dass die
Erzählungslitteratur in unserer Zeit einen unvergleichlich grösseren Absatz findet, als irgend eine
andere Litteraturgattung. Diese Veräusserlichung
des Geschmacks ist ferner die Ursache dafür, dass
eine Birch-Pfeifferiade im Theater weit aufmerk-
samere Zuhörer hat, als ein Tasso oder eine Iphigenie von Goethe oder ein Nathan von Lessing
und dass für die Dauer der Zirkussaison die Arena
der Luftspringer von einer Kopf an Kopf ge-
drängten Menschenmenge umgeben ist, während in
den öden Logenhöhlen des Theaters das Grauen
wohnt. Das Gefallen am Äusserlichen steigert
sich in seinen Kundgebungen bis zur kindlichsten,
zwerchfellangreifenden Lächerlichkeit. Da wird in
einem Konzertsaal, in dem sehr gute, sehr ehren-
werte Gesellschaft erscheint, ein Satz aus dem
Beethoven'schen C-moll-Quartett ausgezeichnet gespielt. Keine Hand rührt sich zum Beifall.
Warum? Es wurde ja, wie ganz gewöhnlich, mit
dem Bogen gestrichen. Nun folgt ein kleines, an-
spruchsloses Stückchen; das wird pizzicato gespielt —
rauschender Beifallssturm. Oder: „Ouverture zu
Goethe's Egmont von Beethoven". Impertinent-
kaltblütige Stille nach dem Verklingen des letzten
Akkordes. Da kommt ein Stück zur Ausführung,
in dem das Klappern einer Mühle täuschend nach-
gemacht wird. Endloser Jubel im Publikum. Ich
gebe es zu: es ist kein in geistiger Hinsicht aus-
gesuchtes Publikum, das hier versammelt ist, aber
es sind doch Leute aus den Gesellschaftsschichten,
auf welche Schriftsteller und Verleger unbedingt
rechnen müssen, wenn sie nur irgend welchen ma-

teriellen Erfolg haben wollen. Die Beispiele liessen
sich bis ins Endlose vermehren. Man kann es sogar erleben, dass diese Geistesverödung von litterarischer Seite wohlwollend beschmunzelt wird.
In einer unserer angesehensten Monatsschriften
wurde vor nicht langer Zeit von Schopenhauer erzählt, dass er einmal an der table d'hôte des
Hotels, in dem er täglich speiste, ein Goldstück
auf den Tisch gelegt habe mit dem Bemerken
gegen seinen Nachbarn, das Geld den Armen
schenken zu wollen, wenn die Offiziere an der
Tafel einmal von etwas anderem als von Jagd und
Pferden sprechen würden. Der Erzähler der Anek-
dote fährt dann etwa fort: „Die Offiziere thaten
ihm aber nicht den Gefallen" und klammert dahinter
ein: „Warum sollten sie es auch!" Unschuldsvolle
Einfalt! Warum sie es sollten? Weil man ein entsetzlich armseliger Geist sein und eine ungemein
primitive Bildung besitzen muss, wenn man im
Stande ist, jeden Mittag über nichts anderes, als
über Jagd und Pferde zu sprechen. Aber der
Anekdotenschreiber wollte ohne Zweifel dem „Geist
der Zeit" ein Kompliment machen, und es entspricht durchaus dem „Geist der Zeit", dass man
in gewissen aristokratischen Kreisen Wörter wie
„Hamlet", „Othello", „Wallenstein" u. s. w. nur in
die Unterhaltung wirft, wenn es zufällig Namen
von preisgekrönten Rennpferden sind.

    Die Stumpfheit gegen die Wirkungen des
Rein-Seelischen hat zum grossen Teile sogar Kreise
ergriffen, in denen die edlere Poesie sonst kein
unwillkommener Gast ist. Bei meinen Rezitationen
habe ich in diesen Kreisen mit epischen und dramatischen Stücken immer, mit lyrischen so gut wie
nie Erfolg gehabt. Es fragt sich freilich, ob die
lyrische Poesie sich überhaupt für den deklama-
torischen Vortrag eigne. Aber es geht beim Lesen
von Lyrischem nicht anders. Die meisten Leser
und Hörer lyrischer Gedichte stehen denselben

ratlos gegenüber; sie haben am Schlusse des Gedichtes nicht selten die Empfindung, als müsse die
Hauptsache noch erst kommen, und wenn sie sich
bei einer berühmten lyrischen Dichtung gewissermassen moralisch verpflichtet glauben, sie schön
zu finden, so kann man auf ihrem Gesichte die
Frage lesen: „Was wünschest du, dass ich empfinde oder denke?" Vor allen Dingen gilt dies
mit Bezug auf poetische Stimmung. Die unerläss-
liche Voraussetzung für den Genuss poetischer und
überhaupt künstlerischer Stimmungen ist eine öftere
und tiefe Einkehr in sich selbst, in das Leben der
eigenen Seele. Unser inneres Ohr vernimmt die
leisen und oft so mannigfach zusammengesetzten
Bewegungen der Seele, die wir Stimmungen nennen,
nur dann, wenn es überhaupt gelernt hat, scharf
nach den Regungen des Innenlebens zu horchen.
Die Seele, welche nur mit grob zugehauenem Material, mit den stärksten sinnlichen Wahrneh-
mungen arbeitet, erlangt nicht oder verliert die
Fähigkeit der aufmerksamen inneren Wahrnehmung, wie der Arbeiter, der täglich mit schweren
Balken und Steinen hantiert, die Zartfühligkeit
und Geschicklichkeit der Hände verliert. Der Geschmack des modernen Publikums beruht auf einer
ins Masslose gesteigerten Unbescheidenheit betreffs
der äusseren Voraussetzungen einer Kunstwirkung.
Unsere Zeit bietet deshalb in gewissem Sinne Gelegenheit für das Streben eines Wordsworth, der
(nach Georg Brandes) „beschloss, die Erwartungen
des Lesers von den Wirkungsmitteln eines Gedichts
auf ihre natürliche Spur zurück zu lenken". Ein
solches Streben fordert freilich durchaus nicht, dass
man sich, wie derzeit die „Seeschule" in einen
scharfen Gegensatz stelle zu einem Byron, einem
Shelley, wie denn überhaupt diese Erörterungen
nichts weniger beabsichtigen, als der in ihren
Mitteln zahmen und lahmen Zuckerwasserpoesie
das Wort zu reden. Das der Lyrik abgeneigte

Publikum unserer Tage findet eben auch entschieden
kein Gefallen an Dichtungen wie Shelleys „Ode an
den Westwind", wie Byrons „Traum" und „Welt-
finsternis" (Darkness). Das Streben Wordsworths
war doch vorwiegend auch ein Streben nach Einfachheit des Stoffes und der dichterischen Ten-
denzen. Wir wollen nur, dass sich das Publikum
unter Umständen mit der Einfachheit rein äusser-
licher Mittel begnüge. Es sträubt sich aber schon
mit heroischer Hartnäckigkeit gegen das Ansinnen,
in tiefe seelische Probleme einzudringen, wenn ihm
dieses Eindringen durch eine instruktive Handlung
erleichtert wird; wie viel mehr muss es die Mühe
des Denkens und Sichversenkens von sich weisen,
wenn es den Abstraktionen des Dichters, wie in
der Lyrik, nahezu unmittelbar gegenübersteht!

Wer der deutschen Litteratur und mit ihr der
deutschen Lyrik helfen will, der muss bei der
Wurzel anheben. Er kämpfe unerbittlich gegen
den Byzantinismus der deutschen Nation und lehre
diese Nation, so eilig wie möglich von ihrem Verzicht auf eigenes Denken zurückzukommen. In je
breiteren Schichten das Recht auf eigenes Denken
geltend gemacht wird, in desto grösserem Masse
wird der Glanz und das Ansehen des Götzenbildes
„Erfolg" schwinden, desto weniger wird sich die
Menge des Volkes von der Wirkung des Äusserlichen, Sinnfälligen verblüffen und überrumpeln
lassen. Und was der Litteratur im allgemeinen
zu gute kommt, das wird aus ganz gleichen Gründen der Lyrik im besonderen frommen. Das Ansehen der Lyrik steht und fällt mit dem Ansehen
der Litteratur überhaupt.

Der litterarische Dilettantismus und seine Bekämpfung.*) .

Motto:

„Servilllia. Gleich fängt man wieder an.
Ein neues Stück, das letzte Stück vom sieben;
So viel zu geben ist allhier der Brauch.
Ein Dilettant hat es geschrieben,
Und Dilettanten spielen's auch.
Verzeiht, ihr Herrn, wenn ich verschwinde;
Mich dilettiert's, den Vorhang aufzuziehn.
Mephistopheles. Wenn ich Euch auf dem Blocksberg finde,
Das find' ich gut; denn da gehört Ihr hin."
Faust. Walpurgisnacht.

Dilettant heisst Kunstfreund, oder wörtlicher genommen: Ein sich (an der Kunst) Ergötzender (it. dilettare, lat. delectare). Der Begriff ist also von vornherein dehnbar; denn wer weiss, was der Dilettant sich als notwendige Voraussetzung seines Ergötzens denkt? Beansprucht er nur, ein Freund der Kunst zu sein und nichts mehr, so ist die Kunst auch ihm eine Freundin, und niemand kann gegen dieses platonische Verhältnis etwas einzuwenden haben; im Gegenteil: es ist das Verhältnis, in dem jeder harmonisch gebildete Mensch zur Kunst steht und stehen soll. Ist aber der Dilettantismus, wie er einmal in den Münchener „Fliegenden Blättern" definiert wurde, eine „Liebe zur Kunst ohne Gegenliebe", d. h. verlangt der Dilettant nach einer Verbindung mit der Kunst zum Zwecke der Erzeugung eines Dritten, des Kunstwerks, und stösst er dabei auf das entschiedene Widerstreben der spröden Muse, so haben wir den Dilettantismus im landläufigen Sinne, die talentlose Stümperei, die

---

*) Preisgekrönt von der „Deutschen Schriftsteller-Zeitung".

9

unter den strengsten Paragraphen des ästhetischen
Strafgesetzbuches fällt. Wollen wir aus dem Bilde
heraustreten, so können wir den Dilettantismus als
ein Wollen ohne Können bezeichnen, oder doch
als ein Wollen, dem ein zu schwaches Können zur
Seite steht, als dass jemals eine reife Kunstleistung
zu stande kommen könnte. Das Wollen des Dilettanten kann wiederum seiner Individualität entsprechend aus verschiedenen Motiven entspringen.
Im denkbar günstigsten Falle treibt ihn eine wahre
und ehrliche Begeisterung für die Kunst zum Selbst-
schaffen. Bei einem so gearteten Dilettanten ist
die Möglichkeit vorhanden, dass er von der Kritik
über die Unzulänglichkeit seiner Leistungen mit
Erfolg belehrt werde. Schwieriger gestaltet sich
schon die Sache, wenn ein starker Ehrgeiz mit im
Spiele ist. Indessen ein starker und reiner Ehrgeiz pflegt auch immer von einer mehr oder minder
grossen Noblesse des Charakters begleitet zu sein,
und ein nobler Charakter scheut den öffentlichen
Spott und den beschämenden Misserfolg. Darum
ist auch bei dieser Gruppe von Dilettanten eine
Heilung durch die Kritik möglich. Das gemeinsame Kennzeichen dieser beiden geschilderten Arten
des Dilettantismus ist durchweg eine ehrliche, offene
Unfähigkeit und Unbeholfenheit, und ihr schäd-
licher Einfluss ist aus diesem Grunde nicht beträchtlich. Diese Dilettanten sind eben nicht praktisch genug, um ihren Werken das mit auf den
Weg zu geben, was sie für einen spekulativen Verleger trotz ihrer Wertlosigkeit annehmbar und für
ein vom Lesehunger geplagtes Publikum kaufbar
macht. Die gefährlichste und verächtlichste Spezies
des Dilettantismus tritt aber da ins Leben, wo
neben dem Ehrgeiz die Gewinnsucht eine gleich-
bedeutende oder noch bedeutendere Rolle spielt.
Hier pflegt jene Geschäftsklugheit einzutreten, die
auf den schlechten Geschmack oder die Geschmack-
losigkeit des Publikums zu spekulieren versteht;

hier jene „Fixigkeit" sich geltend zu machen, die
mit Hilfe einer Schablone massenhaft darauflos-
produziert; hier sich der praktische, schlaue Blick
für das zu finden, was gekauft und gelesen wird.
Das ist der flott betriebene, handwerksmässige
Dilettantismus, der sich so warm eingenistet hat in
unser gesamtes litterarisches Geistesleben, der mit
seinen Hervorbringungen die Feuilletonspalten der
meisten politischen Zeitungen, die Spalten der un-
zähligen kleineren und kleinsten, zuweilen auch der
grössten Unterhaltungsjournale und die hohen und
langen Gestelle unserer Leihbibliotheken füllt und
der der eigentliche gefürchtete und zu fürchtende
Rivale des besseren Schrifttums ist. Und ich weiss,
dass ich nicht von meinem Thema abweiche, wenn
ich noch einen Schritt tiefer steige und auch die
niedrigste Schundlitteratur, die dem unwissenden
Arbeiter für teures Geld aufgeschwindelt wird, mit
in den Bereich dieser Betrachtungen ziehe. Man
sollte sich nicht zu vornehm halten, auch die Lektüre des Tagelöhners einer eingehenden Berücksichtigung zu unterziehen; ist doch die litterarische
Konsumtionsfähigkeit der unteren Volksschichten
von weitgehendster Bedeutung für den Aufschwung
und das Gedeihen der Litteratur.

Es kann zur Charakteristik des modernen
Dilettantismus beitragen und uns auf die Wege zur
Unschädlichmachung desselben führen, wenn wir
seinen Ursachen in Kürze nachgehen. Nehmen wir
die kleineren Ursachen vorweg. Dem produzie-
renden Dilettantismus in unserer gegenwärtigen
Litteratur entspricht ein erkleckliches Mass von
kritisierendem Dilettantismus. Wer da glaubt, sich
der Kunst widmen zu dürfen, soll sich vorher
strenge prüfen; wer sich aber zum Kritiker berufen
glaubt, soll sich zweimal prüfen. Nur zu oft kriti-
sieren in unseren Tagen Hans und Franz die Werke
von Hinz und Kunz, und so kommen nicht selten
die mittelmässigsten und allermässigsten Machwerke

nicht nur ohne Tadel, sondern noch gar mit einem
stattlichen Lobe davou. Liest man doch so oft
aus solch einer Reihe von kritischen Urteilen die
krasse Urteilslosigkeit heraus! — Ein anderer Grund
ist in den vielen schwachen Leistungen der aner-
kannten Berufsschriftsteller selbst zu suchen. Die
„jetzt so beliebte" Schnellfabrikation für den Weih-
nachtstisch z. B. bringt Leistungen hervor, denen
gegenüber sich mancher Dilettant sagen muss:
Nun, wenn der berühmte X. nicht besser schreibt —
das brächte ich auch wohl noch zu stande. Und
ermutigt greift er zur Feder und setzt auf das
schwache Werk des berühmten X. ein natürlich
noch schwächeres. Ebenfalls einen Teil der Schuld
am Dilettantismus trägt das Bestreben, unserer
Schuljugend eine immer grössere Bildung mitzu-
geben. Nicht dieses Bestreben an sich ist zu verur-
teilen — wir wären die letzten, das zu thun —
aber jede fortschreitende Bewegung brachte bisher
etwas von Übereilung mit sich; sie schoss über das
Ziel hinaus und musste erst wieder zurückgedämmt
werden, bevor ein weiterer Anlauf geschehen konnte.
Auf den Lehrplänen fast aller Schulen ist jetzt die
Litteraturgeschichte, zuweilen gar die Kunstge-
schichte, verzeichnet. Das ist an sich gewiss löblich;
möchte unsere Schuljugend noch viel mehr von
ihrer vaterländischen Litteratur lernen, als es jetzt
geschieht! Aber die Methode des litteraturgeschicht-
lichen Unterrichts ist fast durchgehends grund-
falsch. Ausser den kahlen Namen und Zahlen giebt
man den Schülern eine Unmasse von fertigen, hoch-
klingenden (nicht selten auch parteiisch gefärbten)
Urteilen, die sie nicht im entferntesten verstehen,
und entzieht ihnen dafür die Dichterwerke, die sie
leicht verstehen würden. Das Hauptergebnis dieses
Unterrichts ist daher, wo er überhaupt auf Interesse
stiess, masslose Eitelkeit, Selbstüberhebung mit der
Einbildung verknüpft, etwas Besonderes von Litteratur und Kunst zu wissen und zu verstehen und

— eine krasse Unwissenheit bezüglich dessen, was
als Grundlage einer ästhetischen Bildung not thut.
Dazu kommt, dass auf Gymnasien und Töchter-
schulen Stilübungen veranstaltet werden, deren
Themata oft an Tollheit und Lächerlichkeit nichts
zu wünschen übrig lassen. Was Wunder, wenn
ein solcher Jüngling oder eine Jungfrau, die mit
erhabener kritischer Weisheit sozusagen „aufge-
päppelt“ sind, die in der Schule einen reizenden
Aufsatz „Über den Sonnenaufgang“ oder eine tief-
sinnige Abhandlung „Über den philosophischen
Gedankeninhalt der Goethe'schen ‚Iphigenie‘“
schreiben konnten, sich auch später für ganz besonders prädestiniert halten, in Schöngeisterei zu
machen und „sich selbst 'was zu dichten“! — Auch
die quantitative Steigerung des litterarischen Interesses im Publikum, das zunehmende Lesebedürfnis
und die damit zusammenhängende ungeheure Ver-
mehrung von Zeitungen und Zeitschriften, endlich
auch das im Vergleich zu früher immerhin gewach-
sene gesellschaftliche Ansehen des Schriftstellerstandes, die glänzenden pekuniären Erfolge einzelner
seiner Mitglieder, der mit manchen dichterischen
Grössen getriebene Personenkultus: alles das hat
eine grosse Zahl von Dilettanten herbeigelockt und
ermutigt, sich der Feder zu bemächtigen. Auch
hierin offenbart sich ein Überhasten der fort-
schreitenden Bewegung, eine Übertreibung, die vorläufig eine ruhige, gesunde Fortentwickelung nicht
aufkommen lässt und erst gedämpft werden muss,
ehe an ein Weiterkommen zu denken ist. Der
Schriftstellerberuf teilt hier das Schicksal aller,
auch der nicht-idealen Berufe: eine relativ günstige
Aera hat Überproduktion, massenhaftes Angebot
und Krisis im Gefolge, wenn die Produktion nicht
in guten und schlimmen Zeitläuften der Einwirkung
eines zuverlässigen Regulators unterliegt. Einen
solchen Regulator für die litterarische Produktion
kann der geläuterte, kerngesunde Geschmack des

Volkes, ein wahres, natürliches Bedürfnis desselben
nach gehaltvoller geistiger Kost abgeben. Der
richtige Geschmack des Publikums wird dafür Sorge
tragen, dass die Dutzendware der Dilettanten keinen
Absatz findet und eine Überproduktion an bedeutenden Geistern und guten Büchern steht nie zu
befürchten. — Ein gut Teil des augenblicklich vor-
waltenden Dilettantismus endlich wird man auf
Rechnung des jugendlichen Alters mancher Dichter-
linge und Skribifaxe setzen müssen. Die Jugend
ladet gern ihren Überschuss an Idealismus und
Schwärmerei auf poetischem Gebiet ab. Diesen
perennierenden, aber auch ziemlich unschädlichen
Teil des Dilettantismus muss man mit Resignation
ertragen; denn ein Kampf gegen ihn würde unter
allen Umständen vergeblich sein. Die Jugend lässt
sich ihre Thorheiten nicht rauben.

Aller Dilettantismus ist in seinen Erzeugnissen
durch ein hervorragendes Charakteristikum gebrand-
markt: Die Nachahmung. Die Nachahmung er-
streckt sich auf Form und Inhalt. Kein Dilettant
ist im stande, einen neuen, originellen Stoff zu
finden, wenn man auch das Walten des Zufalls, der
wohl einmal ein blindes Huhn ein Korn finden
lässt, in Rechnung ziehen will. Den Dilettanten
einen ganzen, neuen, abgerundeten Stoff finden zu
lassen — das soll der grossmächtige Herr Zufall
erst einmal zu stande bringen! Aber der Geschmack
vor allem des romanlesenden Publikums macht es
auch dem Dilettanten leicht. Er kann seiner Lesewelt zehntausendmal dieselbe Handlung vorerzählen,
wenn es nur eine Handlung ist, die einigermassen
reizt, spannt und unterhält. „Recht viel zu geben
ist allhier der Brauch.“ Die Form eines wahren
Kunstwerks bedingt nicht minder einen selbständigen, zeugungsfähigen Geist. Es ist durchaus nicht
ausgeschlossen, dass der Dilettant in der Handhabung der Form eine gewisse Gewandtheit erlange;
aber eine originelle, charakteristisch-durchgeistigte

Form bleibt ihm ein Unerreichbares. Der dilettierende Schriftsteller arbeitet nach dem, was von
grossen Vorbildern in seinem Geiste hängen geblieben ist. In den meisten Fällen dient dem
Stümper ein nachgeäffter rhetorischer Pomp als
Deckmantel seiner armseligen Blösse. Die Lektüre
eines echten dilettantischen Machwerks bietet das
beständige tragikomische Schauspiel, dass man den
Geist des Verfassers in jeder Zeile von neuem nach
den ihm vorschwebenden „berühmten Mustern"
tasten und tappen und immer von neuem in die
tiefste Ohnmacht zurücksinken sieht. Allerdings
verrät sich der Dilettantismus zuweilen durch ein
Kennzeichen in noch markanterer Weise, als es
durch Nachahmung geschehen kann. Dieses eine
Kennzeichen ist die Sucht nach dem geraden
Gegenteil der Nachahmung, die Sucht nach Originalität. Der Dilettant kann sich seiner nachahmenden Thätigkeit bewusst werden, und alsdann
macht er wohl einen verzweifelten Versuch, sich
von seinen Vorbildern zu emanzipieren. Oder aber
er besitzt neben seiner Talentlosigkeit die Vermessenheit, dass er sich stark und gross genug fühlt,
eigene Wege zu wandeln. In jedem Falle bietet
er der Welt ein noch komischeres Schauspiel als
der nachahmende Dilettant; denn sein Bestreben,
etwas Ungewöhnliches zu leisten, muss naturgemäss
zu einem besonders strengen Vergleich dieses seines
Unterfangens mit den ihm zu Gebote stehenden
Mitteln reizen, und er spielt ausserdem eine lächerliche Figur schon aus dem Grunde, weil seine
Originalitätssucht sich in neunundneunzig von
hundert Fällen auf ganz irrelevante Dinge richtet.

Ich habe oben davon gesprochen, dass das
gesellschaftliche Ansehen des Schriftstellerstandes gewachsen sei. Der Dilettantismus gefährdet dieses Ansehen beträchtlich, weil er das
künstlerische Ansehen des litterarischen Berufes
herabsetzt. Da der Beruf des Schriftstellers ein

wesentlich idealer ist, so ist es sein nächstes Interesse, eben diese Idealität und somit das Ansehen
des Berufes rein und unvermindert zu erhalten.
Nun leben wir augenblicklich gerade in einer Zeit,
in der es kaum noch eines Anstosses bedarf, um
dieses Ansehen sinken zu machen, in der sich jeder
männliche oder weibliche, bejahrte oder unbejahrte
Gelbschnabel berufen fühlt, absprechend über die
zeitgenössischen Litteraturerzeugnisse zu urteilen
(wobei nicht ausgeschlossen ist, dass er litterarischen
Schund in Menge konsumiert), und in der namentlich
auch die gereiftere Männerwelt den schöngeistigen
Hervorbringungen ihr Interesse hartnäckig entzieht.
So unbegründet diese Verweigerung des Interesses
den Schriftstellern und Dichtern von Beruf gegenüber ist, eine so glänzende Scheinberechtigung erhält sie durch den modernen Dilettantismus. Und
nichts hat bisher das Publikum bewogen, von der
altberühmten Methode, den Gerechten mit dem
Bösen zu verdammen, abzuweichen. Eine Unter-
scheidung zwischen Dilettanten und Künstlern ist
den absprechenden Beurteilern meistens schon
darum unmöglich, weil sie entweder gar nichts gelesen oder sich mit der Lektüre der verachteten
dilettantischen Dutzendware so überfüttert haben,
dass ein Urteil sich überhaupt nicht bilden konnte.
So lange im Publikum diese borniert Vermengung
des Dilettantismus mit dem besseren Schrifttum
herrscht, ist das Ansehen des Schriftstellerberufes
nicht wirksam vor dem Sinken zu bewahren. Es
gilt also, nach dieser Seite hin Klarheit in die
Köpfe zu bringen.

Wenn das Ansehen einer Litteratur sinkt,
muss infolgedessen auch die Nachfrage auf dem
Büchermarkte abnehmen. Die ideelle Schädigung
der Schriftstellerei durch den Dilettantismus bringt
also auf indirektem Wege auch noch eine materielle
Benachteiligung des Schriftstellerstandes mit sich.
Aber ohne Vergleich grösser als diese indirekte ist

die direkte materielle Schädigung der guten Litteratur durch die wertlose. **Diese grosse Schädigung besteht einfach darin, dass der Dilettantismus dem besseren Schrifttume ungeheure Leserkreise entzieht und sie für sich in Beschlag nimmt.** Die weit überwiegende Mehrzahl aller Lesenden hat niemals von den hervorragenden zeitgenössischen Werken und ihren Verfassern gehört, und selbst die Namen unserer Dichterheroen klingen nur schwach und kaum vernehmbar zu ihnen herüber. Sie kümmern sich wenig darum, ob ihre vaterländische Litteratur gegenwärtig ein goldenes oder ein blechernes Zeitalter feiert, ob es mit den geistigen Erzeugnissen ihrer Nation rückwärts oder vorwärts geht, und von einem Unterschiede zwischen Kunst und Dilettantismus wissen sie gerade so viel wie ein neugebornes Kind vom Unterschiede der Geschlechter. Sie lesen, was ihnen des Morgens um die Frühstücksstunde mit dem etwaigen politischen oder belletristischen Intelligenzblatte ins Haus fällt oder was sich ihnen sonst auf den ersten Griff darbietet. Menschen, die auf allen sonstigen Gebieten ihres Lebens und Strebens einen klaren, gesunden Verstand und ein tief und wahr fühlendes Herz bewähren, nähren ihren Geist mit einer Lektüre, die ihre vollständige Naivetät, einen geradezu stumpfsinnigen Indifferentismus auf ästhetischem Gebiete beweist. Der Durchschnittsgeschmack des lesenden Publikums ist hinter dem Durchschnittsgrade seiner sonstigen Bildung himmelweit zurück. Die ungeheuren Massen der unteren und untersten Volksschichten, die grösstenteils ihr Lesebedürfnis blind und urteilslos befriedigen, sind nun der fette Boden für den Dilettantismus, und auf diesem Boden wirtschaftet er in ungestörter Seelenruhe und mit reichlichem Ertrage, wenn auch der Ertrag nicht gerade dem Dilettantismus zufliesst. Denn der Dilettant muss billig arbeiten, und er thut es

als echter litterarischer Kuli. Dadurch wird er
gerade zum gefährlichen materiellen Rivalen des
Schriftstellers. Gewiss ist der Preis der guten
Bücher heutzutage ein bedauerlich hoher; aber
ebenso gewiss ist dieser hohe Preis wesentlich mit-
bedingt von der geringen Zahl der Käufer unter
den Wohlhabenden. Einstweilen kommt nun dieser
hohe und für den einfachen Mann meistens un-
erschwingliche Bücherpreis dem Dilettantismus
zu gute.

Wie ist nach all diesem dem Dilettantismus
am besten zu steuern? Anknüpfend an das zuletzt
Gesagte, antworten wir: Indem man die grosse
Masse des Volkes konsumtionsfähiger macht
für die wahrhaft edlen und gediegenen Erzeugnisse der Dichtkunst, indem man es
lehrt, von selbst eine gesunde geistige
Nahrung zu wählen und den Dilettantismus
mit seinen wertlosen Machwerken beiseite
zu schieben. Wie aber ist das anzufangen?
Zunächst auf pädagogischem Wege. Man soll die
Bildung des Schönheitssinnes, des guten Geschmackes, überhaupt die Gemütsbildung durch
einen gründlicheren, umfänglicheren und zweck-
mässigeren Litteraturunterricht in der Schule an-
streben, als bisher. Man soll in den Lehrern des
Volkes ein lebhafteres Interesse und ein höheres
Verständnis für die dichterischen Schätze wenigstens
ihrer eignen Nation erwecken, als es durchweg bis
jetzt zu finden ist, und allen hohlen, vornehm-
thuenden litterarischen Phrasenprunk aus der Schule
verbannen. Ich habe zuerst auf die Schule hingewiesen, weil von hier aus die gründlichste Beein-
flussung des Volkes ausgehen kann. Aber nicht
allein und nicht zumeist an die Schule ist zum
Behufe einer Belebung des litterarischen Interesses
zu appellieren. Wer ein warmes Herz für die
Dichtkunst, einen geweckten Geist und eine gute
Stimme hat, der wirke, wo er nur kann, in Freundes-

und Bekanntenkreisen durch den Vortrag poetischer
Musterschöpfungen oder durch Hinweis auf dieselben
und warme Anempfehlung des Lesenswerten. Es
ist ja nicht immer von nöten, dass der Vortrag
eine recitatorische Meisterleistung sei, um zu Herzen
zu gehen. Ich empfehle diese Propaganda auf
Grund einer ausgebreiteten und vielseitigen persönlichen Erfahrung und deshalb mit bestem Gewissen; in dem Erfolge meiner diesbezüglichen
Wirksamkeit habe ich mehr als reichlichen Lohn
für meine Mühe gefunden. Auch durch Vorträge,
welche solchermassen über eine hervorragende
Dichtung abhandeln, dass die Hörer die poetische
Grösse des besprochenen Werkes durch die Worte
des Redners hindurchleuchten sehen und von dem
lebhaften Wunsche ergriffen werden, die Schönheit
jenes Werkes selbst an der Quelle zu kosten, kann
unendlich viel für die gute Sache einer edleren
Geschmacksbildung gethan werden. Man soll die
Kunst nicht in den toten Lettern ruhen lassen,
sondern sie warm und lebendig von Mund zu
Mund gehen und wirken lassen. Auch würde es
unsern Dichtern und Schriftstellern, soweit sie
irgendwie zum mündlichen Vortrage beanlagt sind,
nur zur Ehre und zum Vorteile gereichen, wenn sie
des öfteren von ihrer Höhe zum Volke herabstiegen
und ihre Schöpfungen aus eignem Munde zu Gehör
brächten. Ohne Zweifel würde ein solches Verfahren nicht wenig zur Popularisierung der Kunst
beitragen.

Ein andrer, und zwar der wichtigste Vorschlag
sei an die Verleger gerichtet. Es vergeht kaum
eine Woche, dass nicht die Kolporteure der sogenannten Schundlitteratur in Stadt und Land von
Thür zu Thür gehen und Abonnenten für ihre
elende und obendrein noch teure Ware sammeln.
Eine ungeheure Zahl von Handwerker- und Arbeiter-
familien fällt auf irgend einen schauerlich-pomp-
haften Titel hinein und befriedigt ihr Lesebedürfnis

auf diesem Wege. Das geistige Begehren des un-
gebildeten Menschen greift aber nur in seiner ver-
zeihlichen Blindheit nach dieser erbärmlichen Nahrung; an und für sich bedeutet das Lesebedürfnis,
wo immer es sich zeigt, einen starken idealistischen
Drang nach geistiger Hebung. Warum senden nicht
Verleger und andre Buchhändler ihre Boten vor
dieselben Thüren, damit sie Flugblätter, Prospekte
und Probehefte unserer klassischen Dichterwerke
ausbreiten und vertreiben? Man werfe nur einem
Arbeiter ein Schiller'sches oder Lessing'sches Drama
zur Thür hinein — glaubt man, die Wirkung werde
ausbleiben? Sicher nicht! Jeder, der in und mit
dem niederen Volke lebt und gelebt hat, weiss,
wie viel latenten Idealismus gerade nach dieser
Seite hin die Volksmasse birgt und wie dieser
Idealismus oft in den reinsten und hellsten Flammen
auflodert, wenn ihn ein winziger zündender Funke
trifft. Mit den Werken Schillers, Goethes u. s. w.
möge man (schon der Billigkeit wegen) beginnen;
sie werden das Verlangen nach geistigem Genusse
läutern und steigern und dem Buchhändlergeschäfte
werden durch sie bedeutende Einnahmen zufliessen.
Ist die Interessierung der Massen fortgeschritten,
so möge man getrost riskieren, die Preise auch der
modernen Litteraturerscheinungen bedeutend herab-
zusetzen; die Zahl der Käufer und Leser
wird alsdann ebenso enorm zunehmen wie
die Zahl der Briefschreiber seit Herab-
setzung des Portos. Die Dilettanten müssen,
wie Professor Joseph Kürschner in Stuttgart treffend
bemerkt hat, ausgehungert werden, und gerade das
beabsichtige ich, wenn ich ihnen ihren eigentlichsten,
fruchtbarsten, umfänglichsten Nährboden entzogen
sehen will: die grosse Volksmenge. Dass dieser
Vorschlag ausführbar ist und dass er ausgeführt
nicht ohne bedeutenden Erfolg bleiben würde, das
ist meine auf ziemlich sichere Kenntnis des Volkes
sich stützende, unerschütterliche Meinung. Wer an

der Bildungsfähigkeit der Massen nach dieser Seite
hin zweifelt, möge bedenken, dass der rohe, un-
kultivierte Geist eines Bauernknechts wenigstens
zehnmal empfänglicher für das Kunstschöne ist, als
es die in unsern modernen „gebildeten" Kreisen so
häufigen dumm und frech absprechenden blasierten
Geister sind.*)
   Bei der grösseren Popularisierung der Kunst
gilt es vor allem, den Mann für die Litteratur
wieder zu gewinnen. Die Frauen stellen das weitaus grösste Kontingent zum jetzigen Lesepublikum.
So haben sie das Verdienst, eine wesentliche Stütze
der besseren Litteratur zu sein; aber sie sind auch
die stärkste Stütze des Dilettantismus. Bei aller
Achtung vor den geistigen Anlagen der Frau —
sie würden sich bei andrer Erziehung besser entwickeln — aber vorläufig trifft die Frauen der
Vorwurf, dass sie Kunst und Dilettantismus mit
gleich liebevollen Armen umfangen. Das auch in
Dingen des Geschmackes strenger und unnach-
sichtiger richtende Urteil des Mannes würde den
Dilettantismus weit weniger dulden als die Frau.
   So glaube ich die wichtigsten Kampfmittel
gegen den Dilettantismus genannt zu haben; als
das wichtigste erscheint mir die gründliche Bear-
beitung der grossen Volksmassen. Auf oben Ge-
sagtes zurückgreifend, füge ich noch folgende Forderungen hinzu: Strengere Handhabung der Kritik
gegen alle wertlosen Machwerke und Handhabung
der Kritik von durchweg urteilsfähigeren Geistern

*) Ich geize nicht nach der Ehre, für meinen Vorschlag
die Priorität beanspruchen zu dürfen; soviel ich weiss, hat man
sich aber erst in allerjüngster Zeit darangebeben, jenem Gedanken durch Gründung von Vereinen zur Bekämpfung der
Kolportagelitteratur und Verbreitung guter, billiger Bücher
greifbare Gestalt zu geben. Dass ein solches Vorgehen für den
Dilettantismus ebenso verderbliche Konsequenzen haben müsste,
wie es segensreich auf das edlere Schrifttum und seine Vertreter
zurückwirken würde: das ist jedenfalls erst wenigen zum Bewusstsein gekommen.

als jetzt; strengere Selbstkritik mancher Berufsschriftsteller und Vermeidung der auf Gewinnsucht
beruhenden massenhaften Produktion und endlich
rastloses und thatkräftiges Streben nach vollstän-
digstem Schutz des geistigen Eigentums. Die materiell mehr oder minder geschützte Stellung des
Berufsschriftstellers macht ihn konkurrenzfähiger
gegenüber dem Dilettanten. Überhaupt gilt vom
Schriftstellerstande: Je günstiger, gefestigter, vornehmer er dasteht und je schärfer er sich vom
Dilettantismus abgrenzt und abhebt, desto wirksamer kann und wird er denselben bekämpfen,
sich selbst und der Allgemeinheit zum Heile.

Poetische Anschaulichkeit.

„Es war ein freundlicher Sommertag; die Sonne
sandte ihre goldenen Strahlen auf den breiten Fuss-
weg, der sich zwischen den Bergen von X. und dem
Walde von Y. hinzog u. s. w. u. s. w." — wer kennt
sie nicht, die ewig gleichen Anfangskapitel der un-
zähligen männlichen und weiblichen Clauren-Ro-
mane! Beschrieben wird Alles: Feld, Wald, Wiese,
Fluss, Schloss, Dorf, Stadt; aber der Leser sieht
— nichts von alle dem! Wenn er den Wald beschrieben liest, so hat er längst das angrenzende
Feld aus dem Bewusstsein verloren; hört er von
der Wiese, so sieht er vor lauter Wiese den Wald
nicht mehr. Ist er mit der unvermeidlichen Beschreibung zu Ende, so hat er ein wüstes Durcheinander von Einzelbildern im Kopfe; ist er ein
verständiger Leser, so müht er sich noch eine Zeit
lang mit ihnen ab, wirft sie hierhin und dorthin,
um sie zu einer fasslichen und behaltbaren Gesamtanschauung zusammenzufügen und wendet sich endlich, nachdem er die mehr oder minder grosse Erfolglosigkeit seiner Selbstdichtungsversuche eingesehen hat, missmutig zu der Handlung des Romans.
Das habe ich selbst erfahren und mir von anderen
als ihre Erfahrung mitteilen lassen. Die genaueste
Einzelbeschreibung ist völlig wertlos ohne eine Zusammenfassung, welche das Wesentliche aller Einzelerscheinungen zu einer Gesamtanschauung grup-
piert. Eine lange und ausführliche Beschreibung
ist nicht an sich schon nutzlos und verwerflich;

aber je länger und ausführlicher sie ist, desto schwerer
wird jene notwendige Zusammenfassung, und Anschaulichkeit mit Kürze vereint wirkt am eindringlichsten. So meint denn auch Lessing, dass Ariost
besser getan hätte, aus den fünf gelehrten Stanzen, in denen er Alcinde beschreibt, das wirklich
Schildernde zu zwei poetischen Stanzen zu-
sammenzuziehen. Wer „aus dem Vollen schöpfen"
kann (eine meistens unverstanden gebrauchte Redensart!), der kann schildern.

Die Forderung Lessings, dass der Dichter dem
Maler nicht ins Handwerk pfuschen, dass er vielmehr das Nebeneinander in ein Nacheinander auflösen und ausserdem die tote Ursache in der lebendigen Wirkung zeigen, also die Schilderung gewissermassen zur Erzählung umwandeln solle — diese
Forderung wird wohl so ziemlich von aller Welt
als richtig erkannt und vertreten *). Gleichwohl
scheinen viele Dichter und viele Leser sich noch
nicht der festruhenden seelischen Begründung dieser
Forderung und damit auch noch nicht der unum-
gänglichen Notwendigkeit, sie zu erfüllen, bewusst
geworden zu sein. Die unüberbrückbare Kluft
zwischen Malerei und Dichtung ist zum Teil dieselbe, welche zwischen sinnlicher Wahrnehmung
und blosser Vorstellung liegt. Unsere Vorstellungen
erreichen nun und nimmer die Klarheit und Bestimmtheit der sinnlichen Wahrnehmung. Betrachte
ich in diesem Augenblicke ein Pferd, und wende
ich mich im nächsten Augenblick ab, um es mir

---

*) Man vergleiche übrigens im XVII. Stück des „Laokoon"
das Zitat aus Hallers „Alpen" und die voraufgehenden und nach-
folgenden Erörterungen. Die an selber Stelle zitierten Worte
Marmontels: „Ils (les Allemands) ont exécuté ce que j'avais conçu;
et s'ils parviennent à donner plus au moral et moins au détail
des peintures physiques, ils excelleront dans ce genre, plus riche,
plus vaste, plus fécond, et infiniment plus naturel et plus moral
que celui de la galanterie champêtre." treffen auf die oben bezeichneten deutschen Romanschreiber der Gegenwart und ihre
Geistesverwandten leider nicht zu.

vorzustellen, so werde ich bei möglichst treuer Vorstellungskraft doch nur ein Bild von ungefähr der-
jenigen Deutlichkeit haben, die mein Spiegelbild im
Wasser, die Finger meiner Hand hinter trübem
Glase oder hinter einem Stück Seidenpapier auf-
weisen. Die Vorstellung ist die Fata Morgana,
welche aus dem Gebiete des Sinnlich-Fassbaren in
die Luftregionen des Seelischen reflektiert wird.
Nicht eine armselige Stallthür kann ich mir so vorstellen, wie ich sie sehe. Das heisst: kein Dichter
kann als solcher wirklich malen. Wenn er sich
dennoch darauf erpicht, die Deutlichkeit des Ge-
malten erreichen zu wollen, wenn er dem Leser
unaufhörlich mit beschreibendem Detail zusetzt, so
verlangt er von diesem eine nachschaffende Thätigkeit, deren ein Mensch einfach unfähig ist, und der
im Schweisse seines Angesichts sich abmühende
Leser, der die eine bestimmte Vorstellung im wahrsten Sinne des Wortes „krampfhaft" festhält (eine
ohnehin sehr anstrengende Thätigkeit!) und den
Einzelzügen der Beschreibung gehorsam nachzu-
gehen sucht, empfindet diese Beschäftigung bald als
eine höchst peinliche und — langweilige.

Aber es kommt für die poetische Beschreibung
noch ein weit erschwerenderer Umstand hinzu, und
dieser besteht darin, dass wir mit relativ voll-
kommener Klarheit immer nur eine Vorstellung
zur Zeit im Bewusstsein tragen können. Es ist bekannt, dass gleiche Vorstellungen einander verstärken, wie eine Farbe intensiver wird, wenn man
sie doppelt oder dreifach aufträgt, und dass ent-
gegengesetzte Vorstellungen wegen ihres ver-
schiedenartigen Inhalts einander widerstreiten und,
weil sie nicht zugleich mit voller Klarheit im Bewusstsein ruhen können, sich gegenseitig verdunkeln. Jeder weiss, dass er, wenn er einen Hund
als Ganzes betrachtet, weder den Schwanz, noch
die Beine, noch den Rumpf, noch den Kopf in voller
Deutlichkeit sieht, ja, dass ihm selbst, wenn er nur

den Kopf als Ganzes betrachtet, weder das Auge,
noch die Schnauze, noch das Ohr, noch sonst irgend
ein Teil desselben als vollständig klare sinnliche
Wahrnehmung zum Bewusstsein kommt. Will er
die Wahrnehmung, z. B. der Schnauze, zu voll-
kommener Deutlichkeit erheben, so muss er von
allem anderen absehen, das Gesamtbild des
Hundes, sowie die Wahrnehmung aller anderen einzelnen Teile versinkt ganz oder fast ganz „unter
die Schwelle des Bewusstseins". In noch höherem
Grade gilt dies von der blossen Vorstellung. Die
völlige Klarheit einer Vorstellung schliesst jede
gleichzeitige völlige Klarheit einer anderen Vorstellung aus, und das Vorhandensein mehrerer Vorstellungen im Bewusstsein zu gleicher Zeit (also
auch das Vorhandensein z. B. der Vorstellungs-
komplexe Hund, Tisch, Landschaft, Gemälde) schliesst
überhaupt die völlige Klarheit einer einzelnen von
diesen Vorstellungen aus. Daraus erhellt, dass das
blosse beschreibende Detail dem Leser nur „die
Teile in seine Hand" giebt und ihn ohne das „geistige Band" lässt, das doch eben erst die Anschaulichkeit des Geschilderten bewirken soll. Denn
„die gleichzeitige Auffassung der Teile
eines Bildes kennzeichnet das Anschauliche". (Matth. A. Drbal.) Es ist mir völlig gleichgültig, ob ich die Gemüsebeete oder die Fasanerie
oder den Marstall des Grafen Soundso im Einzelnen
genau kenne, wenn ich nicht einen Rundblick auf
seinen ganzen Wohnsitz bekomme. Ich will ihn
per Luftballon besuchen und aus der Vogelperspek-
tive mit einem Blick das ganze Stück Erde sehen,
auf dem der gnädige Herr nistet. Wie oben gesagt,
widerstreiten und verdunkeln aber die Teilvorstel-
lungen eines Bildes einander, wenn sie entgegen-
gesetzt sind. Das Grün des Baumes in dieser Landschaft streitet mit dem Blau des Himmels um den
Platz in meinem Bewusstsein; ich kann das Grün
nicht in vollster Klarheit vorstellen, weil sich mir

gleichzeitig das Blau aufdrängt und umgekehrt.
Weil ich aber beide, und vielleicht noch viele andere Vorstellungen mehr gleichzeitig in mich auf-
nehmen will, resp. muss, so können sie nur mit ge-
dämpfter Lebhaftigkeit in mir leuchten. Ihr Gegensatz, durch einmaligen Kampf schon verringert (weil
ihre charakteristische Deutlichkeit verringert ist)
führt gleichwohl immer wieder zu neuem Kampfe,
und dieser, mit der Stärke des Gegensatzes in
gleicher Progression an Energie abnehmend .. wie
die beiden Stücke des von dem Affen als Schieds-
richter geteilten Käses, kann naturgemäss nie ganz
erlöschen. Deshalb ist bei einer Summe gleich-
zeitiger Vorstellungen nur ein annäherndes, ein
relatives, nicht aber ein absolutes Gleichgewicht
erreichbar. Darum ist unsere Seele, wenigstens im
Wachen, nie vollkommen ruhig, sondern ihre Vor-
stellungsmassen sind, auch bei der ruhigsten Anschauung, mindestens in einem beständigen Schweben
und Schwanken begriffen wie die um den Gleich-
gewichtspunkt spielende Zunge an der Wage. Wäre
aber jenes relative Gleichgewicht nicht erreichbar,
so würde es, wenigstens in künstlerischem Sinne,
keine Anschauung geben, wie es denn eine Anschauung im strengsten Sinne des Wortes (ein
gleichmässig und vollständig klares Wahrnehmen
des Ganzen und jedes Einzelnen in ihm zu gleicher
Zeit) für Menschen überhaupt nicht giebt.

In besonders kurzer Zeit wird nun jenes relative
Gleichgewicht, das die Perzeption des Vorstellungs-
komplexes als Anschauung kennzeichnet, erreicht
bei unmittelbarer sinnlicher Wahrnehmung.
Jeder wird sich davon überzeugen, wenn er den
Versuch, sich eine Landschaft, ein Gemälde, ein
Bauwerk, ein ausgestattetes Zimmer selbständig,
oder nach den Angaben eines Dichters, oder selbst
nach eigener, früher gehabter Wahrnehmung im
Geiste zu konstruieren, in Vergleich stellt mit dem
seelischen Vorgange beim wirklichen, augenblick-

lichen Sehen der genannten Gegenstände. In letzterem Falle tritt alles Anzuschauende mit einem Schlage gross und breit vor das Auge des Leibes wie vor das der Seele, und Alles, was die weite Pupille jenes Auges vielumfassend aufnimmt, das muss auch die „enge Pupille des Seelenauges" mit einem Blicke bewältigen. Der Akt des Wahrnehmens vollzieht sich als ein einziger, ungeteilter; der Kampf der entgegengesetzten Vorstellungen entbrennt auf allen Punkten zugleich, und eben deshalb ist er so bald beendigt, eben deshalb wird die Wahrnehmung so schnell zur wirklichen Anschauung eingestimmt. Anders in den vorher erwähnten Fällen. Dort kommt das leibliche Auge mit seinem weiten Sehfelde nicht zu Hülfe, sondern alles Vorzustellende ist auf die beschränkte Sphäre des geistigen Auges angewiesen; darum muss sich der eine, ungeteilte Akt des Wahrnehmens in ein stückweises Nacheinander auflösen; der Kampf der Einzelvorstellungen wird zu lauter Zweikämpfen und Scharmützeln zersprengt, und es kommt schwer oder garnicht zu einer Gesamtanschauung vor zu starker Bewegung der einzelnen Momente derselben. So werde ich mir bei einer inneren Reproduktion der sixtinischen Madonna bald die Madonna, bald das Kind, bald den Sixtus u. s. w. vorstellen, schwer aber das ganze Gemälde zu malerischer Totalwirkung in mir aufstellen können. Wie schon gesagt, stösst die selbstthätig sich Anschauungen bildende Vorstellungskraft des Menschen auch dann auf diese Schwierigkeiten, wenn sie nach Angaben des Dichters schafft, vorausgesetzt, dass dieser Dichter nicht eben jenes Schilderungstalent besitzt, welches wir weiter unten von einem echten Dichter fordern zu müssen glauben. Nach den Worten einer Dichtung soll man sich aber nicht allenfalls mit Angst und Schweiss eine Anschauung aufbauen können; diese soll vielmehr mit zwingender und überzeugender Klarheit aus jenen dichterischen Worten ungerufen

hervortreten. Nach seinen Gedanken mag uns der
Dichter, wenn sie von dunkler Tiefe sind, suchen
lassen, nicht aber nach Anschauungen. Diese sollen
uns ungesucht überraschen, überrumpeln und über-
wältigen. Wenn man das nicht vom Dichter verlangen dürfte, so würden jene Pensions-Backfische
beinahe vernünftig gesprochen haben, die da sagten:
„Wir lesen in der Pension keine Dichter; wir dichten selbst.“
Die von dem Dichter zu lösende Aufgabe
würde nach dem Gesagten darin bestehen, dass er
jene gleichzeitige Auffassung der Teile eines Bildes,
die das Anschauliche kennzeichnet, auf irgend eine
Weise im Leser bewirke. Alle Einzelheiten einer
Anschauung bieten sich aber dem Dichter zusammen-
gerafft in der Wirkung des Ganzen dar, in der
Stimmung, die das Angeschaute nach der subjektiven Anlage des Anschauenden notwendig in
ihm erzeugt. In diesem Einen, in der Wirkung,
laufen alle Fäden der Einzelbetrachtung zusammen.
Diese Wirkung soll er dem Leser treu übermitteln,
ebenso abgerundet und geschlossen, ebenso blitzschnell und doch so vollständig, wie er sie selbst
in sich aufgenommen, und darin besteht die grosse
Schwierigkeit seiner Kunst, wenn er schildert. Hier
tritt die Berechtigung jener Phrase ein: „aus dem
Vollen schöpfen“. Das ganze Bild, welches der
Geist des Dichters in einem Zuge eingeatmet hat,
soll er im nächsten Augenblick (wenn auch sub-
jektiv gefärbt) mit einer Bewegung wieder aus-
stossen, wie die Charybdis das Wasser der Meer-
enge mit allem, was darin lebt und webt, einschlürft
und wieder ausspeit. Kann der Schildernde seinen
Gesamteindruck schnell und überzeugungskräftig
in ein anderes Gehirn verpflanzen, so vermag er
anschaulich zu schildern; denn der Lesende muss
alsdann dieser Wirkung ein nach Stimmung und
Charakter dem Urbilde ähnliches Bild substituieren,
und wenn der Dichter Sorge trägt, das Bild im

Leser möchte von dem seinen in den Einzelheiten
allzu sehr abweichen, so mag er der Wiedergabe
in toto eine Detailschilderung voraufgehen oder
folgen lassen; hier wird sie ihre Dienste thun. Keineswegs aber ist das Detail immer nötig. Wenn
Schiller sagt:

> „— ein harmonisch hoher Geist spricht uns
> Aus dieser edlen Säulenordnung an —"

so malt sich meine weihevoll gestimmte Phantasie
einen erhabenen Säulenbau, mit dem der Dichter
zufrieden sein kann, und betreffs dessen es ihm
ziemlich gleichgültig sein kann, ob ich mir die
Säulen dorisch, ionisch oder korinthisch denke.
Wissen wir doch alle aus tausendfacher Erfahrung,
dass auch nicht zwei einem dichterischen Urbilde
nachgeschaffene Anschauungen photographisch genau
übereinstimmen. Jedes selbstgeschaffene Bild hat
eine für den Schaffenden gerade anheimelnde und
reizvolle Subjektivität; ich will mir eben das Bild
des Dichters nach meiner individuellen Veranlagung
gestalten (ohne natürlich die Absicht des Dichters
zu verletzen), und in der Verhinderung dieses Selbst-
schaffens von Bildern mit individueller Würze liegt
ausser in anderem die riesengrosse Dummheit der
Illustrationswut.

Eine Schilderung wie die geforderte beruht,
wie Nordau in seinem „Paris unter der dritten Re-
publik" sehr richtig bemerkt, auf „anthropomor-
phischer Belebung des Toten", sie setzt eine
„Metaphysik der leblosen Dinge" voraus, und der
Dichter muss als anschaulich Schildernder — diesen
Ausdruck gebraucht Nordau mit Bezug auf Zola —
ein „Psycholog der unbelebten Welt" sein. Was
als seelischer Abglanz der Dinge in ihm wirksam
ist, das legt er dem Dinge an sich als ureigenstes
Attribut bei. Das ist die Stelle, wo der grosse
Dichter sterblich ist für den kleinen Kritiker, namentlich wenn jener die Vermessenheit hat, als
Anfänger und mit nie gehörtem Namen schon be-

deutend zu sein. Hier entstürzen dem voll quellenden Geiste des Genies jene Kühnheiten, die der
engbrüstige Nörgler Stück für Stück mit grosser
Bravour ins Lächerliche ziehen kann, weil er selbst
ein ästhetischer Hanswurst ist. Die Verquickung
der Wirkung, der Thätigkeit mit ihrem Substrat:
das ist die Fähigkeit des grossen deskriptiven
Talents. Der unbegabte Beschreiber schleppt mit
rührender Ameisengeschäftigkeit einen Berg herbei,
pflanzt ein Schloss darauf, pappt links einen Sturz-
bach, rechts eine Matte, vorn ein Stück Wald und
hinten sonst noch etwas daran und — siehst du
wohl? Das Bild ist fertig! Das ist der Vorgang
bei seinen geistigen Geburten auf dem Gebiete der
Schilderung, „das ist die Art, wie er sich soula-
giert“. Die Furcht vor etwaiger subjektiver Beimischung wäre grundlos. Die aufgestellten Dinge
nehmen sich so verdammt objektiv und nüchtern
aus, dass sie für leibhaftige „Dinge an sich“ gelten
könnten. Ein Beispiel aus dem Erstlingswerke
eines jungen Dichters, das mir s. Z. zur Besprechung vorlag. Der „Dichter“ beschreibt eine Burg
auf einem Felsen.

> „Wohl an die hundertfünfzig Ellen
> Hebt ob der Bächlein Silberwellen,
> Die froh umspielen seinen Fuss,
> Der Hügel sich in schroffem Schuss
> Zweiseitig auf zur Höhe.
> Die andern Seiten flach sich senken
> Und mit dem Bromsberg sich verschränken,
> Dess' wilden Waldes dicht Geäst
> Dem Lichtstrahl kaum den Durchgang lässt,
> Geschweige Feindes Völkern.
> Ums Felshaupt zieht nun gleich 'nem Kranze
> Sich wohlgefügt die Pfahlwerkschanze,
> Dahinter ragt der Wall im Rund,
> Dann — senkrecht ab in Grabens Grund
> Auf fünfzehn Ellen Tiefe u. s. w.“

Wer bei dieser klaren, sachlichen Ausein-
anderlegung ein Bild im Kopfe hat, bezahlt einen
Thaler! Was dagegen ein Vollblutdichter mit wenig

Worten zu malen vermag, das hat noch vor kurzem
ein Mitarbeiter des „Kunstwart" an einem Gedichte
von Martin Greif gezeigt. In dem dort zitierten
„Hymnus an den Mond" heisst es:

> „Auch du bist wirkendes Licht,
> Prangender Mond . . .
> Und deine Strahlen reichen
> Mächtigen Umfangs hinaus
> Über alles Gefilde . . .
> Fühlsames Leben durchschauerst du;
> Trunken schwärmet die Seele
> Einsam dem Wanderer . . .
> Ja selbst Felsen und tote Steine
> Fühlen dein atmendes Weben.
> Leise zu schwingen dann
> Scheint ihr starres Innre,
> Und wir erkennen erstaunt,
> Dass edlerer Abkunft
> Ihrer Ordnungen Sinn."

Geistvoll und treffend fügt der Zitierende (K. Lein)
hinzu: Das „wirkende Licht", das „atmende Weben"
des Mondes droben, das „fühlsames Leben durch-
schauert" und das wir „erstaunt erkennen" — es
schildert, ohne es zu wollen, klar für jeden, der
sie kennt, die Wirkung auch des Genusses an lyrischer Poesie.

In ähnlich zutreffender Weise glossierte G.
Cristaller im „Magazin für die Litteratur des In-
und Auslandes" (Jahrgg. 1886 No. 20) ein Gedicht
von Reinhold Lenz:

> „Am Grabe von Goethes Schwester.
>
> Ach soll so viele Trefflichkeit
> So wenig Erde decken?
> In diesem dürren Mooseklcid
> Und kümmerlichen Hecken —
> Ist dieses schlechte Kissen wert,
> Dass hier dein Haupt der Ruh begehrt?"

indem er schrieb: „Wer sieht hier nicht förmlich
den unseligen Mann in einer klarst geschauten
Gegend; ein rauher Wind weht in sein Haar (wenngleich er nichts davon sagt . . . .) und wir empfinden so deutlich sein ganzes Herz, so wenig auch

und scheinbar spröde seine Worte sind." Auch
Goethes „Über allen Wipfeln" wurde dort erwähnt.
Goethe (der noch nicht „klassisch" gewordene) erscheint mir unter den Deutschen als der zauber-
mächtigste Schilderer. Der erste Teil des „Faust"
bietet (u. a. auch in besonders hohem Masse die
„Walpurgisnacht") eine geradezu üppige Fülle von
Anschauungen. Vischer weist in seinem Kommentar
u. a. auf die grossartige Doppelzeile hin:

> „Wie traurig steigt die unvollkommne Scheibe
> Des roten Monds in später Glut heran,"

eine Stelle, die nur als eine unter vielen gleich-
wertigen dasteht. Wer läse nicht mit schauerndem
Entzücken die Schilderung von den Wirkungen der
Windsbraut in der „Walpurgisnacht", die Worte
Fausts über das Spiel der Beleuchtung in den
Klüften und an den Wänden des Berges; wer
konnte uns den ganzen tollen Zauberspuk des
Hexensabbats, das mystische Halbdunkel vieler
Partieen des Faust-Stoffes so luftig-greifbar, so
schattenhaft-körperlich, so gespenstisch-natürlich
vors Auge rücken, ohne uns im Einzelnen etwas
Genaues zu sehen und zu verstehen zu geben —
wer so wie Goethe! Unter seinen Händen gerinnt
selbst das Übernatürliche zu Schauenslust nährender
Körperlichkeit, zu packender visionärer Augenweide;
so in den Worten des Erdgeistes, so auch im
Gesang der Erzengel. Und wieder braucht er
seinen Faust im Zimmer Gretchens nur sprechen
zu lassen:

> „Ich fühl, o Mädchen, deinen Geist
> Der Ruh und Ordnung um mich säuseln,
> Der mütterlich dich täglich unterweist,
> Den Teppich auf den Tisch dich reinlich breiten heisst,
> Sogar den Sand zu deinen Füssen kräuseln."

so umweht derselbe Geist der Ruhe und Ordnung
auch uns, und vor uns steht das wundersam heilige
Paradies, das eine Frauenhand aus einer engen
Kammer geschaffen. Auch mit Einzelheiten!

Es kann nicht in meiner Absicht liegen, an
dieser Stelle ellenlang weiter zu zitieren oder gar
die Wunderwerke wahrhaft anschaulicher Poesie
analytisch zu zernagen. Dieser Artikel ist nicht
so vermessen, Professor Beyerschen Unterricht in
Poesie geben zu wollen. Es war mir nur darum
zu thun, die poetische Beschreibung psychologisch
zu beleuchten, eine feststehende und grundlegende
Forderung für dieselbe zu finden und namentlich
die falschen Wege zu kennzeichnen, die bei
deskriptiven Versuchen immer und immer wieder
breitspurig betreten werden. Die Theorie des
Schrifttums und überhaupt die Ästhetik hat ihre
grösste Stärke und ihren grössten Nutzen in negativen, vorbeugenden Erörterungen. Soll ich aber
die Absicht dieses Artikels einreihen in den Schlag-
wörterkampf der Gegenwart, so bemerke ich, dass
ich in der geforderten Manier des dichterischen
Schaffens ein Kennzeichen des echten Realismus
erblicke, der kein Gegner, sondern ein wahrer,
ehrlicher Freund, ein natürlicher Bruder des Idealismus ist, weil er die poetische Wahrheit nicht
lächerlicherweise in den Dingen selbst, sondern in
der Art unserer Beziehung zu den Dingen sucht.

Litterarische Allotria.

Ein Intermezzo.

Dass die überhandnehmende Litteratur der Unterhaltungs-Journale der Buch-Litteratur schweren materiellen Schaden zufügt, ist eine längst anerkannte Thatsache. Es ist das Prinzip der Billigkeit, das hier in Wirksamkeit tritt und das der neudeutsche Bildungsphilister besonders hochschätzt auf dem Gebiete der Kunst. Wenn das Theater für ermässigte Preise spielt oder „recht viele Akte für's Geld giebt“, so sind Parquet und Ränge von Kunstenthusiasten überfüllt, die sonst das Theater meiden, wie der Schwänzer die Schule. Und wie viel eher haben die Leutchen noch einen Groschen übrig für eine „Posse mit Gesang“, als für einen soliden Roman, der lyrischen und dramatischen Buch-Litteratur selbstverständlich ganz zu geschweigen. Auf dem Boden der Journal-Litteratur selbst blüht ausserdem ein gegenseitiger Konkurrenzeifer, der an Rührigkeit nichts zu wünschen übrig lässt. Eduard Engel hat s. Z. ein Musterexemplar dieser Fortsetzungslitteratur, die in ihren „Briefkasten“ mit Kurpfuscherei und Winkeladvokatur handelt, „auf den Tisch der „Deutschen Schriftsteller - Zeitung“ niedergelegt“. Nächstens werden wir es erleben, dass ein neues Blatt sich erbietet, den 16jährigen Jungfrauen unter seinen Abonnenten Träume auszulegen und strebsamen Beamtenjünglingen nach Mitteilung ihrer politischen Gesinnung und Einsendung der Abonnementsbescheinigung bezüglich ihrer zukünftigen Karrière das Horoskop zu stellen. Der heilige Tempel der Litteratur wird von einer schmutzigen Schacherer- und Trödlerbande umlagert, welche mit dem krei-

schenden und feilschenden Lockruf ihrer Stimme
die banalen Instinkte des Publikums gefangen
nimmt. Peitschenhiebe unter diesem Gesindel aus-
geteilt, und um so weniger die Geissel gespart, als
es die gute Litteratur nicht nur direkt materiell
schädigt, sondern derselben auch mehr und mehr
ihren einzig zuverlässigen Boden entzieht: Die
ernste Denk- und Empfindungskraft des
Volkes! Das ist hier wie überall die bedenklichste
Sache: die ideelle Schädigung des Guten durch
das Schlechte (die ausserdem noch wieder einen
weit grösseren Ausfall an materiellem Ertrag als
den anfänglich verspürten zur Folge hat). Übrigens
sind Erscheinungen wie die von Eduard Engel an's
Licht gezogene nur äusserste Ausläufer einer langen
Kette, nur ins Ungeheuerlichste getriebene Potenzen
einer Basis, mit der auch angesehene und im
übrigen recht anständige Journale „rechnen". Eine
ganze Reihe dieser Zeitschriften hängt dem spezi-
fisch-litterarischen Teil ihrer Hefte eine wohlgefüllte
Trödelbude an, und mit diesen litterarischen Allotrien ist schon recht Respektables zum geistigen
Verderb des Publikums und zur Verpäppelung
seines Geschmackes geleistet worden.

Man kennt die reichbesetzte Tafel für grosse
Kinder: Rösselsprung, Schach, Skat, Arithmogryph,
Logogryph, Akrostichon, Homonym, Palindrom,
Rätsel, Charade, Rebus, Salon-Magie u. s. w. u. s. w.
Man missverstehe mich nicht: ich weiss, dass man
Schach, Skat u. dgl. spielen kann, ohne kindisch
zu sein; aber wer diese Dinge in einem ernsthaften
Litteraturblatt nicht entbehren kann, der ist ein
grosses Kind und wer diese Allotrien in das Blatt
hineinbringt, spekuliert auf grosse Kinder. „Wir
wollen ein Unterhaltungsjournal sein", motiviert
man. Nun, die Herren Verleger und Redakteure
müssen es verantworten, wenn sie voraussetzen,
dass der wirklich litterarische Teil ihres Blattes
nicht im Stande sei, verständige Menschen genügend

zu unterhalten. Es mag ein Bedürfnis für derartigen Unterhaltungsstoff im Publikum vorhanden
sein — mögen andere, besonders dafür angelegte
Blätter sich mit der Befriedigung desselben be-
fassen. Der nach guter Lektüre verlangende Leser
vermisst diese Dinge nicht, wenn sie fortbleiben,
vielmehr bedankt er sich schönstens für die Zumutung solcher Genüsse an dieser Stelle. Nicht
selten setzt die Redaktionssphynx noch einen er-
klecklichen Preis für den glücklichsten Oedipus
unter ihren Abonnenten aus. Die Abonnementsbescheinigung ist natürlich immer unerlässlich.
Nun finde ich es sehr begreiflich, dass der Verleger
eines Lieferungs-Romans, wie z. B. des mir kürzlich
unter dem Titel „Die Räuber" aufgestossenen, in
dem sich Karl Moor nach der Ermordung Amaliens
mit einem reichen Judenmädchen verheiratet, dass
der Verleger eines solchen Romans, sage ich, sich
in seinem dunklen Gewissensdrange moralisch gezwungen sieht, das Verbrechen an den Manen
Schillers durch Abgabe silberner Taschenuhren an
die Leser gutzumachen; durchaus unbegreiflich aber
finde ich es, dass die angesehensten Journale ihre
von den ersten deutschen Schriftstellern herrühren-
den litterarischen Beiträge durch ganz ähnliche
Manipulationen ergänzen zu müssen glauben. Man
geht sehr in die Irre, wenn man glaubt, dass diese
Rätselspielereien, die freilich ihrem Wesen nach
wenig oder garnichts mit der Litteratur zu thun
haben, nun auch in ihrer Wirkung litterarisch belanglos wären. Man thut dem Publikum kein all-
zugrosses Unrecht, wenn man den bekannten
schönen Vers vom Publikum als Kind etwa folgendermassen variiert:

> „Das Publikum, das ist ein Kind,
> Das viel Plaisir am Spielen find't." *)

---

*) Beiläufig ein Vers, den ich dem künftigen Heraus-
geber eines „Goldenen ABC für Journal-Verleger und -Redak-
teure" gratis zur Verfügung stelle.

Andererseits ist das Publikum ein Kind, das man
zu vielem Guten erziehen kann. Kinder pflegen
sich nun bald denjenigen unter ihren erwachsenen
Führern mit unbegrenzter Anhänglichkeit zuzu-
neigen, die sie mit allerlei Schnaken und Schnurren,
mit blanken Zinnsoldaten und hübschen Kasperle-
Puppen, mit Männchenmachen und Purzelbaum-
schlagen zu unterhalten wissen, und in demselben
Grade, in dem diese Zuneigung wächst, steigert
sich auch die Abneigung und der Widerwille gegen
alle diejenigen Personen, welche von dem Kinde
zu gewissen Zeiten ruhiges Aufhorchen und ernste
Sammlung zur Arbeit verlangen. Es ist bekanntlich
die kleinste der erzieherischen Kleinigkeiten, ein
Kind, auch das bestbeanlagte, zu „verspielen" und
es jeder ernsten Beschäftigung abhold zu machen.
Das Publikum gleicht hier wahrlich ganz dem
Kinde! Die wenigen, die mit dem Herzen bei der
Sache der Litteratur sind, werden sich durch
Schnurrpfeifereien nicht abwendig machen lassen.
Aber die vielen Tausende von Freunden,
welche die deutsche Litteratur noch gewinnen muss, wenn sie jemals zu einer fest-
gegründeten Stellung im Geistesleben unserer Nation gelangen will: diese werden
zu einem nicht geringen Teile vom Wege
ernster Geschmacksentwickelung abge-
lenkt; sie werden künstlich im Stande der
Unmündigen erhalten, und ihr geistiges
Interesse wird in Kindereien verzettelt!
Besonders kommt die hier zum gesetzteren Alter
heranreifende Jugend in Betracht; man erlebt es
jedoch keineswegs selten, dass die Rätselbüchse
des Journals für eine ganze Familie der Mittelpunkt des Interesses ist. Diese Form der Unterhaltung ist und bleibt indessen ein unwürdiges
Anhängsel für jede litterarische Erscheinung, die
im übrigen Anspruch auf Bedeutung machen will,
und wo noch eine Preisverteilung hinzutritt, läuft

dies auf einen Abonnentenfang in der denkbar
abgeschmacktesten Form hinaus, abgesehen davon,
dass durch solche Bemühungen der Zugkraft der
deutschen Litteratur ein herrliches Armutszeugnis
ausgestellt wird. Ich komme jetzt auf eine Art litterarischer
Allotria zu sprechen, die sich ihrem Wesen nach
insofern von der vorerwähnten unterscheidet, als
sie mehr spezifisch-litterarischer Natur ist, deren
Wirkung aber in ganz derselben Richtung zu
suchen ist, wie die der vorigen. Es sind die Be-
gleitartikel der Journal-Illustrationen. Die Illustra-
tionsseuche ist ja schon an sich ein schweres Kreuz
für die Litteratur. Auch sie ist dem Publikum-
Kind von spekulativen Verlegern anerzogen worden
und hat natürlich bereitwilliges Entgegenkommen
gefunden. Aber nicht genug, dass dem Publikum
die Adern der Phantasie und des Intellekts durch
Illustrationen als Textbegleitung kurzweg unter-
bunden werden, das Baby Publikum muss noch
mehr in zärtliche Bevormundung eingewickelt werden: es muss Illustrationen mit Textbegleitung
geniessen! Ein Bild mit offenen, klaren Augen an-
zusehen und sein Motiv selbständig zu finden: ei,
wer dürfte das vom Abonnenten verlangen! Das
einfältigste und schlichteste Genrebildchen muss
im „gemütlichen Plauderton" spaltenlang erklärt,
und daneben muss noch eine Reihe anderweitiger
Albernheiten aufgetischt werden. Ich habe nichts
dagegen, dass ein Schriftsteller sich durch eine
Illustration zu einem Gedicht, einem Feuilleton
oder einer Erzählung inspirieren lässt, die selbständigen Wert besitzt und also mit Fug und Recht
als litterarisches Produkt auftreten kann. Dieser
Vorgang findet übrigens nicht allzu häufig statt,
und einer ganzen Reihe dieser Begleittexte merkt
man die Inspiration durch Bestellung an. Der
„reine Kean" zeigt sich aber erst in den bloss
„plaudernden" Begleittexten. Da empfangen wir

den unschätzbaren Aufschluss, dass der Bauern-
junge, der auf jenem Bilde neben dem Bauern-
mädel steht, der Schmalzbauern-Hans, und dass sie
die Nudelbauern-Toni ist. Wir erfahren, dass er
mit dem Mädel schäkert, ihr allerlei Zärtlichkeiten
ins Ohr flüstert, ihr sagt, wie gut er ihr sei und
von der Hochzeit spricht, die nun bald kommen
werde. „O glücklich der, den ihr belehrt", ihr
Illustrationsbeschreiber! Man hätte ja glauben
können, dass die beiden über auswärtige Politik
oder über Kant's kategorischen Imperativ „schä-
kerten". Aber wir werden noch lange nicht losgelassen. Die Nudelbauern-Toni hat den Schmalzbauern-Hans anfangs gar nicht erhören wollen,
weil sie „gar so stolz" gewesen ist; aber der
Schmalzbauern-Hans hat nicht nachgelassen und
hat endlich auch die Nudelbauern-Toni erweicht,
und nächstens ist wirklich die Hochzeit, und die
Nudelbauern-Toni kann sich schon freuen, denn
der Schmalzbauer, des Buabn Vater, ist der reichste
Bauer auf zehn Meilen in der Runde und — —
und so weiter! Man glaubt eine schwatzselige alte
Schachtel zu hören, der das Mundwerk wie eine
Kaffeemühle surrt! Rrrrr — ein anderes Bild!
Man sieht das Porträt einer schönen Nonne, die
mit träumendem Auge aufwärts blickt. Sie veranlasst ihren Beschreiber zu folgender Meditation:
„Die Welt ist ihr verhasst geworden, sie hat sich
gesehnt nach Ruhe im Kloster. Hat sie gefunden,
was sie gesucht, hat sie ausgerungen, liegt das
Menschliche tief unter ihr, wie die Erde unter den
Sternen, das Geräusch der Welt unter der nie
unterbrochenen Stille des ewigen Schnees! — Wer
weiss es!" — Ja, wer mag das wohl wissen? Der
Beschreiber weiss es auch nicht; aber er hat doch
vorläufig einmal über die Nonne geschrieben, und
die lieben Leser finden doch etwas, wenn sie nach-
blättern. Aber dieser Beschreiber hat seinen Beruf
verfehlt! Er weiss es nicht; aber das von ihm

und seinen Kollegen verwöhnte Publikum will
wissen, was hinter der Geschichte steckt. Er hätte
klüger gethan, eine Geschichte zu erzählen, etwa
so: „Sie hat einmal einen wunderwunderschönen
Jüngling geliebt; aber ihr Papa hat's nicht haben
wollen von wegen Schulden. Sie haben sich nicht
gekriegt, und sie hat den Schleier genommen. Der
Leser sieht sie in dem Augenblick, da sie an den
schneidigen Schnurrbart des Entfernten denkt
u. s. w." Ich könnte einen ganzen Band von der
Stärke des vorliegenden mit Beispielen anfüllen:
indessen — sapienti sat! Ganze gewaltige Folio-
seiten in diesen Unterhaltungsjournalen sind tant
de bruit pour une omelette. Und das Publikum
sieht mit Behagen zu, wie man ihm die vielen
schönen Illustrationen, diese Zuckerkuchen für artige Abonnenten bis ins ausführlichste vorkäut,
damit nur ja der geistige Magen des Säuglings vor
jeder Saftabsonderung bewahrt bleibe. Wie oft habe
ich beobachtet, dass man begierig über die Bilder
einer Zeitschrift herfiel und dann, ehe man sich
auch nur im geringsten die Mühe selbständigen
Eindringens in das xylographische Mysterium genommen hatte, eifrigst nachblätterte mit der Bemerkung frei nach Heiberg's Mile Kuhlmann: „Da
steht hinten gewiss 'was über!" Es ist natürlich,
dass derartige Zeitschriften wenig oder gar keinen
Raum für solche Lumpereien wie Gedichte haben.
Wenn einmal ein solches erscheint, so bekommt es
meistens ein heimliches Plätzchen ganz unten in
der Ecke, als wäre es in Ermangelung einer Schluss-
vignette dort hingesetzt. „Das Publikum will keine
Gedichte." Natürlich will ein so behandeltes
Publikum keine Gedichte. Gute Gedichte erfordern
ganz besonders ernste, der Sammlung fähige Leser.
„Aber was heisst Sammlung?! Zerstreuung wollen
wir ja bieten!" ruft unisono der Chor der Journale.
Gedichte sind unmodern. Einige „vornehme" Re-
vuen schliessen sie ganz aus. Da wandeln jahraus

jahrein in erhabener Gleichmässigkeit die Prosa-
zeilen einher, und nie tritt ein rhythmisch hüpfen-
der Versfuss entweihend in der Prosa stilles Heiligtum. Indessen — wenigstens bringen diese
„Vornehmen" kein Rätselpotpourri und keine Bilder-
beschreibungen. Wenn gleichwohl die Geschmacks-
verpäppelung und -verzettelung auf der einen und
die ostensive Geringschätzung der rein poetischen
Muse auf der andern Seite noch eine zeitlang fort-
blüht, so darf man sich nicht wundern, dass die
Empfänglichkeit der Lesewelt für alle ins Ernste
und Grosse gehenden Litteraturerzeugnisse von der
einen wie von der anderen Seite eine stärker und
stärker werdende Verminderung erfährt.

Die moderne Litteraturspaltung und Zola.

„Das grösste Unglück auf der Welt sind die falschen Alternativen" — so ungefähr sagt Vischer an einer Stelle seines Faust-Kommentars. In der That, wieviel Unheil wird in unklaren Köpfen angerichtet durch falsch verstandene Begriffe, die irgend ein „streng scheidender" Superklug mit impertinenter Dreistigkeit in kontradiktorischer Form einander gegenüberstellt und die gerade durch solche Gegenüberstellung erst bis zur heillosesten Verwirrung verschroben und verwischt werden! Diese falschen Alternativen bilden denn auch ein starkes und weites Fangnetz für blödsichtige Gimpel, und es gehört, namentlich auf politischem Gebiet, z. B. bei Gelegenheit der Wahlen, zu den ergötzlichsten Schauspielen, die Tageblätter in ihren „kernigen" Antithesen, welche die verschiedenen Parteiprogramme einander gegenüberstellen, reden zu hören. Hui, wie schnell so ein fingerfixer Redakteur mit dem Satz vom ausgeschlossenen Dritten zur Hand ist! Führt ihm doch in der Regel sein Handwerkszeug täglich das herrlichste Beispiel von Kontradiktion vor Augen: Kleistertopf oder Schere — tertium non datur! Das ausgeschlossene Dritte ist der zu honorierende Federkiel des Schriftstellers.

Die Alternative vom Idealismus und Realismus in der Litteratur ist ein wahres Musterbeispiel falscher Gegenüberstellung; das hindert aber selbstverständlich nicht, dass sie mit staunenswürdiger Hartnäckigkeit bei jeder Gelegenheit von Unterdemstrich-Ästhetikern wieder aufgewärmt und von

11*

naiven Lesern gläubig verdaut wird mit behaglicher
Freude darüber, nunmehr beide Litteratur-„Rich-
tungen“, in ein strammes „Entweder — oder“ zu-
sammengezogen, in klarster Klarheit überblicken
und mit einer mühelosen Handbewegung in den
Bildungssack praktizieren zu können. Ein Teil von
dieser Irrung ist freilich nicht Menschenschuld:
unsere Vorstellungen und Begriffe sind mit dem
Schleier der seelischen Individualität verhangen,
und mag dieser auch bald mehr, bald weniger
dicht sein, immer verhindert er doch, dass unser
Seeleninhalt in dem reinen, fleckenlosen Lichte der
logischen Begriffe leuchte, und wenn schon der
einzelne Begriff in den verschiedenen Menschen
allen psychischen Schwankungen und Nuancierungen
der Individualität ausgesetzt ist, so kann es nicht
Wunder nehmen, dass auch die Vergleichung
von Begriffen hin und wieder ihren Schwerpunkt
verrückt und auf ein erfolgloses Spiel mit Worten
hinausläuft.

Ein Spiel mit Worten ist es, wenn man sagt,
dass sich in der modernen Litteratur Idealismus
und Realismus gegenüber ständen. Wohl muss
jeder halbwegs Kundige erkennen, dass sich gegenwärtig in Wirklichkeit eine strenge Scheidung
vollzieht und dass ein harter Strauss ausgefochten
wird zwischen der alternden und der heranwachsenden Schriftstellergeneration. Aber das Feldgeschrei ist ein völlig sinnloses und muss den un-
beteiligten Zuschauer verwirren, abgesehen davon,
dass es nicht selten den Kämpfern selbst schon
vorher die Köpfe verdreht hat. Die Gerechtigkeit
erheischt freilich zu bemerken, dass dieser sonder-
bare Schlachtruf vielmehr von den sogenannten
„Idealisten“ als von den „Realisten“ gebraucht
wird, und dass bei letzteren eine weit richtigere
Erkenntnis des Streitpunktes vorwaltet als bei den
ersteren. Oft aber treibt auch der Kobold des un-
logischen Widerspruchs auf beiden Seiten sein bos-

haftes Spiel, und dann erleben wir ein Duell à la
Boulanger und Lareinty, nur mit dem Unterschiede,
dass sich die Duellanten nicht nachträglich die
Hände zur Versöhnung reichen, sondern immer
wieder von neuem anlegen und Löcher in die Luft
schiessen.

Karl Bleibtreu hat den prächtigen Einfall gehabt, den Spiess umzudrehen und die Vertreter
des Entrüstungsidealismus als solche zu bezeichnen,
die nicht selten, z. B. durch ihre litterarische
Bücherspekulation, den plattesten praktischen Realismus kultivieren, dagegen in den blindwütigen
„Realisten" die Repräsentanten eines übersprudeln-
den Idealismus zu finden. Wenn es mir gelingt,
in dem Folgenden die litterarische Streitfrage annähernd zu klären, so wird diese Umstellung als
völlig gerechtfertigt dastehen, und eben dadurch
wird zugleich erwiesen sein, wie konfus jenes oben
erwähnte Feldgeschrei die eigentliche Sachlage
kennzeichnet oder vielmehr nicht kennzeichnet.

Es ist durchaus begründet, das moralische wie
das intellektuelle Streben nach Besserung der Welt
als Idealismus, die blöde und stumpfe Genügsamkeit
mit den bestehenden äusseren und inneren Lebens-
umständen dagegen als Realismus zu bezeichnen.
Hier darf man von einem klaren Gegensatze reden.
Im Sinne dieses Realismus aber giebt es keine
„realistische Kunst" und wird es niemals eine
solche geben. Wer geistig begabten und ehrlich
strebenden Männern die Verbreitung einer in
diesem Sinne realistischen Kunstanschauung in-
sinuiert, der sollte sich schleunigst hinter seinen
Schreibtisch verstecken und sich seiner denkfaulen
Leichtfertigkeit schämen. Eine contradictio in ad-
jecto dieser Art kann nur ihren Urheber blamieren.
Wer jemals in seinem Leben nur ein Viertel von
einem Kunstwerk verstanden hat, der weiss, dass
die Kunst sich so gut wie die Moral vom Blute
des Idealismus nährt. Ohne Idealismus giebt es

kein vierzeiliges Liebesliedchen von Wert. Die
Kunst ist der Idealismus in seiner reinsten
und komprimiertesten Form. Ich habe es
immer für eine wenigstens nutzlose Phrase gehalten,
dass die Kunst keinen Zweck habe, dass sie „ihren
Zweck in sich selbst trage". Welchem Menschen
durch diese Erklärung wohl klarer im Kopfe geworden ist! Wenn die Kunst so gar keinen Zweck
hat, woher leiten wir dann die Regeln und Gesetze
der Ästhetik ab? Aus dem uns angeborenen Schön-
heitsgefühl, höre ich sagen. Dann hat wohl, wie
mir scheint, die Kunst den Zweck, unser Schön-
heitsgefühl zu befriedigen? Und dieses Schönheits-
gefühl ist doch wohl ein anderes geworden im
Laufe der Zeiten von den Ornamentierungen der
prähistorischen Waffenfunde bis zu den Ornamenten
des Kölner Doms? Und womit hat diese Entwickelung unseres Schönheitsgefühls Schritt gehalten,
woraus resultiert sie? Doch wohl aus unserer gesamten geistigen Entwickelung? Also finden wir
doch wohl in unserem zeitweiligen gesamten Kultur-
stande eine Norm, der das Kunstwerk folgen muss,
einen Zweck, den es erfüllen muss? Gewiss!
Das ist eben der Zweck der Kunst: Der Inbegriff
aller hohen Geistesgüter zu sein, welche die
Menschheit errungen hat, und vermöge der Expansion des weiterstrebenden Künstleringeniums
hinzuweisen auf das, was an erstrebenswerten
Gütern noch in der blauen Ferne der Hoffnung
liegt. Die Kunst hat den Zweck, den Weisen das
Weiseste, den Guten das Beste und den Schönen
(d. h. den Schönen im Geiste) das Schönste zu
sein, indem sie als Pfadfinder dem ganzen menschlichen Kulturstreben mit den flüchtigen Sohlen der
genialen Vision voraufeilt und das bessere Reale
der Zukunft vorahnend vorbildet.

„Wirke Gutes, du nährst der Menschheit göttliche Pflanze;
Bilde Schönes, du streust Keime der göttlichen aus.

Darum ist die Kunst die Form und Leben

gewordene Leidenschaft, welche den Menschen zu
seinem Gotte treibt, darum ist sie der Idealismus,
der sich nirgends wahrer und glutvoller bezeugen
kann, als eben in dem echten Kunstwerk.
Die Wissenschaft wird vom Muss regiert;
in der Kunst und in der Moral bleibt dem Menschen
noch ein „Ich will“. Was wir als Wahrheit finden,
müssen wir als solche hinnehmen, einerlei, ob sie
uns fördert oder hemmt, ob sie mit unserem augen-
blicklichen Entwickelungsstreben übereinstimmt
oder es stört. In der Kunst und in der Sittlichkeit
steht es dem Menschen noch frei, mit den Armen
des Wollens und des Verlangens nach dem Himmel
zu greifen, und die Kunst greift am weitesten und
verlangt am heissesten. Wehe dem Menschen,
wenn das „Muss“ der Wahrheit seine erhobenen
Arme niederschlägt, wenn die Wissenschaft ihn
lehrt, dass sein „Ich will“ machtlos verhallt im
Weltganzen und dass kein Entrinnen aus der
Trübsal und Niedrigkeit des Erdendaseins ist.
Dann ist er beim Pessimismus angelangt, und der
Pessimismus hat keine Kunst, weil er keine Hoffnung hat. Kein Mensch mit gesunden Sinnen
würde in der Lotterie spielen, wenn er nicht hoffen
dürfte, zu gewinnen. Fr. Spielhagen bemerkte
einmal sehr richtig in einer Rezension von Hei-
bergs „Apotheker Heinrich“, dass der Pessimismus,
wenn er die Kunst beibehalten wolle, derselben
konsequenterweise Kontredampf geben und sie als
ein Mittel gebrauchen müsse, die Welt im abschreckenden Lichte zu zeigen — wenn ich auch
nicht habe einsehen können, wie das den Heiberg-
schen Roman treffen sollte. Siegt im „Apotheker
Heinrich“ etwa nicht das Gute, das Ideale, weil
Dora untergeht? Siegt es nicht in uns? Aber
hiervon später. Wenn der Pessimismus die Kunst
als ideale Trösterin im Weltleid auffasst, so mutet
das sehr komisch an. Trösten kann uns doch nur,
was eine triftig begründende Wirklichkeit hinter

sich hat, oder wenigstens eine solche glaubensvoll
vermuten lässt! Wenn aber die Realität des Seins
sich nie und nimmer Hoffnung machen darf, den
Illusionen des Kunstwerks auch nur um einen
Millimeter mit Erfolg nachschreiten zu können —
was ist dann die Kunst anders als ein Sammel-
surium kindischer Hirngespinnste? Welcher Künstler
würde den Mut finden, im ewigen Nichts nach
Stoffen zu suchen und für ein ewiges Nichts zu
schaffen? Die Kunst würde zur langweiligen Kaffee-
base werden, die der Menschheit einen Kondolenz-
besuch abstattet und den Schmerz derselben durch
alberne und haltlose Trostklatschereien nur noch
nachhaltiger aufwühlt. Die Hoffnung, dass seine
Visionen nicht immer und nicht ganz der realen
Fleischwerdung ermangeln werden, muss den
Künstler beseelen, wenn er schaffen soll. Und
wann findet er eine Gewähr, dass seine Hoffnung
keine trügerische ist? Wenn sein Werk gefällt,
d. h. wenn die Menschen über der Entscheidung
zwischen Gut und Böse, zwischen Schön und
Hässlich sich klar werden, dass das Gute, das
Schöne eben doch — das Bessere von beiden ist.

Je entschiedener der idealistische Wille des
Künstlers sich geltend macht, desto eifriger sucht
er nach einer adäquaten Versinnlichung seiner Gedanken, und das Geheimnis des technischen Talents
beruht auf der relativ schnellen Ausfindigmachung
der besten Veranschaulichungsmittel; es hängt also
innig mit dem rein geistigen Teile der künstlerischen Produktion zusammen. Die Poesie ist nun,
wie alle Kunst, Gedanken- oder Gefühlsmitteilung
durch überzeugende Anschauung. Das Überzeugendste sind aber immer Dinge oder thatsächliche
Geschehnisse. Longum iter est per praecepta,
breve et efficax per exempla. Das ist so wahr,
dass es beinahe wie ein Truismus klingt. Die
echte Poesie ist die am meisten sensualistische;
nirgends gilt mehr der Satz Lockes, dass nichts

im Geiste sei, was nicht zuvor in den Sinnen gewesen, als in der Poesie, wie in der Kunst überhaupt.   Die Poesie, welche am schnellsten und
eindringlichsten durch reale Gestaltung zu überzeugen und hinzureissen weiss, ist die am meisten
realistische.   Das Wort „Realismus" bezieht sich
also auf die Art der Mitteilung, auf die Form und
die Wahl des äusseren Stoffes, während die Bezeichnung „Idealismus" sich auf den Wert und
Gehalt des inneren, des psychologischen Stoffes
bezieht, so dass dieser erbarmungslos abgehetzte
Begriff — zur Beruhigung der allein seligen Patent-
Idealisten sei es gesagt — in seinem Besitzstande
völlig unangetastet bleibt.   Von einem Gegensatze
kann demnach nicht im entferntesten die Rede
sein; der Realismus ist ein integrierender Bestand-
teil des künstlerischen Idealismus.

Der nackte, sagen wir: rein philosophische
Idealismus ist verurteilt, im Netze der Abstraktion
hängen zu bleiben; wenn er dennoch ohne künstlerische Begabung versinnlichen will, so thut sich
ihm als einzige Zuflucht die Allegorie auf, die doch
nur den Schein der Poesie hat und in Wirklichkeit
keine Versinnlichung ist.   Der zweite Teil des
„Faust" steht nach dieser Seite hin als ewig war-
nendes Beispiel da.   Dem wahren Dichter gelingt
die Vermählung des Geistigen mit dem Sinnlichen.
Sein Schaffen ist ein leidenschaftlicher Zeugungs-
prozess, eine liebeglühende Empfängnis, eine leben-
und liebespendende Geburt.   In diesem Sinne verstehe ich das Wort Byrons von der Poesie als
Leidenschaft.   Eine Anzahl „Realisten" scheint
Bleibtreus richtige These, dass Poesie nur Leidenschaft sei, dahin zu verstehen, dass sie nur in dem
dithyrambischen Ausdruck wildbewegter Gefühle
ihr Genügen finden dürfe, dass der Dichter sich
durch jede Zeile als eine Art von Berserker doku-
mentieren müsse, der jede Stunde sechzigmal aus
der Haut fährt.   Das friedlichste idyllische Stim-

mungsbild hat an sich so gut litterarische Daseinsberechtigung wie der Vaterfluch des wahnsinnigen
Lear, wenn auch bei der Vergleichung meistens
ein erklecklicher Wertunterschied herausspringt.
Und wenn ein sanftes, friedliches Idyll mit origineller Stimmungswahrheit, mit sinnlich leuchtender
Farbe gemalt ist, so ist es viel mehr wert als eine
nur grossthuende Leidenschaftsfanfaronade. Solche
„Realisten" nehmen sich aus wie gemalte Posaunen-
engel mit ewig aufgeblasenen Backen; ihre Poesie
ist ein kochender Brei; überall dehnen sich mäch-
tige Blasen aus, und wenn sie platzen, sagt es
„Puff" und herausfliegt — Wind. Sie ahnen in
ihrer Unschuld nicht, dass der Dichter auch
denken soll, dass er, weil er das ganze Gebiet
der menschlichen Seelenregungen beherrschen und
versinnlichen soll, sich nicht auf das Teilgebiet der
Affekte allein beschränken kann, dass die Leidenschaft der Poesie eine formale Kraft, eine inbrüns-
tige Zuneigung zu dem behandelten Gegenstande
ist. Aus den ruhigsten Schilderungen Zolas atmet
mich der leidenschaftliche Eifer des arbeitenden
Dichtergeistes an. Und diese formale Leidenschaft,
diese Inbrunst des dichterischen Zeugungsaktes
bringt eben jene Werke hervor, die als gesunde,
kräftige Geisteskinder eines Dichters keck in die
Welt hinaustreten, im Gegensatz zu den dilettantischen Erzeugnissen des Schein-Idealismus, die,
um mit einem Shakespeareschen Vergleich zu reden,
im „dumpfigen, faulen, müden Ehebett" der zahmen
Konvenienz erzeugt und „zwischen Schlaf und
Wachen empfangen" sind.

Kein halbwegs vernünftiger Mensch wird nun
etwas dagegen einwenden können, dass man in der
Poesie, z. B. im Roman und im Drama, Gedanken
und Gefühle durch Thatsachen ausdrücke. Indessen
wenden die Idealisten à tout prix ein „aber" ein.
Die Realität der Poesie muss eine wohlthuende
sein. „Wir wollen eine Kunst, bei der uns wohl

wird" — d. h. sie wollen Bücher, bei denen Geist
und Herz nicht zu arg aus ihrem Faulheits-Opti-
mismus gerüttelt werden, und die man auf der
Chaiselongue oder in der Hängematte lesen kann,
ohne durch eine aufregende seelische Emotion zum
plötzlichen Aufschnellen gezwungen zu sein, oder
gar — horribile dictu! — durch Ekel in der Ver-
dauung gestört zu werden. Nicht, als ob diese
Leute nicht auch in Romanen, Dramen und Epen
das Böse dargestellt sehen wollten, oh — sie
können ein gewaltiges Stück satanischer Bosheit
vertragen, und sie würden um alles in der Welt
nicht das Gährungsferment der Intrigue in ihrer
Lektüre entbehren wollen. Aber die Aufnahme des
Bösen in die Dichtung ist von ihrer Seite mit gewissen Bedingungen verknüpft. Die erste und
wichtigste ist die, dass das Böse in der Poesie nie
und nirgend einen Zug von niederschmetternder
Allgemeingültigkeit annehme, dass der Leser sich
nicht gewissen Typen gegenüberfinde, die in herz-
erschütternder Weise ein Stück allgemeinmensch-
licher Lumpenhaftigkeit darstellen. Das ist unangenehm; das macht den tugendsicheren Spiessbürger
an sich selbst irre; bei solcher Kunst „wird ihm
nicht wohl". Nie darf die Kunst das Hässliche
betonen; deshalb — und dies ist die zweite Bedingung — soll auch der Dichter als Büttel der
„poetischen Gerechtigkeit" gleich mit der Rute
hinter den Bösewichtern her sein und sie am
Schlusse seines Werkes ohne Gnade „bluten lassen".
Dadurch wird dann der abscheuliche Eindruck des
Niederträchtigen und Schändlichen wohlthuend ab-
geschwächt, und dor zufriedene Leser sagt sich,
dass es doch noch recht hübsch in der Welt aus-
sieht, weil die Bösen immer prompt ihre Strafe
bekommen und die guten Leute belohnt werden
gleich jenem braven Lieschen, das nicht vom Rahm
genascht hatte und dafür von einem Engel leckere
Kuchen und schönes Spielzeug bekam.

Abgesehen davon, dass in der Wirklichkeit
keineswegs jedes Verbrechen seine äussere Sühne
findet, vielmehr das Sprichwort von den grossen
und den kleinen Dieben (um ein bestimmtes Beispiel zu nehmen) sich immer noch mit Glanz behauptet, ist die Forderung der von dem Dichter
zu bewerkstelligenden äusseren Sühne, auch wenn
sie sich auf den Anspruch einer rein ästhetischen
Berechtigung beschränkt, nichts mehr, als eine
philiströse Gerechtigkeitshuberei. Im praktischen
Leben ist die Beantwortung der Sünde mit einer
äusserlich fühlbaren Strafe unumgänglich notwendig,
obgleich kein Zweifel darüber besteht, dass der
moralische Wert dieser Strafe fast ausschliesslich
in ihrer abschreckenden Wirkung besteht und also
nach sittlichem Mass ein entschieden minimaler ist.
Das Ideale wäre aber doch, von der Sünde selbst,
und nicht bloss von den Folgen derselben abzu-
schrecken; wer das erstere vermag, hat den weitaus grösseren sittlichen Erfolg zu verzeichnen; wer
es versucht, legt einen ehrenderen Beweis von
seinem idealen Streben ab, als derjenige, welcher
sich mit der Verfolgung des letztgenannten Zweckes
begnügt. Wem gleichen nun jene Programm-Idea-
listen mit ihrer nachhinkenden poetischen Gerechtigkeit? Ohne Zweifel den Vertretern des blossen
Abschreckungsprinzips; denn die abschreckende
Wirkung der Sünde selbst lähmen sie grundsätzlich
durch die regelmässig eintretende Strafe, die den
Aufruhr der sittlichen Empörung im Leser auf
plumpe Weise beruhigt. Das dritte Wort der Vertreter dieser Methode ist immer die „sittliche
Weltordnung“. Wenn eine solche besteht — worin
könnte sie sich deutlicher und zwingender doku-
mentieren, als darin, dass die Sünde ewig Sünde
bleibt, dass sie niemals gut oder schön werden
kann und dass der Schuldige niemals die Freiheit
des Gewissens geniessen darf, deren sich der Un-
schuldige, der allein Glückliche, erfreut? Etwa in

der Thatsache, dass jeder Dieb ins Zuchthaus
kommt oder jeder Mörder an den Galgen? Wenn
der ironisierende Dichter einen Schurken reussieren
und am Schlusse seines Romans oder Dramas mit
seiner Beute laufen lässt — wer von den Lesern
ist so einfältig, den Entlaufenen für glücklich zu
halten und ihn zu beneiden?! Mag der Bösewicht
das weiteste Gewissen, oder meinetwegen gar keins
haben, er bleibt immer ein furchtbar Bestrafter;
denn ihm ist ewig das Glück versagt, gut zu sein.
Mein Blick fiel vor kurzem auf das Schillersche
Epigramm:

„Der Kunstgriff.

Wollt ihr zugleich den Kindern der Welt und den Frommen
gefallen?
Malet die Wollust — nur malet den Teufel dazu!"

Ich bin nun weit entfernt, allen Vertretern
des sogenannt idealistischen Kunstprinzips eine
solche doppelzüngige Absicht zu insinuieren, wie
sie in jenem Epigramm vorausgesetzt ist; aber im
ganzen läuft doch bei ihnen die Bethätigung des
dichterischen Ethos darauf hinaus, dass sie die
Sünde (vielleicht in ehrlichster Absicht) malen und
den Teufel dazusetzen, damit er die Sünder hole
und braten lasse. Zola und die echten Realisten
thun jedoch viel mehr: sie malen den Teufel nicht
erst nachträglich zu, sondern von vornherein in
der Sünde. Und zwar malt Zola den Teufel so
entsetzlich drohend in der Sünde, wie es vielleicht
noch keiner vor ihm fertig gebracht hat. Sein
grosses ethisches und ästhetisches Verdienst ist
eben, dass er die Sünde nicht mit wohlriechendem
Wasser übergiesst, sondern sie mit ihrem ganzen
Missdufte darstellt. Nana, Gervaise, Coupeau
und wer weiss sonst noch in Zolas Romanen
könnten unbeschadet der ethischen Kraft dieser
Werke ruhig nach dem Schluss derselben fort-
leben — ihr Schicksal würde uns sogar noch
grauenhafter erscheinen, als es so der Fall ist.

Das bischen äussere Vergeltung kann ein Zola ge-
ringschätzig übergehen: er weiss uns, wenn es ihm
gefällt, schon auf der ersten Seite eines Buches
ein Stück poetischer Gerechtigkeit von seiner Art
zu geben, dass uns die Haut schaudert. Übrigens
lässt er auch nicht selten äussere poetische Gerechtigkeit walten, und dann können sich manche
Romanciers ein Muster an ihm nehmen. Während
seine Menschen sündigen, holt sie der Teufel Stück
für Stück, so z. B. im „Assommoir". Die Übergangsformen von der Schuld zur Katastrophe sind
hier so ausserordentlich fein in der graduellen
Steigerung, so regelmässig und ununterbrochen
rollt die Kette des Verderbens ab, dass es schwer
fällt zu unterscheiden, wo die Sünde aufhört und
die Strafe anfängt. Nie hat ein Schriftsteller
strengere poetische Gerechtigkeit geübt, als Zola;
denn nie hat einer die Sünde unerbittlicher und
beharrlicher als Sünde gekennzeichnet. Er ruft
freilich nicht jeden Augenblick aus: „Lieber Leser,
wie schlecht ist doch dieser Mensch, den ich dir
hier schildere!" — er malt und — schweigt. Aber
er malt so eindringlich, malt mit einem so tragischen Schweigen, dass der Kontrast von Gut und
Böse mit schneidender Schärfe durch unsere Brust
fährt. Er erspart sich jede moralisch-positive Sentenz; er fühlt eine eherne Sicherheit, dass wir,
wenn er uns das Verbrechen malt, das Gegenteil
als das Gute erkennen. So ist seine Methode die
Ironie, nicht die kleinlich-spöttelnde Nörgelei,
sondern die ernste und erhabene Ironie des Sohnes
der Phaenarete. Zolas Romane sind ein neuzeit-
liches Handbuch der Moral nach der Methode der
eigentlichsten Sokratik.
    Eine derartige Poesie muss notwendig mit den
landläufigen Schönheitsgesetzen kollidieren. „Die
Kunst soll das Schöne gestalten", wiederholt immer
und ewig der gebildete Spiessbürger im drolligsten
Widerspruch mit seiner sonstigen Anschauungs-

weise, die alles wirklich Ungewöhnliche und ernst-
haft Idealische als „sentimentale Utopien" betrachtet. Ich bin der Ansicht, dass der Poesie das
Recht, in gewissen Werken grundsätzlich und plan-
mässig das Hässliche zu betonen, nicht abgesprochen
werden darf, wenn sie dabei den grossen, echt
idealen Zweck verfolgt, der Schönheit eine negative Huldigung darzubringen. Es ist wahr, dass
Zola vor keiner moralischen Schmutzlache zurück-
schrickt; aber den tiefsten Tiefen der von ihm geschilderten sittlichen Verkommenheit entsprechen
in seiner Tendenz die höchsten Höhen sittlicher
Gedanken. Es gehört zu den grössten Selten-
heiten, dass Zola sich zu einem subjektiven Ent-
rüstungszeichen hinreissen lässt, wie am Schlusse
von „Le ventre de Paris", wo er ausruft: „Was für
Schurken sind doch diese ehrlichen Leute!" Ja,
fast bedauert man bei ihm eine solche persönliche
Einmischung; die ehrlichen Leute zeigen sich durch
ihre Handlungen so deutlich als abgefeimte Schurken, dass wir keines Hinweises darauf bedürfen.
Ohne Zweifel verrichtet aber derjenige ein grosses
Werk im Dienste der Schönheit (es handelt sich
hier ja, wie fast überall in der Poesie, in erster
Linie um die Schönheit des Sittlichen), der die
Menschheit so schweigend ernst, so unheimlich
mahnend auf das Hässliche hinweist, dass sie ein
unsagbarer Schauder zwingt, ihr Haupt zu verhüllen
und sich abzuwenden.

Bei dieser Gelegenheit möge noch ein Wort
über den Naturalismus gesagt werden. Es geht
mit diesem Worte wie mit so vielen andern: es
wird als Schlagwort hin- und hergegeben, bald in
diesem, bald in jenem Sinne gebraucht, und meistens
wissen es der liebe Gott und der betreffende
Schriftsteller allein, wie es gerade zu verstehen ist;
zuweilen wissen es auch diese nicht einmal. Und
doch hängt natürlich die Wertschätzung des Prinzips
von seiner richtigen Auffassung ab. Nur wer da-

hingehend argumentiert, dass alles Natürliche wahr
sei und eben deshalb, ob schön oder hässlich, ein
Recht habe, soweit es das künstlerische Interesse
fordert, in der Kunst herangezogen zu werden, darf
Anspruch auf Zustimmung erheben. Wer aber aus
der Wahrheit des Natürlichen folgert, dass es der
allein berechtigte und immer und überall berechtigte Inhalt des Kunstwerks sei, der irrt gewaltig. Von keinem Standpunkt aus ist dieses
Prinzip zu verteidigen. Jedermann, ob Dualist
oder Monist, ob in letzterem Falle Spiritualist oder
Materialist, muss doch unweigerlich in dem, was
wir Geist nennen, die Spitze alles Bestehenden
finden, und wenn selbst der Geist nichts wäre, als
eine Funktion der Materie, so ist er doch eben die
vornehmste und stärkste Funktion derselben. Da
nun aber keine der hier genannten Weltanschau-
ungen die Entwicklungsfähigkeit des Menschen
leugnen kann (der Materialismus z. B. sich vielmehr
auf eine ausgedehnte Entwickelungsvergangenheit
der gesamten Natur stützen muss), so ist doch keine
Frage, dass der Menschengeist, als die an der Spitze
marschierende Potenz oder Funktion, in das Unbekannte hinausstreben muss und nicht in schon er-
ledigten Entwickelungsstadien oder in dem gegenwärtigen Stadium des Weltganzen sein un-
verrückbares Ideal finden kann. Ist das, was uns
als Natur umgiebt, nicht selbst allen Gesetzen
unterworfen, denen wir folgen? Ist diese ausser-
menschliche Schöpfung, deren Herren wir sind, ein
besseres Stück Endlichkeit als wir? Und sollten
wir uns erniedrigen, dasjenige in der Kunst mit
unserem Geiste anzubeten, was Alles zusammengenommen in Wirklichkeit nicht so viel wert ist
wie unser Geist? Das Hässliche in der bestehenden
Welt soll uns abschrecken und uns niederdrücken,
damit wir uns danach um so kräftiger erheben;
das Schöne, das schon jetzt in der Welt sich findet,
soll uns erfreuen — beide aber sollen uns erheben

und begeistern zur Gestaltung einer neuen Welt,
und ein künstlerisches Streben, das sich auf Erfassung und Darstellung des Bestehenden beschränkt, ist eben kein Streben, sondern knech-
tisches Beharren. Ein Mensch, dessen höchster
Kultus die „Natur" ist, erinnert mich immer an
einen König, der joci causa seinem Stallknecht die
Stiefel putzt, oder an jenen Narren in Raimunds
„Verschwender", der beim Anblick eines alten,
schmutzigen und hässlichen Bettelweibes ausruft:
„O wunderschöne nature!" Es giebt thatsächlich
„Naturalisten" und „Naturfreunde", denen ein
Schweinestall so angenehm duftet wie ein Rosen-
beet (sie haben nur Nerven für das „Natürliche",
und beides ist ja gleich „natürlich"), die in einem
Stuhlgang einen erhabenen Naturaktus verehren
und entzückt sind, wenn ein vorüberfliegender
Vogel sie mit dem Geschenk beehrt, das einst dem
frommen Tobias so verhängnisvoll wurde.

Die Berechtigung des Hässlichkeits-Naturalis-
mus beschränkt sich also darauf, dass dem Natürlich-
Hässlichen absolute poetische Salonfähigkeit zuge-
sprochen wird, sobald und solange es im Dienste
der Idee steht. Auch die hässlichste Situation,
auch der widerwärtigste Gegenstand wird poetisch
geadelt durch den leidenschaftlichen Idealismus des
wahren Dichters. Und nur in diesem Sinne ist
auch Zola ein Naturalist; denn er berührt wenigstens keine hässliche Materie ohne Hinblick auf
seinen grossen Zweck. Ein anderes ist es, ob der
Dichter in technischer Hinsicht von jener Erlaubnis
in richtigem Masse Gebrauch macht. Ich will nicht
entscheiden, ob es eine natürliche Beschränkung
seines Talents, oder ob es die Ansicht ist, das moderne Menschengeschlecht könne nur durch den
Stachel der schärfsten Ironie zum Besseren angeregt
werden, was Zola dazu veranlasst, in fast allen
seinen Romanen das Hässliche im Stoffe zu
betonen. Thatsache ist ja, dass er es thut. Ich

mache ihm aus dieser Betonung des Hässlichen
keinen Vorwurf, halte sie vielmehr für durchaus
berechtigt. Aber der Dichter hat überall nur die
Aufgabe, im Charakteristischen der Dinge und
Menschen nach Vollständigkeit zu streben, nicht
aber in der Angabe der Merkmale eines toten
oder lebendigen Wesens überhaupt. Dass er zu
den notwendigen Merkmalen eines Gegenstandes so
oft noch eine Unsumme von zufälligen Merkmalen
hinzuthut: das ist Zolas Schwäche. Es ist entweder
eine sehr dumme oder eine sehr infame Insinuation,
zu behaupten, dass Zola sich mit Behagen im
Schmutz wälze, als sei ihm das Hässliche moralisch
sympathisch, dass er mit Behagen bei der Schilderung anstössiger Situationen verweile. Seine Schil-
derungslust ist in dieser Hinsicht völlig indifferent;
gerade bei den harmlosesten Dingen verweilt er
oft am längsten. Wir Menschen üben die Thätigkeit gern, die wir am meisten beherrschen. Von
dieser Schwäche sind wohl auch grosse Geister
nicht immer frei. Wenigstens macht es auf mich
den Eindruck, als ob Zola in gewissen Augenblicken ein zu starkes Gefühl von seinem Schilderungstalent beseelt, dass er sich oft mit der behag-
lichen Sicherheit eines unfehlbaren Virtuosen ins
Übermass verliert. Da muss es ihm dann ergehen
wie allen, die sich nicht genug thun zu können
glauben: er thut zu viel. Oder ist es nicht zu weit
gegangen, wenn wir auf dem riesigen Pariser
Lebensmittelmarkt mit keinem einzigen Gemüse,
mit keinem Fisch-Arom, mit keinem der verschiedensten Käse - Odeurs verschont werden? Die
Schilderung der Hallen in „Le ventre de Paris",
so grossartig sie in manchen Teilen wirkt, ist im
ganzen genommen von einer geradezu ungeheuer-
lichen Breite und fordert die ganze Geduld des
gutwilligen Lesers heraus, der mit einem Achtel
der aufgewandten Schilderungsmittel vollauf zufrieden gewesen wäre. In Hinsicht auf diese

Schwäche Zolas mag Gerhard v. Amyntor ihn wohl
mit Recht einen Pedanten genannt haben, und
wenn sein Behagen am Ausführlichen auch nicht
aus pedantischen Rücksichten resultiert — der Eindruck ist und bleibt der eines ängstlichen und
kleinlichen Pedantismus. Man ersieht daraus, dass
die Darstellung des Natürlich-Wahren nicht nur
aus ideellen, sondern auch aus technischen Rücksichten gewisse Schranken zu respektieren hat,
deren Überschreitung nun und nimmer im Interesse
der Kunst liegen kann.

Karl Bleibtreu, der, soweit ich die gegenwärtige Litteraturbewegung überblicke, ohne Zweifel
die Ziele des Realismus (wenn auch nicht in seiner
„Revolution der Litteratur") am klarsten präzisiert
hat und überhaupt von den Jüngern am besten
weiss, was er will, sagt in der Vorrede zu „Schlechte
Gesellschaft":

> „Gerade durch den Gegensatz höchster Sentimentalität
> zu der völlig ungeschminkt dargestellten Rohheit des realen
> Lebens kann jener unheimliche Eindruck künstlerisch er-
> zeugt werden, den das Wesen(?) des Menschen bei jedem
> denkenden Beobachter wachruft."

Es ist in meinen Augen charakteristisch für
den deutschen Geist überhaupt, dass ein deutscher
Dichter diese Formel fand und aufstellte, dass ein
Deutscher, soweit ich erinnere, wenigstens auf
theoretisch-ästhetischem Gebiet der Erste war, der
neben die negative tragische Satire des Zolaismus
ein starkes positives Element zu stellen beab-
sichtigte. Ich habe schon bemerkt, dass Zola in fast
allen seinen Romanen stofflich das Hässliche betont,
und es will mir am wahrscheinlichsten dünken,
dass Zola diese Bahn wandelt, weil er einen entschiedenen poetischen Negativismus für am meisten
zeitgemäss hält. Ich kann mich nicht wohl ent-
schliessen, Zolas Talent für einseitig beschränkt,
noch ihn selbst für einen grundsätzlichen Pessimisten zu halten.*) Ein grosser, leidenschaftlicher,

---

*) Man vergleiche Zola's Vorrede zum „Assommoir."

aber — grimmiger und darum in seinen Äusserungen durchweg ironisierender Idealismus ist Zolas
Charakteristikum. Ich erinnere mich recht gut
solcher Gestalten aus seinen Romanen, die eine
positiv-idealistische Tendenz repräsentieren, wie
Sylvestre und Miette, Albine, Madame Goujet,
Josserand, Denise, die hausmütterliche Kleine im
„Assommoir" u. a. m., aber der Eindruck, den diese
Gestalten hinterlassen, wird völlig erstickt von der
ungeheuren Sintflut des Lasters, die aus allen Ecken
und Winkeln hervorbricht. Zolas Romane sind
wahr als treue Spiegelbilder von Menschen, aber
nicht als ein Gesamtspiegelbild der Menschheit
überhaupt. So elend herabgekommen, so von Grund
aus verworfen, so stinkend sündhaft, so rettungslos
verlumpt, wie Zola sie schildert, können Menschen
sein, sind unzählig viele Menschen wirklich, und
dass sie so sind und sein können, das ist
haarsträubend entsetzlich, das ist unsäglich jammer-
voll. Wenn aber die Welt voll wäre von den
Coupeau und Lantier, den Felicitas und Nana, den
Serge und Octave, den Onkel Macquart und wer
weiss sonst noch, wenn es im Wesen des Menschen läge, dass wir Alle früher oder später zu
gleichen Staubfressern werden müssten, oder wenn
der Nana, der Marquis Chouans und ähnlicher Ge-
schöpfe so überwältigend viele wären, dass das
Gute gegen sie einen ewig nutzlosen Kampf kämpfen
müsste, dann — ja dann läge darin der sicherste
Beweis für das Nichtsein eines Gottes; denn einen
Erdball mit solchen Lebewesen würde ein Gott
längst zertreten haben, weil er den Gestank nicht
ertragen hätte; wenn aber dennoch ein Gott wäre,
so würde eine derartige Menschenkreatur im vollsten
Rechte sein, wenn sie in einem ideal erleuchteten
Augenblicke den Gott verfluchte, der sie erschaffen.
Nein, auch Charakterstärke, auch Seelengrösse, auch
treue, aufopfernde Liebe leuchtet mit ewiger Flamme
in der Menschenbrust, und die einzig berechtigte

Weltanschauung ist der Optimismus, ein Optimismus, den sich der denkende und fühlende Mensch, der das Auge vor keiner Realität verschliesst, mit saurer Mühe, aber sicher erkämpft. „Und doch ist Gott!" ruft Nathan, nachdem ihm die Christen sein Weib und sieben Söhne ermordet. „Und doch ist das Gute stark im Menschenherzen!" habe ich mir sagen müssen, nachdem ich Zola gelesen. Übrigens würde eine einzige ideale Gestalt in dem Werke eines pessimistischen Realisten, wenn sie der Wirklichkeit entspräche, sofort seine Anschauung Lügen strafen; denn wenn es noch edel angelegte Naturen giebt, so kann die sündenknechtische Erbärmlichkeit nicht im Wesen des Menschen liegen. Das ist logisch so klar, dass es ein Baby begreifen kann. Und wenn die Poesie auch keine Logik ist, so darf sie die letztere doch nicht ungestraft unter die Füsse treten.

Selbst auf die Gefahr hin, mich einer Wiederholung schuldig zu machen, muss ich nochmals darauf hinweisen, dass jedes echte Kunstwerk eine idealistische Tendenz hat, und dass es nur eine Frage der Methode, der Behandlung ist, ob diese ideale Tendenz in der Schluss-Bilanz des Werkes negativ oder positiv ausfällt. Ob der Dichter vorwiegend hässlichen oder vorwiegend schönen Stoff nimmt, um seine Idee an den Leser zu bringen, das hängt von der dichterischen Individualität, von der Laune des Poeten ab; sehr oft entscheidet auch — man sehe die elende Parlamentsvokabel einmal nicht misstrauisch an — die Opportunität. Zolas Romane sind im erhabensten Sinne opportun. Wenn denn aber ein starkes sittliches Schönheitsmoment in der Menschennatur vorhanden ist, warum sollte es nicht ebenso gut Anspruch auf stoffliche Betonung im Kunstwerk haben? Bei aller Bewunderung für Zola mache ihn niemand zum Papst der Zukunftslitteratur! Gerade der Realismus verbietet Einseitigkeit; denn auch

Einseitigkeit der Methode, wenn sie sich zum
ästhetischen Prinzip verhärtet, wird zur Unwahrheit.
Die unklaren „Realisten" mögen davor gewarnt
werden, sich in einen fanatischen Hässlichkeits-
kultus zu verbohren, und die klaren und fähigen
Realisten mögen ihren Feinden, den „Idealisten",
durch ihre Schöpfungen zeigen, dass sie das schöne
Wahre nicht geflissentlich umgehen. Eine ewige
Zola-Litteratur müsse nach menschlicher Voraus-
sicht in poetischen Pharisäismus ausarten, und die
Menschheit würde sich mit Recht von ihr abwenden.
Nicht nur niederzudrücken, auch aufzurichten, ist
der Dichter da, und es ist der köstlichste Vorzug des Genies, dass es positive Gedanken zu
Tage fördern und durch ihre Kraft die gedemütigte
Menschheit wieder erheben kann. Wenn das dichterische Genie, der Moses der pilgernden Menschheit, jenen Beruf einmal endgültig vergässe —
dann erst wäre die Menschheit wirklich verloren.
Die Notwendigkeit eines stark affirmativen Elements
in der zukünftigen Dichtung scheint auch Bleibtreu eingesehen zu haben, als er den oben zitierten
Satz und seine „Schlechte Gesellschaft" schrieb.
Nur — warum spricht er von „höchster Sentimentalität" und nicht von „höchster Idealität"? Auf
die „Schlechte Gesellschaft" passt der Ausdruck
freilich sehr gut; denn es ist wirklich ein „Werther-
Buch"; es ist sentimental, weil sein idealer Gehalt
in vorwiegend sentenziöser Form (unter anderm in
einer Reihe von lyrischen Gedichten) auftritt. Die
Sentimentalität handelt nicht, und in jenem Buche
beschränkt sich thatsächlich der ideale Wert der
Helden auf eine gewisse passive und resignierte
Grösse. Ich glaube auch nicht, dass Bleibtreu die
Sentimentalität als ständiges Requisit und als unter
allen Umständen vollgültiges Correlat gegenüber
der Hässlichkeitsrealität im Prinzip gelten lassen
würde. Denn warum sollte das Schöne im Kunstwerk nur die Form der Sentenz, nicht aber die

Realität durch Handlung beanspruchen dürfen?
Was dem einen recht ist, ist dem andern billig.
Wollt ihr überzeugende Wahrheit des Hässlichen,
so gestaltet auch das Schöne in überzeugender und
lebendiger Wahrhaftigkeit! Die Forderung des
Realismus gilt für beide Elemente des Kunstwerks,
und ein Beharren in abstrakter Form von Seiten
des dichterischen Idealismus würde nichts weniger
sein als ein Zeichen von realistischer Schöpferkraft.
Hier mag noch flüchtig die Frage von der poetischen Wahrscheinlichkeit berührt werden. Das
Hässliche erscheint der Menge meistens wahrschein-
licher, als das Schöne, einesteils, weil ersteres an
sich immer auffälliger auftritt, als das letztere,
andernteils auch, weil die Menschen, namentlich
unter dem Einfluss momentaner parteiischer Beein-
flussung, nicht selten geneigt sind, an anderen
eher das Hässliche zu finden, als das Schöne.
Dazu kommt, dass in gewissen Zeitläuften und
unter gewissen Verhältnissen das erstere das letztere
wirklich um ein Bedeutendes überwiegen kann.
Darum wird so leicht gegen die idealen Gestalten
einer Dichtung der Vorwurf erhoben, dass sie allenfalls wahrscheinlich, aber nicht wahr seien wie die
Repräsentanten des Bösen in der Dichtung. Man
hat bei Gelegenheit mit Nachdruck darauf hingewiesen, dass das wirkliche Leben sich nie und
nirgends in dem gedrungenen kausalen Zusammenhange eines Romans, eines Dramas abspiele, dass
es vielmehr, wenn man es völlig treu kopieren
wolle, höchstens Stoff zu Idyllen abgebe. Jedermann muss dieser Behauptung im ganzen entschieden zustimmen; auch der am meisten aus Erfahrung schöpfende Dichter kann der helfenden
Phantasie nicht entraten, und Phantasie ist ab-
strahierende und determinierende Verstandesthätigkeit. Was also unter die Hände des Dichters
gerät, hört meistens nach seiner poetischen Verwertung auf, sachlich wahr zu sein und ist als-

dann nur noch sachlich wahrscheinlich. Ein
Romandichter braucht deshalb auch eine abge-
schlossene und abgerundete Handlung nicht gering
zu schätzen; sie bleibt logisch und poetisch
wahr, wenn er nirgends einen Kausalnexus verschoben hat. Und so findet auch bei den bösen
wie bei den guten Charakteren einer Dichtung fast
ausnahmslos eine Zusammenschiebung einzelner
Züge zu einem Wahrscheinlichkeitsbilde statt. Wenn
man denn durchaus misstrauisch sein will, so hat
man keine Ursache, es allein den edlen Personen
eines Dramas oder Romans gegenüber zu sein.
Zola wird auch nicht in Nanas Hause logiert und
Tag und Nacht gewacht haben, um jeden Vorgang
genau beobachten und seinen Lesern sachlich wahr
berichten zu können.

Nach allem glaube ich dargethan zu haben,
dass Idealismus und Realismus nichts weniger als
kontradiktorische Begriffe sind. Man lasse also die
blindwütige Prinzipienreiterei und prüfe die künftigen Erzeugnisse der deutschen Litteratur einfach
daraufhin, ob sie wirkliche Dichterwerke, d. h. idea-
listisch und realistisch sind. Und die jüngeren
und älteren begeisterten Vertreter des realistischen
Gestaltens können ihr ernstes Streben nicht einleuchtender beweisen, als indem sie auch nach
Verkörperung eines positiv-idealen Elements in
ihren Werken ringen. Die Welt, in der wir leben,
treffend zu kennzeichnen, ist etwas Grosses; aber
die Welt, nach der wir streben, in dauernden Gedanken und Gestalten zu befestigen, ist gewiss
nicht minder gross. Die erstere Arbeit ist von
Zola als bauendem König so gründlich in die Hand
genommen worden, dass nebenher an diesem Bau
nur noch die Kärrner zu thun haben. Aber Zola,
der grimmig-düstere Voltaire unseres sozial-revo-
lutionären Jahrhunderts, wartet auf seinen Rousseau, oder besser: er wartet auf einen Mann, der
beide Kräfte, die niederreissende und die auf-

bauende, in sich vereinigt und die Menschheit
durch strahlend helle Beleuchtung des Gegensatzes
von Gut und Böse in unserer Zeit zu einer
mannhaften Auferstehung emporrüttelt. Wann und
wo dieser Mann erstehen wird — wer weiss es?
Wenn er aus unserer Nation erwüchse, so würde
sie mit diesem Geiste der Welt vielleicht das
grösste Geschenk machen von allen, die ihr die
Welt überhaupt verdankt.

Die Geschlechtsliebe und ihre litterarische Bedeutung.

Das „hohe Lied der Liebe" hat es in unserer Litteratur auf eine ansehnliche Strophenzahl gebracht. Die Grossen und die Kleinen, die Genies und die Talentchen haben nach besten oder schlechtesten Kräften daran gesungen. Töne der ergreifendsten und gewaltigsten Leidenschaft, des innigsten und wahrsten Liebebehagens haben abgewechselt mit jammersüssen Gefühlssäuseleien, deren Skandierbarkeit der grösste Stolz ihrer „Schöpfer" war. Der auffrischende Wind, der gegenwärtig durch unser Schrifttum weht, rüttelt mit starken Stössen an den Papiertempeln Amors und der Venus. Wenn heutzutage ein poesiebegabter Jüngling frei nach Hamerling die schüchterne Frage stellt: „Ist's noch vergönnt, ein Liebeslied zu singen?" so tönt ihm schon von recht vielen Lippen die etwas dringende Mahnung entgegen: „Thu's lieber nicht!" Diese, namentlich von männlicher Seite erfolgende Reaktion ist in vielen Stücken berechtigt und natürlich. Selbstverständlich hat man bezüglich der Männerwelt keine Rücksicht auf das erschrecklich zunehmende Kontingent der gemütsverrohten Bierhäusler zu nehmen, die unter anderen Kennzeichen der Menschenwürde auch jede edlere und zartere Auffassung der Geschlechtsbeziehungen auf der Bierbank kleben lassen und die ohnehin „wegen der ernsten Aufgaben der Gegenwart" zum Lesen „keine Zeit" haben. Aber

auch die zum Urteilen berufenen Vertreter der
lesenden Männerwelt lehnen mit starker Vorein-
genommenheit die erotische Lyrik und noch entschiedener den Liebesroman ab. Es dürfte deshalb
an der Zeit sein, einmal zu erwägen, wie weit die
stoffliche und formale Bedeutung der Geschlechtsliebe für die Litteratur eigentlich reicht, und dabei
festzustellen, bis zu welchem Grade die ostensive
Auflehnung gegen die erotische Produktion eine
psychologisch und ästhetisch berechtigte ist.

Es sei mir gestattet, etwa nach der Methode
eines definierenden „Pandits“ zunächst die negative
Erklärung zu geben, dass die Liebe n i c h t auf dem
Verlangen nach n u r s e e l i s c h e m Besitz eines
menschlichen Wesens beruhe, kurzum: dass sie
nicht rein seelischer Natur sei. Diese Bemerkung
könnte sehr überflüssig erscheinen, wenn die Erfahrung nicht lehrte, dass gerade diese, allerdings
b e w u s s t einseitige Auffassung des geschlechtlichen Liebesverhältnisses die Richtschnur für die
Schöpfungen der meisten Lyriker und Romanciers
der Liebe abgiebt. Der moralischen Heuchelei
unserer ungemein sittlichen Gesellschaft entsprechen
jene Dichter, wenn sie die Gefühle ihrer eigenen
Brust oder diejenigen ihrer poetischen Gestalten,
soweit es die Liebe angeht, nur in erhabenen oder
seichten Platonismen ausströmen lassen, wenn bei
ihnen die Liebenden sich nur in seelischer Zuneigung begegnen und jeden anderen Wunsch bis
nach Schluss des Romans bescheidentlich in ihrer
Brust vergraben. Der Leser mag noch so bestimmt
die Überzeugung hegen, dass bei diesen oder jenen
Liebenden in diesem oder jenem Augenblick die
innigste Wechselwirkung zwischen Leib und Seele
stattfinden müsse; es hilft alles nichts: es bleibt
dabei, dass sich nur „die Seelen küssen“ und die
Leiber sich nach den Wünschen des sittenstrengen
Dichters unbarmherzig kasteien. Wenn schon die
höhere Mama in den Romanen, die ihre Tochter

liest, auch hin und wieder einen leibhaftigen Kuss
gestattet, so muss derselbe doch durch eine schick-
lich-ideale, oberflächliche Phrase angedeutet werden:
ein ernstes, künstlerisch notwendiges Eingehen auf
die sinnliche Bewegung des Individuums wird unter
keinen Umständen gestattet. Ich will keiner Por-
nographie das Wort reden. Aber lächerlich ist es
doch, dass das Goethe'sche Gretchen, das eine starke
Dosis natürlicher und schöner Sinnlichkeit zeigt,
allgemein als das auserlesene deutsche Jungfrauen-
ideal anerkannt wird und daneben eine so beschränkte Prüderie ihren Platz behauptet. Oder
atmet das Lied „Meine Ruh' ist hin" nicht eine
ebenso feurige als keusche Sehnsucht der Sinne?
Keusch ist diese Sinnlichkeit allerdings, trotzdem
Gretchen fällt! Der alte Vischer hatte recht, als
er sagte: Wenn alle Menschen wie Gretchen wären,
bedürfte man des äusserlich fesselnden Ehebandes
nicht. Aber es geht mit diesem Ideal wie mit anderen auch: die nachäffende Menge akzeptiert sie,
ohne sich klarzumachen, was sie damit anerkennt.
In jener bewusst einseitigen Behandlung der Geschlechtsliebe findet auch der Umstand seinen
Grund, dass die meisten Romane mit demjenigen
schliessen, womit sie beginnen sollten: mit der
Eheschliessung nämlich. Denn in einem Eheroman,
in dem die sinnliche Seite des Geschlechtsverhält-
nisses schlechterdings so gut wie nie zu umgehen
wäre, müsste der völlige Bankrott jener kindischen
Sittlichkeitsästhetik gar zu bald offenbar werden.
Ebenso erklärt sich der blümerante, süsshimmelnde
Stil der Liebeslitteratur. Jede Poesie muss zur
flunkernden Wortmacherei werden, wenn sie die
Wirklichkeit so dreist missachtet, dass sie ein
ganzes wesentliches Stück der Menschennatur aus
ihrem Vorstellungsschatze streicht oder doch bei
ihrem Hervorbringungen geflissentlich umgeht. Hier
unten auf der Erde, nicht droben im blauen Raume
erklingen wahre Naturtöne von Menschenlippen

und aus Menschenherzen. Man lässt es sich gefallen, dass ein Dichter das Haupt in den Wolken
trage; je höher er es trägt, desto besser; aber er
muss auch, wie das bei Shakespeare der Fall war,
mit beiden Füssen auf der Erde stehen, und auch
hier desto besser, je fester er steht. Es war wohl
natürlich, dass allgemach eine Reihe von Kritikern
und Lesern dazu kam, jedem Hervorbringer solcher
Seelendüfteleien mit Unwillen zuzurufen: „Geh' in
dein kaltes Bett und wärme dich — aber verlange
nicht, dass wir uns erwärmen!"

Andererseits kann es freilich für die Litteratur
ebenso wenig erspriesslich sein, wenn ein unklarer
oder übertriebener Naturalismus in der Liebe einen
blossen physischen Trieb, eine tierische Brunst oder
doch eine tyrannisch zwingende Leidenschaft erblickt, welcher das menschliche Wesen als Ganzes
macht- und willenlos unterworfen wäre. Die sonder-
bare sittliche Tendenz der Wildenbruch'schen Novelle „Der Astronom", dass ein (noch dazu gegen
den treusten und besten Bruder verübter) Ehebruch
so ein unvermeidlicher faux pas der sinnlichen
Menschennatur sei, ist s. Z. im „Magazin" genügend
verurteilt worden. Mag aber auch dieser Standpunkt an sich in der erotischen Litteratur noch
weniger haltbar sein als der der abgeblassten
Seelenliebelei, immerhin hat er gegenwärtig insofern ein Stück Berechtigung, als er eine energische
Reaktion gegen die unausstehliche Süssholzraspelei
gewisser überhandnehmender Modedichtungen darstellt.

Es dürfte bekannt sein, dass der berühmte
Psycholog M. Lazarus in seiner glänzend geschriebenen und mit staunenswertem Scharfsinn gedachten
Monographie über „Geist und Sprache" jener naiven
und landläufigen Auffassung entgegentritt, als wäre
die Sprache ein völlig selbständiges, von Anfang
an fertig dagewesenes Mittel des Gedankenaus-
drucks, ein gleichsam rein körperliches Mittel,

dessen sich der Geist in ebensolcher Selbständigkeit und Unabhängigkeit bediente. Wenn ich recht
erinnere, vergleicht er zur Beleuchtung dieser falschen Vorstellung den Sprachschatz eines Menschen
mit einer toten Klaviatur, auf welcher der Geist
mit freiem Finger spielen würde, nach Belieben
bald diese, bald jene Taste anschlagend. An
anderer Stelle des Buches fasst er diesen Irrtum
an der Wurzel, indem er, das gegenseitige Verhältnis von Leib und Seele überhaupt be-
leuchtend, eine Auffassung verwirft, welche den
Körper für ein blosses organisches Instrument mit
scharf abgegrenzter Wirkungssphäre, den Geist resp.
die Seele aber für eine blosse „theoretische Spiegel-
fläche" nimmt. Mit tausend feinen, mehr oder
minder deutlich erkennbaren Fäden reicht die Seele
in das organische Leben hinein, und umgekehrt ist
eine starke Beteiligung des Physischen bei ver-
meintlich rein psychischen Akten unverkennbar.
Mit dem Schilde dieser Lazarus'schen Aufschlüsse
decken wir uns, wenn wir die Definition wagen:
die Geschlechtsliebe ist einesteils das seelische und
leibliche Verlangen eines Menschen nach dem seelischen und leiblichen Besitze eines solchen vom
andern Geschlechte, andernteils das durch einen
thatsächlichen derartigen Besitz erweckte Lust-
gefühl. Wir bedürfen eines solchen Schutzes, weil
den rudimentären Begriffen der Menge, für die es
nur ein Nebeneinander, nicht aber ein Ineinander
von Seele und Körper giebt, jene Erklärung durchaus nichtssagend erscheinen muss. Denn auch dem
Menschen von simpelstem Verstande dürfte es
schliesslich zum Bewusstsein kommen, dass an
seiner Liebesneigung innere wie äussere Regungen
partizipieren. Er fühlt, dass er innerlich zu dem
geliebten Wesen in dem Verhältnis einer gewissen
Freundschaft steht. Er fühlt ferner, dass aus seinem
Organismus der Antrieb zur geschlechtlichen Ver-
mischung kommt. Er täuscht sich aber gewaltig,

wenn er die Liebe als einheitliches Gefühl für eine
blosse Addition jener beiden Summanden hält. Das
Charakteristische dieses Gefühls besteht eben darin,
dass in ihm eine so innige und vollkommene gegenseitige Durchdringung des Physischen und des
Psychischen stattfindet, wie sie vielleicht bei keiner
anderen Bethätigung des ganzen Menschen nachzuweisen wäre. Der sinnliche Liebesgenuss kulmi-
niert in dem erhabenen Bewusstsein, dass ich dieses
mir völlig ergebene Wesen auch mit der ganzen
Glut meiner Seele umfasse, und das freundschaft-
liche Zusammenleben mit diesem Wesen, das In-
einanderversinken der Seelen, das Miteinandergehen
bei jeder inneren Bewegung erhält erst dadurch
seine innige und entzückende Wärme, dass ich mich
auch der fleischlichen Gemeinschaft mit dem Geliebten bewusst bin. Ich hange diesem Menschen
mit umso heisserer Sinnlichkeit an, je tiefer meine
seelische Liebe zu ihm ist; ich neige ihm mein
Inneres umso williger zu, je höher er meine sinnliche Natur beglückt. Die Liebe gilt für ein Mysterium, das jeder Definition, jeder verstandes-
mässig analysierenden Darlegung spottet. Ich fühle
mich nicht veranlasst, dieser Auffassung durch pe-
dantische Zergliederung eigener oder fremder Gefühle zu widersprechen, umsoweniger, als dabei für
die Litteratur keine wesentlichen Aufschlüsse ab-
fallen könnten. Aber gestattet sei mir der Hinweis,
dass der geheimnisvolle Zauber, die Fülle und Abwechselung der unbeschreiblichen, unbestimmbaren
Stimmungen, kurzum: jener mystische Charakter
des Liebegefühls auf der weitgehenden und feinen
Durchäderung des sinnlichen Lebens mit seelischen,
des seelischen Lebens mit sinnlichen Momenten
beruhen oder (um ein noch deutlicheres Bild zu
wählen): dass er seinen Grund finden muss in der
unausgesetzt sich vollziehenden Osmose zwischen
den Fluiden des psychischen und des physischen
Lebens. Auch jenes plötzliche Ergriffenwerden und

Entflammtsein bei der ersten Annäherung des zu
liebenden Menschen, das man gemeinhin für das
wichtigste Zeichen einer echten Liebe nimmt, mag
zuweilen von dem Umstande herrühren, dass Leib
und Seele bei solcher Annäherung gleich stark in
Bewegung gesetzt werden und sich in ihren
Regungen gegenseitig unterstützen — zuweilen
sage ich; denn in den meisten Fällen eines solchen
plötzlichen Klarwerdens, dass der Betreffende „oder
keiner sonst auf Erden“ es sei, erscheint es mehr
als wahrscheinlich, dass nur ein plötzliches Auf-
wallen sinnlicher Neigung, nur ein sogenanntes
„Verlieben“ stattfindet. Nur bei ausserordentlichen
Menschen dürfte ein schnelles intuitives Erfassen
auch der inneren Vorzüge des anderen Menschen glaubhaft werden. Chriemhild mag beim
ersten Anblick des Königssohns von Xanten von
ganzer Leidenschaft durchglüht werden — Wagners
Sieglinde mag beim ersten Begegnen mit Siegmund
in heilig-gewaltigen Liebesschauern erstarren — ich
glaube, dass in den meisten Menschen der modernen
Wirklichkeit, je nachdem sie mehr geistige oder
mehr sinnliche Naturen sind, bald der psychische,
bald der physische Reiz beim Beginn der Liebe
das Ausschlaggebende sein wird und dass sinnliches und seelisches Begehren sich in der Regel
erst während längeren Verkehrs zum normalen
Gleichmass abstimmen. Die bekannte Romanfrage,
ob sich aus anfänglicher Abneigung eine schliess-
liche Zuneigung entwickeln könne, scheint sich mir
dahin zu erledigen, dass dies höchstens bei jenen
vorwiegend geistigen Naturen möglich sei, bei denen
sinnliche Interessen eine untergeordnete Rolle
spielen. Denn seelische Abneigung kann sich
durchaus in ihr Gegenteil verwandeln, und die anfangs indifferente Sinnlichkeit findet vielleicht
später gleichzeitig ihr Genügen. Sinnliche Abneigung aber ist von vornherein unüberwindlich.
Mithin ist die beliebte Verkehrung von Hass in

Liebe nur in einzelnen, halbwegs abnormen Fällen
glaubhaft; sie ist ein Problem, das man einem
Novellisten nicht eben verbieten kann; ihre scha-
blonenhafte Verallgemeinerung im Frauenroman
aber ist ein Unsinn, eine Sünde wider Natur und
Vernunft.

Zur Frage der litterarischen Bedeutung der
Geschlechtsliebe ist mit Recht bemerkt worden,
dass dieses Gefühl durchaus kein Anrecht darauf
habe, sich, wie es in der Moderne fast ausnahmslos
geschieht, überall im Vordergrunde breit zu machen,
dass es eine ganze Reihe von menschlichen Leidenschaften, Gefühlen und Trieben, wie den Patriotis-
mus, die Ruhmsucht, den Geiz, die Eifersucht u. a. m.
gebe, die ein wenigstens ebenso grosses, wenn nicht
grösseres Anrecht auf dichterische Verkörperung
hätten. Keiner hat diese These einleuchtender bewiesen als der Dichter des Lear, Othello, Macbeth,
Coriolan, Cäsar. Und ebenso richtig scheint es
auf den ersten Anblick, wenn Bleibtreu behauptet,
dass die Liebe an sich so wenig wie jedes andere egoistische Gefühl ein würdiges Sujet der
Dichtkunst sei. Indessen hat es mit dem egoistischen Gefühl der Liebe doch noch eine besondere
Bewandtnis. Die Erfahrung lehrt, dass zwar auch
die Ruhmsucht, der Geiz, die Eifersucht, der Er-
nährungstrieb, vulgo der Hunger, den ganzen Menschen in Anspruch nehmen, indem sie Leib und
Seele erfassen; aber hier geht die Anregung immer
nur von einer Seite aus und die andere befindet
sich in blosser Mitleidenschaft. Entweder ist es
die Seele, die durch starke Impulse auch das organische Leben steigert, oder es ist umgekehrt der
Körper, der durch die Gewalt der entfachten Be-
gierden den Willen thatkräftig, den Geist erfinde-
risch macht. Anders bei der Liebe. Da ergreifen
Körper und Seele aus eigenem Antrieb die Initia-
tive; der eine Teil harrt nicht der blossen Befruchtung durch den andern, beide kommen sich auf

halbem Wege entgegen, um ihre Regungen zu
einem neuen und einzigen Gefühle ganz zu ver-
schmelzen, und aus diesem Grunde ist die Liebe
das glücklichste aller egoistischen Gefühle. Zudem beruht sie auf berechtigten Wünschen.
Dass das Verlangen nach Befriedigung unserer
Sinnlichkeit moralisch durchaus unverwerflich ist,
bedarf keiner Erwähnung. Aber es giebt auch
einen berechtigten seelischen Egoismus, der die
Erfüllung der Grundbedingungen eines normalen
und glücklichen Innenlebens fordert, und diese
Forderung ist so selbstverständlich wie das Verlangen des Magens nach Brot. Wohin zielt aber
der Egoismus des Liebeverlangens? Theodor Storm
lässt eine seiner Novellengestalten das Wort
sprechen, dass die Liebe nichts anderes sei als die
Furcht vor dem Verlassensein. Dieses Wort ist
geistreich, sagt aber bei weitem nicht genug.
Allerdings: die Liebe paralysiert das niederdrückende
Bewusstsein von unserer gesellschaftlichen Isoliertheit. Sobald der Mensch den letzten Rest des
Kindheitsschlafes aus den Augen gewischt hat,
macht er eine Entdeckung, die seinem Egoismus
nicht eben schmeichelt. Er entdeckt wie jener
gelehrte Mann in der Stormschen Novelle, „dass
der Carabus den Maikäfer frisst", dass er nicht den
leisesten Anspruch auf ein freundliches Entgegenkommen von Seiten der Gesellschaft erheben darf
und dass die Menschheit im ganzen, mit Ausnahme
allenfalls einiger Nahestehenden, den Teufel danach
fragt, ob er da ist oder nicht. Das hätte er nicht
gedacht; er hätte geglaubt, mehr Eindruck zu
machen. Im Anblick der Gesellschaft überkommt
ihn das beklemmende Gefühl seiner sozialen Nich-
tigkeit; er ist „Luft" für seine Mitmenschen. Das
ist etwas anderes, als die grosse faustische Erkenntnis von der Beschränkung unseres Wissens
und Könnens; aber es ist eine für den Augenblick
deshalb nicht weniger schmerzliche Erkenntnis.

Erst das geschlechtlich geliebte Wesen macht uns die angenehme Mitteilung, dass ihm unendlich viel an uns gelegen sei. Die Zeit der Liebe ist der Ehrentag unseres Lebens. Da weckt uns am Morgen ein freundlicher Kuss; unter strahlenden Lichtern prangt ein mächtiger Geburtstagskuchen, man redet mit uns nur in Worten der Liebe und Güte, man trägt uns den ganzen Tag lang auf den Händen und dankt dem Himmel, dass ein so unschätzbares Exemplar der Gattung Mensch, wie wir, jemals ins Dasein getreten ist. Die Liebe wehrt nicht nur die Schrecken des Alleinseins ab; sie giebt uns nicht nur einen Gefährten; sie erhebt uns weit über Verdienst, indem sie uns zu eigentlichen Göttern macht. Man ruht zu Füssen Unserer Tadellosen Majestät und umhüllt Unsere Allerhöchste und Allergnädigste Winzigkeit mit dem Weihrauch der Begeisterung. Ein Wort Spielhagens trifft die Sache deshalb besser als das Stormsche Zitat. Es stammt aus dem romanhaften Roman „Problematische Naturen" und lautet: „Die Liebe ist ein Spiegel, der unser Bild so verklärt zurückstrahlt, dass selbst die Klügsten, selbst die Bescheidensten bei diesem Anblick sich eines Gefühls des Stolzes nicht erwehren können. Die Liebe macht uns zu einem Gott, und wir müssten nicht Menschen ... sein, wenn es uns nicht alle gelüstete, dann und wann ein wenig den Gott zu spielen." In der Liebe erfährt der berechtigte seelische Egoismus, der sich anderswo feindlich zurückgestossen sieht, eine glänzende Genugthuung, und diese Genugthuung ist heilsam für den ganzen Menschen, wenn auch bei jenem „Gefühl des Stolzes" hin und wieder ein gut Stück menschlicher Eitelkeit mit unterläuft.

In dem Vorstehenden habe ich mich bemüht, die von aussen wirkende, also objektive Ursache des Lustgefühls der Liebe aufzudecken, indem ich den fördernden Einfluss schilderte, den die Zunei-

gung des von uns Geliebten auf uns ausübt. Ich
habe nunmehr die im Liebenden selbst wirkende,
also subjektive Ursache für das die Liebe beglei-
tende individuelle Gehobensein ins Auge zu fassen.
Diese subjektive Ursache besteht in der Apotheose
des Geliebten, in der gläubigen und vertrauens-
vollen Verehrung und Bewunderung desselben.
Gewiss hat auch hier der Egoismus die Hand im
Spiele; er ist geneigt, vieles im rosigsten Lichte
zu sehen; denn es liegt in seinem Interesse, sich
das Ziel seiner Begehrungen so anziehend wie
möglich auszumalen. Aber doch ist schon hier die
Stelle, wo der Egoismus anfängt, sich zu ver-
flüchtigen und geläuterte, idealere Regungen an
seine Stelle treten. Allerdings: die „mandelför-
migen Augen“, die „runden Schultern“ und die
„zierlichen Füsschen“ der „Angebeteten“ kann
auch der eingefleischteste Selbstling mit „schwär-
merischer Begeisterung“ bewundern; aber ·tiefer
liegende, geistige und Charaktervorzüge des andern
Menschen mit freiem Blick zu erfassen und selbst-
vergessen zu bewundern: das ist nicht eben ein
Merkmal der Selbstsucht. In der Bethätigung derartiger Gesinnungen nähert sich die Liebe den
idealen Gefühlen der Freundschaft. Und so gewiss
kein Selbstling wahrhaft freundschaftlicher Gesinnungen fähig ist, so gewiss ist jenes freudige Sichversenken in die Eigenart des geliebten Wesens
etwas mehr als leerer, platter Egoismus. Im Hinblick auf diese Frage ist es ungemein lehrreich,
liebende Menschen verschiedenen Schlages über
die Vorzüge des geliebten Gegenstandes reden zu
hören; man hört deutlich heraus, was sie lieben.
Tief Ergriffene pflegen sich allerdings über den
geliebten Menschen auszuschweigen; sie halten derartige Erörterungen für eine Profanation, und gerade das ist bezeichnend. Alles in Allem: liebt
ein vornehmer, edler Mensch nicht anders als ein
vegetierender Spiessbürger, ein eitler, selbstgefälliger

Laffe? Ist alles Lieben bei dem einen wie beim
andern nur blinde Brunst und brünstige Blindheit?
Was macht denn den Unterschied? Nein, mit dem
alten Sprichwort von der Blindheit der Liebe
windet man sich nicht um die Wahrheit herum,
dass auch die Geschlechtsliebe ernst zu nehmende
idealistische Momente in sich birgt und nach der
Sphäre des Unendlichen gravitiert. Das Objekt
unserer Verehrung ist dabei von geringerem Be-
lang, als der Umstand, dass wir verehren. Aus
sich selbst herauszutreten und mit empfänglicher,
williger Seele, mit naiver und unverfälschter Begeisterung die reinen Linien des idealen Menschen-
bildes in der leibhaftigen geliebten Gestalt zu erkennen oder, was auf dasselbe hinauskommt, zu
erkennen zu glauben: das hebt uns über uns selbst
hinaus auf eine Höhe der Betrachtung, wo man
nicht nur liebt, um zu besitzen und zu geniessen.
Hier giebt es eine uneigennützige Liebe wie es
eine uneigennützige Freundschaft giebt. Man versinkt in jenes selige Anschauen, das jeden Wunsch
und Willen entschlafen lässt, das nach Schopenhauer den Begriff des ästhetischen Genusses aus-
macht und zu welchem für ihn, den Pessimisten
der lebendigste Anlass in einem schönen Menschen-
antlitz gegeben scheint. In der That ist die physische Seite der Liebe bei jener reineren Anschauung keineswegs ausgeschlossen. Denn die gesunde
Sinnlichkeit lässt immer auch eine starke Anteilnahme des rein ästhetischen Bedürfnisses erkennen,
und das schärfer beobachtende Auge bemerkt auch
hier Übergänge vom naiven Egoismus zu einem
freieren und edleren Schönheitskultus. — Freilich
ist auch das Objekt unserer Liebe nicht belanglos.
Die Vorzüge desselben stärken unsern Glauben an
Welt und Menschheit, und wenn auch kein verständiger Mensch in behaglich philiströser Kurz-
sichtigkeit auf dem Grunde dieses Liebevertrauens
eine alles umfassende optimistische Überzeugung

errichten wird, so ist ein guter und geliebter Mensch
doch immer ein starker Anker in der Verzweiflung,
eine letzte Zuflucht des erschütterten Vertrauens.
Um alles zusammenzufassen: jenes vordem gekenn-
zeichnete Bewusstsein von der erhöhten objektiven
Geltung der eigenen Person wird durch die zuletzt
geschilderte subjektive Lebenssteigerung komple-
mentiert zu dem beglückenden einheitlichen Gefühl
eines allseitigen, gleichmässig sinnlichen und seelischen Gehobenseins, d. i. mit einem Wort: zum
Liebegefühl.

Erklärlicher Weise tritt die poetische Existenz-
berechtigung des Liebesmotivs da ein, wo die Liebe
sich, wenn auch nicht von allen egoistischen Bei-
mischungen befreit, so doch zur Konzeption allgemeiner Ideen erhoben hat. Das Bewusstsein von
der erhöhten Geltung der eigenen Person ist deshalb an sich poetisch wertlos. Ob ich glücklich
oder unglücklich liebe, ist allerdings für mich eine
höchst wichtige Sache; wenn ich aber meinen Mitmenschen meine Verlobungs- und Heiratsanzeigen
in Form von Gedichten übermitteln zu müssen
glaube, so werden sie darin mit Recht eine zeit-
raubende Umständlichkeit und eine unbescheidene
Zumutung erblicken, wie sie auch ein Recht dazu
haben würden, sich egoistische Lamentationen über
mein etwaiges Liebesunglück zu verbitten. Die unglückliche Liebe ist selbstverständlich an sich so
wenig ein würdiger Vorwurf des Dichters wie die
glückliche. Man könnte einwerfen, dass ein glückliches Liebesleben, als an sich schön, doch wenigstens Stoff zu idyllischen Schilderungen gebe. Die
Beschränkung auf die Schilderung richtet schon
diesen Einwurf. Die blosse dichterische Nachmalung
innerer Zustände würde Lessing ebenso streng und
mit ebensolchem Rechte verwerfen wie die selbst-
genügsame poetische Schilderung äusserer Erscheinungen. Es darf nicht vergessen werden, dass die
Schilderung auch in den höchsten Vorwürfen der

Dichtkunst immer noch Gelegenheit hat, zu ihrem
Rechte zu kommen. Ich weiss sehr wohl, dass
manchem starken Talent selbst auf dem Gebiete
der persönlichsten Erotik ein origineller lyrischer
Juchzer, ein ursprünglicher lyrischer Schmerzens-
schrei gelungen ist; aber der Reiz derartiger Poeme
beruht stets auf der gelungenen Form, nie auf der
Kraft des Inhalts. Günstigsten Falls ahmen diese
Tagebuchpoesieen unsere Empfindungen mit täu-
schender Treue nach, niemals aber erheben sie uns
über dieselben und über unser persönliches Schicksal.
Ein grösseres Recht, sich in poetischen Ergüssen
auszuströmen, hat das subjektive Moment des Liebegefühls. Wie wir im Laufe unserer Betrachtungen
in der Apotheose des Geliebten die ersten Keime
zu idealeren Strebungen auftauchen sahen, so zeigen
sich hier auch die ersten berechtigten, wenn auch
primitiven Gegenstände der erotischen Dichtung.
Wenn ich im Stande bin, bedeutende Vorzüge
eines liebenswerten und von mir mit Begeisterung
geliebten Menschen überzeugend darzustellen,
d. h. so darzustellen, dass sich auch dem Uninteres-
sierten ein entschiedenes Gefühl liebender Bewunderung miteilt, so darf ich getrost zu einem Ritt
in dieser Angelegenheit den „Hippogryphen satteln“.
Denn der einzelne Mensch, ob Mann oder Weib,
der merklich über den Mittelschlag hinausragt, ist
immer, wenn auch kein grosser, so doch ein würdiger Vorwurf der Dichtkunst.

Aber die Anwendbarkeit des Liebesmotivs in
der Dichtkunst müsste eine kläglich beschränkte
sein, wenn sie damit ihre Grenze erreichte. Wir
haben bisher die Liebe möglichst losgelöst von dem
ganzen übrigen Vorstellungs-, Gefühls- und Willensleben des Menschen betrachtet, und aus dieser Betrachtung eines einzelnen Gefühls an sich konnte
naturgemäss nur die Berechtigung gewisser lyrischer Motive erhellen. Wie aber Molière seinen
Geizigen, seinen Misanthropen, seinen eingebildeten

Kranken, Shakespeare seinen Othello, seinen Coriolan, seinen Hamlet, seinen Macbeth nicht als
blosse Typen, sozusagen als psychologische Para-
digmen für einzelne Charaktereigenschaften und
Gemütsbewegungen behandelt, sondern diese einzelnen, allerdings hervorstechenden Züge (wie sich
übrigens ganz von selbst versteht) an ganzen,
leibhaftigen Menschen zur Erscheinung bringt,
so wird jeder Dichter höheren Stils, jeder Epiker
und Dramatiker, der in der Geschlechtsliebe den
Mittelpunkt seines Stoffes sieht, die gesamte, von
diesem Mittelpunkt ausgehende zentrifugale Wirkung auf das ganze Seelenleben in Betracht ziehen
und darum ganze Individuen in allen ihren Regungen unter dem Einfluss der Liebe zeigen müssen.
Es thut sich also vor uns die Frage nach dem
Charakter und der Tragweite dieses Einflusses auf.
Die Behauptung, dass die Zeit der Liebe für den
Lebensfrühling gelten könne, ist ziemlich abge-
droschen; sie hat aber doch nicht aufgehört, wahr
zu sein. Freilich gilt es beim Gebrauch dieser
Redensart, Ursache und Wirkung nicht zu ver-
wechseln. Denn das Liebesbedürfnis und die Liebe
selbst sind vorderhand nichts anderes als die Wirkung des jugendlich wallenden Blutes, der reifen-
den Kraft; sie sind der Befruchtungs- und Ent-
wickelungsdrang einer aufbrechenden Menschen-
blüte. Wie aber die von der Natur vorgeschriebene
Entwickelung der Blüte erst nach thatsächlich ein-
getretener Befruchtung stattfinden kann, so wächst
sich auch ein Menschendasein erst nach Befriedigung seiner Liebessehnsucht zur vollen Grösse aus,
und so ist die Liebe an dieser Stelle die Ursache,
welche die ganze heitere Schönheit der Jugend,
ihre ganze glühende Lebendigkeit und Thatkraft
erst zu Tage kommen lässt. Wer viel empfängt,
ist viel zu geben bereit. Mit anderen Worten:
Wem das Geschick ein glückliches Ausreifen seiner
psycho-physischen Anlagen gestattet, wen es mit

dem belebenden Gefühl allseitigen Gehobenseins
erfüllt, in dem regt sich nicht nur die Lust zur
Bethätigung seiner Kräfte, sondern mit seltenen
Ausnahmen auch ein moralischer Drang, dem von
aussen kommenden Glücke ein Äquivalent an eigenen Leistungen entgegenzustellen. Gewiss: die
Liebe macht keinen Menschen gross, in dem nicht
ohnehin ein Keim zur Grösse schlummert; aber
sicherlich macht sie ihn auch nicht klein. Das
Unglück kann uns eine imposante Grösse geben;
aber das Glück macht uns ausdauernd und gut.

> „Kinder brauchen Liebe,
> Wär's eines wilden Tieres Lieb' auch nur,
> In frühen Jahren mehr, als Christentum."

sagt der Klosterbruder im „Nathan", und wahrlich —
wir Erwachsenen verleugnen unsere Kindheits-
bedürfnisse nicht so sehr und nicht so schnell, dass
wir keine Liebe brauchten. Schämen wir uns des
Geständnisses nicht, dass der Mensch auch bei hei-
ligem und gross geplantem Streben des Glückes
bedarf und nach Glück verlangt. Der Schmerz
ist der gewaltigste Hebel des Fortschritts, weil er
uns zeigt, was uns fehlt und was es also zu er-
streben gilt; aber ein beständiger Aufblick zur
mater dolorosa führt zu einer „Philosophie des
Todes". Und weist nicht jede Philosophie, auch
die pessimistische, in ihren letzten Schlüssen auf
eine Glückseligkeit hin als auf das Endziel
menschlichen Strebens und Suchens? Selbst wer
des Glaubens lebt, dass Glückseligkeit nur in der
Negation der realen Welt, in wunschloser Ver-
neinung des Willens zum Leben zu finden sei,
wird unsere Behauptungen nicht mit gar so scheelen
Augen ansehen, wenn wir ihm erklären, dass die
Geschlechtsliebe für uns nur ein Wegweiser zur
Vollendung, nur eine Vorstufe zu höherem und
höchstem Glücke ist. Das zu beweisen, liegt uns
vor allem am Herzen, dass der Geschlechtsliebe
eine eminent erziehliche Kraft innewohnt.

Die aus der Liebe entspringende grössere Lebens-
und Wirkungsfreudigkeit ist an sich moralisch indifferent; aber es ist nur natürlich, dass sie sich in
edlen Gefühlen und Handlungen zu beweisen sucht,
weil ein unfehlbarer Instinkt dem Liebenden deutlich genug sagt, dass ein unwürdiger Gebrauch
seiner gesteigerten seelischen und leiblichen Schwung-
kraft in Disharmonie zu seiner glücklichen Stimmung treten und sie zerstören müsste. Mag man
mit noch so grossem Rechte die bei Jünglingen
und Jungfrauen zur Zeit der Liebe ziemlich allgemein ausbrechende „Dichteritis" belächeln —
diese lächerlichen und ungeschickten Machwerke
sind doch oft Kundgebungen höchst ernsthafter
innerer Bewegungen. Bewähren kann die Liebe
ihre idealisierende Kraft allerdings erst in dem
dauernden Zusammenleben der Ehe. Der vertrau-
liche Umgang, die gemeinsame Vornahme grosser
und kleiner Handlungen, das innige Zusammen-
wachsen aller Neigungen und Interessen, die Ge-
wöhnung, sich als ein Doppelwesen zu fühlen und
mit Rücksicht auf diese Zweiheit all seine Entschliessungen zu fassen: das erfordert, wenn das
eheliche Glück den fröhlichen Anfang würdig fortsetzen soll, auf beiden Seiten eine unverbrüchliche
Selbstlosigkeit, einen schweigenden Verzicht auf
alles kleinliche Verlangen. Und wie sich der
günstig veranlagte und bildungsfähige Charakter in
diese Forderungen mit heiterer Selbstverständlichkeit findet und sich ihnen gegenüber bewährt, so
scheitert an ihnen der erbärmliche, kleinliche
Mensch; denn die Vertraulichkeit des Umgangs ermutigt ihn gerade, seine niedrigsten und gemeinsten
Gesinnungen und Wünsche anstandslos herauszu-
kehren. Darum zeigen derartige Charaktere in
ihrem häuslichen und ehelichen Leben eine cynische,
brutale Selbstsucht, wie sie sie nirgends anderswo
hervorzukehren wagen. Wenn die Ehe in solchen
Kreaturen allerdings den letzten Rest von Achtung

vor fremden Rechten vernichtet, so regt sie in
besseren Menschen eine teilnahmsvolle Betrachtung
der Menschennatur überhaupt an, die ihnen in
einem Wesen ihre verschwiegensten Bedürfnisse
erschliesst. Was der liebende Mensch daheim zu
achten gelernt hat, danach streckt er draussen nicht
frevelnd die Hand aus. Warmherzige Empfänglichkeit, Versatilität des Gefühls verleiht die Ehe;
denn ihre Erfahrungen geben ein ausgeprägtes
Bild menschlicher Leiden und Freuden. Hagestolze
und alte Jungfern sind mit seltensten Ausnahmen
keine Vollmenschen; nicht selten sind sie Verkör-
perungen einer verschrobenen Selbstsucht; fast
immer aber zeigen sie eine asymmetrische Seelen-
bildung.

Eine der unerlässlichsten Voraussetzungen
einer echten Liebe und idealen Ehe ist die formale
Gleichheit der vereint wirkenden Seelenkräfte.
Wir betonen das Wort „formal" gegenüber einer
verrückten Emanzipationssucht, welche Gleichbe-
rechtigung durch materielle Gleichheit der Wir-
kungssphären beider Geschlechter erreichen will.
Was sich in den weichen, runden Linien des
Frauenleibes, in den gebrochenen des männlichen
Körpers äusserlich kundgiebt, ist mehr als eine Zu-
fallslaune der Natur. Bei Erfüllung jener Voraussetzung wird das früher erwähnte ideale Element
der Liebe, die selbstlose Verehrung des anderen
Menschen zu ebenso selbstloser, freudiger, ver-
ständnisvoller und wirksamer Mithülfe bei dessen
höherem Kulturstreben. Die Feinde der Frauen
mögen noch so verächtlich dazu lächeln: es giebt
einen festen, erspriesslichen Bund des Schaffens
zwischen Mann und Frau; diese kann teilnehmen
an seinen ernstesten Gedanken, wenn er in ihr
eine würdige Wahl getroffen, und was der Menschheit zu ihrem endlichen Heile dient, erkennt der
Mann besser unter den mitsehenden Augen der
Frau als allein, da der Mensch — trotz des in ver-

schiedenen Sprachen waltenden Gebrauches, Mann
und Mensch zu identifizieren — doch nun einmal
masculini und femini generis ist und bleibt. Dass
die Mitwirkung der Frau nicht darin zu bestehen
braucht, dass sie mit ihrem Manne zusammen Kant
studiert oder die Bahn eines Kometen berechnet,
versteht sich von selbst. Einer gut beanlagten
und richtig erzogenen Frau eignet in hohem Grade
jene antizipierende Kraft des Gemüts und der
Phantasie, ohne welche auch dem Forscher, dem
Erfinder und Entdecker Verstandesschärfe und Ge-
lehrsamkeit ein ziemlich wertloser Besitz bleiben
müssten.

Aus allem Glück der Liebe aber, und nicht
am wenigsten aus dem des verständnisvollen Zu-
sammenwirkens, erblüht die seltene und erhabene
Tugend der Dankbarkeit. Dankbarkeit ist der
Schlüssel zur Nächstenliebe. Denn sobald wir mit
innigster Ergriffenheit empfinden, dass wir von der
Liebe des Mitmenschen abhängen, sobald empfinden
wir auch die Notwendigkeit und das Bedürfnis,
nicht nur in engen, sondern in weiteren Kreisen
wiederliebend zu vergelten. Dass die Geschlechtsliebe zum guten Teil auf Egoismus beruht, dass sie
wirklich oft nur giebt, um zu empfangen, ändert
daran nichts. Auch Elternliebe ist ursprünglich
nichts als Selbstliebe, und unsere Eltern erfüllen,
indem sie uns hüten und pflegen, erziehen und
lieben, nur eine selbstverständliche Pflicht. Steht
darum das vierte Gebot auf weniger festem Grunde?
Ist darum die Dankbarkeit des Kindes ein weniger
heiliges Gefühl? Der edle Mensch ist für jede
Wohlthat dankbar, auch wenn sie ihm werden
musste; jedenfalls aber scheut er vor der Undankbarkeit als dem Zeichen einer durch und durch
gemeinen Seele zurück. Alles dies scheint Max
Nordau nicht gegenwärtig gewesen zu sein, als er
in seiner „Ehelüge" die Wandelbarkeit der Geschlechtsliebe nachzuweisen suchte und die eheliche

Treue für ein Unding ausgab. Er vergass dabei
ohne Zweifel, dass die rechte Ehe in den vereinten
Menschen eine Flamme entzündet, die über die
welkende Sinnlichkeit hinaus bis an das Grab
leuchtet. Dass die meisten modernen Ehen keine
rechten, keine sittlichen, sondern unsittliche sind,
weil sie nicht auf tiefer und wahrer Neigung beruhen: darin hatte er allerdings recht und das er-
leichterte ihm seine sonstigen verfehlten Ausführungen.

Aus dem Gesagten erhellt, dass die Geschlechtsliebe das gesamte Innen- und Aussenleben des
Menschen in eine neue und besondere Beleuchtung
rückt. Unter ihrem stetigen Einfluss entwickelt er
sich zur höchsten Reife und, wenn auch bei
weitem nicht in allen, so doch in vielen Handlungen seiner reifen Jahre folgt er ihren offen-
kundigen oder geheimen Eingebungen. Eine reiche
Quelle des Stoffes und der Inspirationen sprudelt
da dem Dichterpsychologen der Liebe entgegen!
Die ganze fördernde und bildende Kraft der wahren,
die verbildende und vernichtende Kraft der falschen
Liebe ist seine Domäne. Ein Heer von Freuden
und Leiden gehorcht seiner nachschaffenden Phantasie, wenn er den durchdringenden Blick besitzt,
mit dem er alle Begleit- und Folgeerscheinungen
der Liebe ans Licht hervorzulocken imstande ist.
Hier wird die Geschlechtsliebe zum Stoff des Romans und des Dramas. Der Dichter muss sich
freilich, wenn er Gewichtiges, Ausschlaggebendes
bieten will, vom blossen Verlobungsroman und
-Drama zum Eheroman, zum Ehedrama erheben.
Nicht als ob jenes nun in Bausch und Bogen zu
verdammen wäre. Ganz natürlich macht sich der
hemmende oder fördernde Einfluss der Liebe auch
schon vor der Ehe geltend, und ein besonderes
poetisches Interesse kann dazu führen, die „schöne
Zeit der jungen Liebe" einer besonderen Behandlung zu unterziehen. Aber die tief einschneidenden

Probleme der Liebespsychologie können erst da
zum Austrag kommen, wo sich die Liebe in das
gesamte übrige Leben eingewöhnt hat und in allen
Kraftäusserungen des Leibes wie der Seele mehr
oder weniger zur Geltung kommt. Bei der Fülle
der hier gebotenen Stoffe geht die lyrische Erotik
keineswegs leer aus. Gerade auch der Lyrik, die
sich mehr und mehr von den ganz allgemeinen,
eines festen Themas entbehrenden Gefühlskonzerten
lossagen soll, winkt hier eine Gelegenheit, an
interessanten Thatsachen und Situationen des
gesamten Lebens die idealisierende Kraft des Liebegefühls zur Darstellung zu bringen. Dass die Lyrik
dabei allerdings keine Sättigung und Befriedigung
im grossen bieten kann, wie sie Roman und Drama
gewähren, versteht sich als im Wesen der Gattung
begründet von selbst.

Noch ein Wort von der unglücklichen, genauer
bezeichnet: unerwiderten Liebe, von der Kras-
zewski einen seiner Helden, einen Dichter, behaupten lässt, dass höchstens sie, nicht aber die
glückliche Liebe der kastalische Quell der Poesie
sein könne. Bleibtreu akzeptiert dieses Wort; ich
kann es nicht zutreffend finden. Wahr: jedes nach
aussen gerichtete Streben lenkt zunächst von der
Versenkung ins allgemeine ab. „Die Muse ist das
Kind der Einsamkeit." Aber diese Einsamkeit ist
doch wohl nur für die Stunden der Konzeption
und des eigentlichen Schaffens erforderlich? Der
Dichter braucht freilich kein Hans Überall von
einem Reporter zu sein; aber wie anders soll er
wenigstens das äussere Material zu seinen Werken
empfangen, als durch die Berührung mit dem wirklichen Leben? Und wird nicht seinen Erzeugnissen
der lebendige Nerv fehlen, wenn er in dieser Welt
nicht mitgenossen und mitgelitten hat? Freilich:
mitten in den Weltwirren, mitten in seinen Genüssen und seinen Leiden gelingt ihm keine Schöpfung. Erst im Heiligtum der Einsamkeit beschwört

er vergangene Bilder und Gedanken herauf —
Bilder und Gedanken aber, die ihm draussen in der
Welt begegneten. Wir stimmen den schönen
Worten Palleskes zu: „Für den Dichter als solchen
giebt es kein Atelier und keine Schule. Seine
Schule ist die Tiefe des einsamen Ichs und die
Fülle des Lebens. In dem ewigen Wechsel dieser
beiden ruht seine Schule. Aus der Einsamkeit
sehnt er sich in die Welt und aus der Welt in die
Einsamkeit." Auch das Streben nach Anerkennung,
das man keinem Dichter verargt, ist ein nach aussen
gerichtetes, und sicher ist er doch auch in den
Augenblicken, in welchen er diesem Streben nach-
hängt, nicht in der Stimmung zum Schaffen.
Warum soll nur die unerwiderte Liebe, um mit
einem Hamerlingschen Bilde zu sprechen, ein be-
schwingter Falter, die glückliche Liebe aber ein
flügelloser Wurm sein? In der seelischen Entwickelung des unglücklich Liebenden können zwei
Fälle eintreten; entweder er beharrt im Egoismus,
sieht in der Liebe, weil er sie nicht vollends geniessen kann, alles und giebt mit seinem Liebes-
glück alles verloren — das kann ergreifend, er-
schütternd, rührend sein; aber es ist nicht gross —
oder er erhebt sich über sein persönliches Schicksal
und strebt höheren Dingen zu, indem er auf die
Freuden der Liebe verzichtet, wie Scheffels Ekke-
hard — das ist verehrungswürdige Seelengrösse.
Und wer beweist nun, dass der glücklich Liebende
sich nicht über sein Glück zu erheben vermag wie
andere über ihr Unglück? Wirkliche Grösse
scheitert so wenig an der Freude wie am Schmerz.
Einen echten Diamanten zu vernichten bedarf es
höherer Temperaturen, als der Glut der Liebes-
umarmung. Wer im warmen Neste des Liebes-
glücks versimpelt, wer mit dem Junggesellen den
Ideologen an den Nagel hängt — traun! wieviel
sollte die Menschheit wohl in dessen Kraft verloren haben, wieviel Unsterbliches sollte der wohl

als verschmähter Liebhaber geleistet haben? Mag
ein solcher Unterrocks-Poet und Idealist doch getrost zu ewiger Vergessenheit ins Ehebett versinken! Kein Herwegh wird ihm nachsingen, dass
er als ein „unvollendet Lied" ins Grab gesunken
sei und „der Verse schönsten" mit hinabgenommen
habe.

Hier kommen wir zum Ende. Die Liebe ist
der glücklichste Triumph des berechtigten Egoismus; sie entspricht einem integrierenden Teil unserer Bedürfnisse; in ihr wohnt eine hohe sittliche
Kraft, und wenn es ihr gelingt, die Seelen mit
freudiger Sehnsucht nach dem Unendlichen zu be-
schwingen, mag man sie um deswillen auch ein
heiliges Gefühl nennen. Sie hilft zum Siege über
vieles Niedrige und Gemeine — wenn wir in ihr
nicht all unser Hoffen und Verlangen begraben.
Denn das Ziel unserer Erdenwanderung ist
sie nicht. Nicht in ihr haben wir unsere
irdische Aufgabe gelöst. Sie ist Mittel,
nicht Zweck. Der Markstein unseres Strebens,
die „ewige Glückseligkeit", das Einssein mit dem
Urgeiste, liegt in weiter Ferne vor ihr. Mit
höchstem Misstrauen begegne man allen jenen
„Dichtern", denen die Liebe „das heiligste der Gefühle", „der erhabenste Beruf des Menschen" ist
und die eine „Himmelsseligkeit" und „Himmels-
wonne" nach der anderen am Rosenkranz ihrer
Liebeslyrik herunterplappern. Man kann sicher
sein, dass diesen Enthusiasten der „angebetete
Engel" nach wenigen Jahren der Ehe zum übel
behandelten Haustier herabsinkt. Diese Virtuosen
des Minneschwulstes verweise man aus dem Tempel
der Litteratur und die Herren Fabrikanten jenes
Romans, in dessen Schlusskapitel nach unabänder-
lichem Ratschluss der Jungfernkranz gewunden
wird, schicke man hinterdrein! Eine würdigere
Vertretung muss des herrliche Motiv der Geschlechtsliebe in der Litteratur finden. Hinweg mit jener

einseitig beschränkten Auffassung des Liebes-
begriffs, die diesem (wenigstens in der produzie-
renden Praxis!) nur seelische Merkmale zuschreibt
und alle gesunden sinnlichen Momente der Liebe
aus feiger Furcht vor dem Philistermoralisten ver-
schweigt! An ihre Stelle trete ein gesunder Realismus, der die Liebe als das giebt, was sie ist, als
ein volltönendes, harmonisches Konzert von Leib
und Seele! Hinweg mit jener ästhetischen Kaprize,
welche die Geschlechtsliebe vor der Ehe als ein
poetisches Sujet bis zum Grade fast ausschliess-
licher Verwertung bevorzugt entweder in dem Bestreben, sich einem unreif-sentimentalen Geschmack
gefällig zu erweisen oder aus Unfähigkeit, ausge-
führte Seelengemälde zustande zu bringen! Das
Liebesdrama, der Liebesroman erscheine als eine
mit tiefer Menschenkenntnis angelegte und durch-
gearbeitete psychologisch-physiologische Symphonie,
in der die Liebe zwar den alles beherrschenden
Grundton, nicht aber das einzige, zum Ekel und
Überdruss immer wiederkehrende Motiv abgiebt.
Und hinweg vor allem mit der kindlichen Anschauung, welche die Geschlechtsliebe an die Spitze
aller menschlichen Strebungen stellt, die den Wahn
erweckt, als wäre der am Schlusse eines Werkes
erfolgende Abschluss des Ehekontrakts die Haupt-
und Staatsaktion unseres Lebens und eine so ver-
dienstliche Leistung, dass nicht gut eine verdienst-
lichere darauf zu setzen wäre, kurz: die der Geschlechtsliebe eine Bedeutung beimisst, welche ihr
nicht zukommt. Als eine Bildnerin der Seelen
und der Leiber, als eine Helferin zu grossen
Dingen soll die Liebe auch in der Litteratur erscheinen. „Soll eine Stimme sein von oben wie
der Gestirne helle Schar" und den bekränzten
Umlauf unseres Erdenlebens führen. Wenn die
Liebe mit dieser Absicht in der Dichtung erscheint,
wird sie die Bedeutung eines hervorragenden poetischen Motivs durch alle absehbaren Zeiten be-

haupten; alle sonst berechtigten Vorwürfe gegen
ihr Auftreten werden verstummen müssen, wenn
auch jene die Gegenwart mit ihrem Geschrei er-
füllenden Stimmen nicht schweigen werden, welche
das Liebesmotiv in der Poesie nur darum verpönen,
weil ihnen die Poesie überhaupt ein Greuel ist,
und die diese wiederum nur darum verabscheuen,
weil sie mit blind-reaktionärem Instinkte gegen
alles wüten, was dem Gamaschenzwange entflieht
und nach freierer Geltung strebt.

Lessing's „Nathan" und das ästhetische Phrasentum.

In jüngster Zeit hat man in hervorragenden kritischen Journalen des öfteren einen Ansturm gegen das Bollwerk der Phrase unternommen und es mit mehr oder weniger Erfolg versucht, gewisse beliebte Redensarten auf ihren wahren Gehalt zu prüfen und dieselben nach vorgenommener Analyse in die weiten Regionen des blauen Dunstes zu verweisen. Man beschäftigte sich dabei mit einigen von jenen allgemein angewandten Floskeln, die für jede Gelegenheit und auf allen Gebieten passen und sich immer zur rechten Zeit einstellen, wo es an scharf umgrenzten Begriffen fehlt. Fast noch gefährlicher aber als diese Gruppe von Phrasen ist die ungeheure Masse des philosophierenden oder nur ästhetisierenden Klingklangs, die auf einzelne, bestimmte Erscheinungen des Geisteslebens von irgend einem Originalphrasendrescher und seinen hunderttausend Nachbetern angewandt wird; denn jene in allgemeiner Absicht gebrauchten Wortmachereien schwimmen nicht selten unbeachtet in dem grossen Strom der Worte an dem Leser vorüber und machen so wenig Eindruck, als sie wenig Inhalt besitzen; diese aber klammern sich mit zäher Anhänglichkeit an die bestimmte geistige Persönlichkeit und ihr Erzeugnis, und das hochweise kritische Urteil wird erbarmungslos immer wieder reproduziert, wo nur irgendwie des betreffenden Geistes oder seiner Werke Erwähnung geschieht.

14*

Und die verhängnisvolle Macht der Phrase gründet
sich gerade darauf, dass sie, obwohl gedankenlos
erzeugt und aufgenommen, dennoch von den
stärksten Folgen für die Ansichten und Handlungen
des Hörenden oder Lesenden ist. Wenn ich heute
oder morgen zu Vetter Hein mit einigem Nachdruck
bemerke: „Shakespeares Hamlet ist das stroherne
und langweilige Produkt eines geistlosen Dichter-
lings", — so wird es ihm kaum einfallen, von mir
eine Begründung dieser Dummheit zu verlangen,
ganz gewiss aber wird er sich das Drama weder
kaufen noch dasselbe lesen. Das Wesen der Phrase
besteht in der fortgesetzten, gedankenlosen Wiederholung eines Diktums; durch solche Wiederholung
wird alles, auch die reinste und lauterste Wahrheit, zur Phrase, und in dem Munde z. B. der typischen höheren Tochter, die sich den Kopf mit
unverstandenem Kunst- und Litteraturwissen voll-
gepfropft, ist alles, Gutes und Schlechtes, Falsches
und Richtiges, nichts als Phrase. Um so schlimmer,
wenn das eingelernte Urteil ein Irrtum ist; er wird
sich wie eine ewige, aber unbemerkte Krankheit
forterben. Der originale Irrtum ist verzeihlich;
der nachgebetete wird zum Verbrechen am eigenen
und am fremden Geiste.
      Wenn ich es unternehme, an dieser Stelle ein
durch häufige Wiederholung zur Phrase gewordenes
irrtümliches Urteil eingehend zu beleuchten, wenngleich sich dieses Urteil nur auf eine einzige, ganz
bestimmte Dichtung bezieht, so mag das zunächst
dadurch gerechtfertigt erscheinen, dass diese Dichtung eines der glänzendsten Erzeugnisse unserer
dramatischen Litteratur nicht nur, sondern unserer
gesamten Kultur überhaupt ist. Diese Dichtung
nun, welche durch die in ihr stattfindende wunderbare Vermählung der scharfen, religionsphilosophi-
schen Dialektik mit dem tiefsten und heiligsten
Gefühlsleben der Menschenbrust völlig original und
völlig einzig dasteht, ist Lessings „Nathan der

Weise". Zum andern aber ist die öffentliche Erörterung jenes „singulären Urteils" noch ganz besonders darum angebracht, weil der zu bekämpfende
Irrtum ein wahrhaft typisches Beispiel für die un-
bedachte Verbreitung überkommener Urteile bietet.
Dieses Urteil aber ist der allbekannte gegen Lessing
erhobene Vorwurf, dass er in seinem Nathan
den idealen Vertretern des Islam und des
Judentums keinen würdigen Repräsentanten des christlichen Bekenntnisses
gegenübergestellt, dass er somit Licht und
Schatten nicht gerecht verteilt und sich
gegen das Christentum einer gewissen ver-
steckt-feindseligen Parteilichkeit schuldig
gemacht oder doch einem dahinzielenden
Verdachte starken Vorschub geleistet habe.
Ich weiss nicht, wie viele Litterarhistoriker und
Schulbuchverfasser diesen Satz entweder in Ueber-
einstimmung mit ihrer eigenen Ansicht oder nur
referierend wiederholen; ich habe mir auch nicht
Mühe gegeben, die Quelle desselben ausfindig zu
machen, weil das für unsern Zweck gleichgültig
ist. Wohl aber schliesse ich mit Bestimmtheit
nach den von mir eingesehenen Büchern, dass jener
Satz in neun von zehn Nathankritiken regelmässig
wiederkehren muss, und die Leser dieses Buches
werden mir das wahrscheinlich bestätigen. Ebenso
bestimmt weiss ich ferner, dass die fragliche kritische Sentenz fast ausnahmslos immer und überall
eingebläut wird, wo sie „im Buche steht". Sehen
wir uns daher den gegen Lessing gerichteten Vorwurf einmal näher an.

Wer jemals vom Drama gehört hat, weiss,
dass der wesentliche Inhalt desselben Handlung ist
und dass diese Handlung sich immer auf Spiel und
Gegenspiel gründet. Ohne das Gährungsferment
des Bösen keine Entwickelung im Drama wie in
der Welt. Ohne „Gegenspiel" würde auch das
grosse Welt- und Menschheitsdrama höchstens ein

„geistvolles Buchdrama" sein, das keine Bühne
zur Aufführung annähme. Aber nein, es würde
nicht einmal das sein. Sobald in einem Drama
ideale Charaktere auftreten, die eben durch ihre
Idealität bemerkbar werden und einflussreich wirken,
sobald muss sich auf der anderen Seite in dieser
oder jener Person ein moralischer oder wenigstens
intellektueller Defekt zeigen, muss sich ein Stück
zum Kampfe reizender Intrigue entspinnen. Ein
Drama mit lauter Nathans und lauter Saladinen
wäre ein Unding; die Personen in demselben könnten sich höchstens etwa mit hübscher Brahmanen-
und Makamenweisheit andeklamieren; aber nicht
das leiseste erregende Moment würde die Bühnen-
atmosphäre in Bewegung setzen; nicht der Schatten
einer Handlung würde über die Scene huschen.
Die die Handlung erregenden, das Gegenspiel ver-
tretenden Gestalten im Nathan sind nun zunächst
Daja und der Tempelherr; denn durch Dajas beschränkte Gläubigkeit und ihren Trieb zur Seelenretterei, durch des Tempelherren jähzornige Übereilung und jugendlich-wilde Ungerechtigkeit wird
zunächst der Kampf um Rechas Besitz entzündet
und wird am letzten Ende auch die Enthüllung
des Verwandtschaftsgeheimnisses veranlasst. Erst
im Hintergrunde steht, aus der Ferne wirkend, der
Patriarch. Daja und der Tempelherr wie auch,
nebenbei bemerkt, der Klosterbruder sind aber im
Grunde durchaus edle Charaktere, und ihre Schwächen sind vorübergehende oder, wenn bleibende,
so doch immerhin sehr verzeihliche. Der ganze
Fehler des Tempelherrn ist seine Jugend; er zeigt
so viel seelische Verwandtschaft mit Assad, seinem
Vater, dass sicher zu erwarten steht, er werde in
späteren Jahren seinem Oheim Saladin schwerlich
an Grösse der Seele nachstehen. Dass der Tempelherr nicht als Repräsentant des Christentums gelten
könne, weil er wenigstens dem Kirchenglauben
ziemlich indifferent gegenüberstehe, ist ein sehr

nichtiger Einwand. Depn auch weder Nathan noch
Saladin sind Jude oder Moslem im starren Sinne
des Wortes; ihr Verdienst ist gerade, dass sie, der
eine als geborener Jude, der andere als geborener Muhamedaner, also trotz der naheliegenden
Versuchung zum beschränkten Festhalten an jeglicher
Überlieferung dennoch die reine Höhe der Toleranz
erklommen; haben; aus der jüdischen wie aus der
muhamedanischen Menschheit ist je ein glänzendes
Beispiel freier menschheitlicher Entwickelung genommen, und die Tendenz der Dichtung läuft gerade auf die Frage hinaus, nicht ob ein geborener
Christ Christ sein könne, sondern ob auch ein geborener Christ die Seelenkraft und -grösse besitzen
könne, sich von jeder tyrannisch-fesselnden und
engherzigen ·Satzung zu befreien und nur Mensch
zu sein. In dieser Hinsicht sind dann allerdings (und zwar wie wir später sehen werden, mit
kluger Absicht) die christlichen Personen in
ein gewisses nachteiliges Licht gerückt.
Daja sowohl als der Tempelherr sind nahe daran,
durch unzeitige und grundlose Herauskehrung ihres
christlichen Standpunktes ein grosses Unheil anzurichten, und namentlich der letztere beweist, als
er seine persönlichen, jugendlich ungestümen Interessen verletzt glaubt, mit aller nur wünschenswerten Deutlichkeit an sich selbst die Wahrheit
seines eigensten Wortes: „Es sind nicht alle frei,
die ihrer Ketten spotten“. Zeigt sich aber irgendwo
in Anlage und Ausführung dieser Charaktere auch
nur der Schatten einer tendenziösen Feindseligkeit?
Hat Lessing, dieser Heros der Rechtschaffenheit
und Gerechtigkeit, irgendwelches Mittel gespart,
um seine Christencharaktere Daja, Tempelherr und
Klosterbruder im freundlichsten und gewinnendsten
Lichte erscheinen zu lassen? Ist doch das Drama
überhaupt ein wahres Wunderwerk durch die grosse
Zahl seiner edlen Charaktere und durch die gleichwohl so lebenswahre und scharf individuali-

sierende Zeichnung derselben. Ein Meisterwerk
des poetischen Realismus auf dem Gebiete des
Sittlich-Schönen! Und sogar hat Lessing noch eine
seiner christlichen Personen zum Repräsentanten
der Toleranz gemacht, nämlich den Klosterbruder,
der freilich darum nicht ebenbürtig neben Saladin
und Nathan steht, weil seine naive, vorurteilslose
Nächstenliebe weder durch hervorragende Intelligenz noch durch besonders grosse Gelegenheit, sich
zu bezeugen, in ein gleich helles Licht gestellt ist.
Der Patriarch ist allerdings nicht nur intolerant,
sondern noch ein Schurke dazu und schlechterdings in keiner Hinsicht geeignet, seinem Bekenntnis
Ehre zu machen. Wer ist aber naiv genug, zu
glauben, dass Lessing mit Rücksicht auf die Tendenz seiner Dichtung eine formale Gleichstellung
dieser pfäffischen Spottgeburt mit den Lichtge-
stalten des Islam und des Mosaismus verlangte;
wer könnte annehmen, dass er sich den Patriarchen
in Korrespondenz mit Nathan und Saladin dachte?
Der Dichter mochte aus seiner Zeit Veranlassung
genug geschöpft haben, das Schreckbild eines zelo-
tischen Zionswächters zu entwerfen; wer will demselben Dichter zumuten, dass er eine solche Gestalt
mit vorherrschender Kraft das Christentum hätte
vertreten lassen? Wäre das seine Absicht gewesen,
er hätte den „dicken, roten, freundlichen Prälaten"
um vieles weiter in den Vordergrund geschoben;
es ist aber schon angedeutet, dass der Patriarch
nur aus der Ferne und in sehr indirekter Weise
wirkt, und in der That ist er auch kaum mehr als
eine episodische Figur. Lessing war denn doch
ein wenig zu gescheit, um sich den ganzen Erfolg
seines Werkes durch eine solch plumpe Übertreibung zu verderben, wie er sie in einer auf die
ganze christliche Welt gemünzten Verwertung
seines Goeze begangen haben würde. Und zu billig-
denkend war er ausserdem, um in Bausch und
Bogen zu verdammen. Nach all diesem ist fest-

gestellt, dass der Dichter aus zwingenden drama-
tisch-technischen Gründen e i n e Gruppe seiner
Nathancharaktere in den Schatten rücken m u s s t e,
dass er sich dazu die Bekenner der christlichen
Religion auserlas, dass aber schon die ganze B e -
h a n d l u n g dieser Gestalten nicht dem leisesten
Vorwurf einer unbilligen Benachteiligung derselben
Nahrung giebt, zumal der Patriarch nicht entfernt
als allgemein gültiger Christentypus gedacht ist.

Aber schon Ärger genug für einen fanatisch-
positiven Christentümler, auf s e i n e n Glauben,
dieses Ur- und Erzpalladium unzähliger verstockt
reaktionärer Institutionen, auf dieses Bekenntnis
nur einen tadelnden Blick geworfen zu sehen! Sie
ist eben heute noch so schlimm wie je zuvor, die
edle Sippe der obscurorum virorum, die dumm
kakernd auf ihren Dogmen sitzt wie die Henne
auf ihren Eiern, die sehr schlau bemerkt, dass
Glauben etwas anderes als Wissen sei und doch
das zu Glaubende mit dem Stock einbläuen möchte
wie ein recht dürres su Wissendes. Aus Qual und
Bitternis, aber auch aus der beseligenden Freude
der genialen Seherbegeisterung schoss mit einem
Male die herrliche Blume der Nathandichtung
empor — und an der Stirn trug das Werk den
heiligen heiteren Ernst des mit stolzem Kraft-
bewusstsein gegen Wahn und Starrsinn kämpfen-
den Geistes, aber auch die heilige, schmerzliche
Trauer des von trüber Besorgnis um die Menschheit
gequälten Herzens. Wie? Lessing sollte wohl einen
Christen als Muster der Toleranz und etwa einen
Juden als Vertreter eines hartherzig verknöcherten
Bekenntnisses zeichnen? Der Erfolg müsste ein
glänzender gewesen sein! Die Christen hätten ein-
hellig gerufen: „So ist's, die Juden tragen alle
Schuld! Wir Christen aber sind doch bessre
Menschen." Oder Lessing hätte einen Muhamedaner als Schreckbild religiöser Beschränktheit ge-
wählt, alsdann hätte die grenzenlose christliche

Entrüstung ein, weil ferner liegendes und unbe-
kannteres, so noch geeigneteres und geduldigeres
Objekt gefunden. Nein! Aus einer christlichen
Familie war Lessing erwachsen, zu einem christlichen Volke, zu einer ganzen christlichen Kultur-
welt redete er, und allerchristlichste Pastoren waren
es, welche ihn zur Schöpfung des „Nathan" ange-
trieben hatten: also musste er die Tendenz seiner
Dichtung auf das Christentum zuspitzen, musste er
seine Toleranzlehre dahin richten, wo er mit
eigenster, lebendigster Erfahrung den „sauer-süssen
Duft" des intoleranten Dogmenglaubens eingesogen
hatte, musste er, als ein würdiger Sohn seines
Volkes und dichterischer Interpret seiner Zeit, dies
sein Volk und diese seine Zeit lehren, daheim
nach dem Rechten zu sehen und zu bessern, selbst
wenn es sich andererseits gelohnt hätte, muhame-
danische oder jüdische Intoleranz als von irgend
welcher einschneidenden Bedeutung für die Menschheit zu stigmatisieren. Oder lebt irgendwo in der
Welt ein vernünftiger Erzieher, der einem besse-
rungsbedürftigen Kinde nicht seine eigensten Ver-
sündigungen vorhielte, anstatt ihm dieselben scho-
nender- und rücksichtsvollerweise nur im Spiegel
fremder Kinderseelen zu zeigen und es selbst völlig
ungetadelt zu lassen? Im Gegenteil: andere Kinder,
wenn auch im Durchschnitt nicht besser
als der zurechtzuweisende Zögling, werden
momentan in ein vorteilhafteres Licht gerückt und
diesem Kinde als Muster gegenübergestellt, damit
es für Augenblicke eine peinliche moralische Depression empfinde und sich infolge derselben wieder
selbständig erhebe. Freilich wird ein weiser Erzieher das Kind nicht auf so plumpe Weise niederdrücken, dass es entweder den Glauben an seine
sittliche Kraft verliert oder sich in gerechter Entrüstung gegen solche Erniedrigung auflehnt. Dieses
Übermass — wir dürfen unser pädagogisches Beispiel wohl mit grösseren Massen auf die Litteratur

übertragen — dieses Übermass hat nun auch gerade
Lessing, wie aus oben Gesagtem hervorgeht, mit
eben jener Weisheit verschmäht, die ihn noch
immer so vorteilhaft vor den superklugen Herren
Kritikern auszeichnet, welche im „Nathan" das
Christentum zurückgesetzt wähnen. Wir Getauften
dürfen uns schon die gelinde thatsächliche Herab-
setzung unserer Confessionsgenossen im Drama gefallen lassen, wenn wir dafür den Vorzug geniessen,
von einem Lessing mit unvergänglichen Worten
belehrt zu werden, wie man unbestochen und frei
von Vorurteilen seinen Nächsten liebt.

Hiermit dürfte die völlige Haltlosigkeit der
beliebten Nathanphrase nachgewiesen sein. Der
Leser möge sie als ein Beispiel für viele erachten
und nach Kräften dahin wirken, dass nicht nur in
engen litterarischen, sondern auch in den weitesten
Gesellschaftskreisen die Herrschaft der Phrase rücksichtslos befehdet und endgültig vernichtet werde.

Die Charaktere in Goethe's „Egmont".

Eine Menschenseele erkennen heisst sie in ihrer Gesamterscheinung auffassen. Wie jedem Ich das Bewusstsein seiner Einheit (neben dem Bewusstsein der Mannigfaltigkeit seiner Fähigkeiten) innewohnt, so gilt es, das Bild der fremden Seele als das eines Einheitlichen, in gewissem, individuellem Sinne Abgeschlossenen in sich aufzunehmen. Selbst wenn er sich verstellt, drückt jeder seinen Handlungen den, wenn auch noch so schwachen, Stempel seines Wesens auf, und diese Handlung muss dem verständnisvollen Beobachter Aufschluss geben über die Eigenart der Seele, wie er aus dem Duft, der Farbe und dem Geschmack einer Frucht den Charakter ihrer Heimat errät. Eine Handlung, bei deren Vollzug die ganze Seele thätig war, zeigt in ihrer Physiognomie, wenn auch oft tief verschleiert, alle Züge der Seele. Darum erscheinen gleiche Handlungen, von verschiedenen Wesen ausgeübt, wie gleiche Pflanzen auf ungleichem Boden oder in verschiedenen Klimaten. Es ist eine eigene und seltene Fähigkeit, vielleicht eine Fähigkeit besonders des Gemüts, das Charakteristische in eines Menschen vielfältiger Erscheinung, das, was unter allen Millionen menschlichen Bewohnern des Erdballs ihm ganz allein eigen ist, herauszufühlen, gleichsam den Grundton herauszuhören, der die einzelnen Töne des Akkordes umarmt und seinem Charakter assimiliert. Diejenigen Menschen scheinen mir mit solcher Fähigkeit begabt, welche oft

ein nicht zu unterdrückendes Schaudern vor der
Annäherung eines andern warnt, welche mit einem
jähen Gedanken die zwischen Herzen und Herzen
befestigte Kluft ahnen, die aber auch mit so be-
wundernswürdiger, so felsenfester Zuversicht an ein
anderes Wesen glauben können, freudig ergeben
bis in die innerste Tiefe ihres Empfindens hinein.
Ganz sicher aber darf man sich überzeugt halten
davon, dass einzelne Züge, auch wenn ihrer hundert
und aberhundert sind, auch, wenn sie das
durchbohrendste Inquisitorenauge erspähte, in ihrer
Zusammensetzung so wenig ein Bild geben, wie
die Farben in einem Malerkasten. Das Spionieren
nach Fragmenten einer Seele führt deshalb auch
den schärfsten Verstand, wenn beschränktes Empfinden ihn hemmt, nicht auf die Spur des Einen,
des Umfassenden, des Charakteristischen, und wer
sich nur mit solcher Thätigkeit befasst, darf deshalb noch nicht auf den Namen eines Menschen-
kenners Anspruch erheben, wenn er auch in den
Augen vieler dafür gilt.

Es ist eben unmöglich, ganzes Leben aus
totem Stückwerk zu erwecken! Den herrschenden
Gedanken zu ihrem Gemälde muss man jener andern
Seele abhorchen, und am leichtesten mag uns das
werden, wenn der Strom der Zuneigung von Herzen
zu Herzen rinnt. Immerhin hiesse es, das Kind
mit dem Bade ausschütten, wollte man die Erforschung einzelner, zufälliger, teilweiser Offenbarungen der Seele für von Grund aus nichtig erklären. Gewiss spricht manches aus Rede und
Bewegung; sicherlich können wir vieles vernehmen
aus Miene und Stimme, und oft ist jenes unbe-
nennbare Etwas im Auge von plötzlich aufklärender
Bedeutung. Aber alle diese Kundgebungen erlangen erst Bedeutung oder ihre Auffassung ist von
aufschlussgebendem Erfolg, wenn jenes allgemeinere
Erkennen sie begleitet und die einzelnen Abstraktionen aus konkreten Fällen mit jenem Gesamt-

begriff in Beziehung gesetzt werden können. In
diesem Falle sind solche Einzelerfahrungen in der
That von unverkennbarer Bedeutung und sie geben
der rein idealen Auffassung von der Seele die Aus-
führlichkeit, Klarheit und Vollendung, die das aus-
geführte Bild von der Skizze unterscheidet.

Um in seiner Eigenschaft als Seelenforscher
ganz auf den Holzweg zu geraten, hat man nur
nötig, von der Beobachtung einzelner, aber doch
(mit Rücksicht auf die oben erwähnte individuelle
Abgeschlossenheit) integrierender Bestandteile des
Charakters zu der sorgfältigen Inobachtnahme rein
zufälliger Äusserungen und Gewohnheiten, die dem
Wesen eines Menschen nur äusserlich anhängen,
abzuschweifen. Wie oft haben solche Äusserlich-
keiten mit dem „Kern" eines Menschen nicht den
entferntesten Zusammenhang oder erlauben sie doch
keinen stichhaltigen Schluss auf sein „ganzes Innere". Und selbst wo wir diese Äusserungen mit
Absicht herausgekehrt und accentuiert sehen, welche
Folgerung ergiebt diese Koketterie anders als auf
die Eitelkeit der Infragestehenden? Haben wir nun
in der Eitelkeit etwas Wundergrosses an einem
Charakter entdeckt? Kann nicht z. B. ein eitler
Mensch die verehrungswürdigsten Vorzüge des Gemüts in sich tragen? Oder sollte uns wirklich mit
einemmale ein blendendes Licht über Heines Charakter aufgehen, wenn wir hören, dass er gern seine
kleinen weissen Hände zeigte?

Kommen wir endlich zur Anwendung des Gesagten auf die dichterische Produktion. Der Dichter,
der nicht ein pseudorealistischer Kitzeleien bedürf-
tiges Publikum durch Augenverblendung und
äusserlich frappierend ähnliche Scheinwesen um
sich zu versammeln bestrebt ist, sondern den Sinn
für das ganze und grosse Schöne durch seelen-
volle und überzeugende Vollbilder des inneren Ge-
schehens anzuregen sich bemüht, dieser Dichter
verschmäht jedes kleinlich zusammengeraffte Ma-

terial als Hauptfundament seines Schaffens; eine
solche Grundlage erscheint ihm von ebenso ge-
ringem Werte als sie wohlfeil ist. Hingegen setzt
er die ganze Kraft seines Genius an die Aufgabe,
den aus Erfahrung oder Inspiration aufgenommenen
Gesamt-Eindruck einer menschlichen Gestalt als
etwas Einheitliches und scharf begrenzt Individu-
elles zur Erscheinung zu bringen. Er will gewiss
nicht seine dramatischen Charaktere so aufgefasst
wissen, als könnte sie jeder nur günstig beanlagte
Schauspieler mit Hülfe der überlieferten Bühnen-
mittel darstellen. Er fordert den genialen Schauspieler, der Einzelwesen verkörpert, der uns durch
eine unbezeichenbare, so zu sagen spontane Zugabe
zu seiner Darstellung das Andenken an seine
Leistung für alle Zeiten einzuprägen weiss. Wenn,
nebenbei bemerkt, dem Schauspieler eine solche
Darstellung gelingt, so hat er zweifellos den Anspruch auf nahe geistige Verwandtschaft mit dem
Dichter und einen bedeutenden Anteil an dessen
Ruhm.

Wie ich oben jene halb unbewusste, aber des-
halb nicht weniger klare Menschenerkenntnis eine
Fähigkeit des Gemüts nennen zu dürfen glaubte,
so halte ich dafür, dass der Schauspieler und jeder
Leser in Hinsicht der Charakterschilderung auch
nur kraft seines Gemüts den Pfad des schaffenden
Dichtergeistes finden kann. Was aber ist es denn
Eigentümliches und Kennzeichnendes, das der
Dichter seinen dramatischen Gestalten mit auf den
Weg giebt und das sie dem feinfühligen Leser in
ihrer ganzen Erscheinungsart erkennbar und bekannt
macht? Wodurch haucht er jeder Seele den ihr
eigentümlichen (s. v.!) Duft ein? Für einen individuellen Charakter giebt es kein bezeichnendes
Wort. Der Begriff ist zu eng an Umfang und zu
reich an Inhalt, als dass ein Wort zu seiner ver-
standesgemässen, logischen Übermittelung zu Gebote stände, wie wir im gewöhnlichen Leben für

die meisten unserer Seelenstimmungen wegen ihrer
Gemischtheit und ihrer Abhängigkeit von ganz besonderen Fällen keinen Ausdruck finden. Um mit
wenigen Worten einen schnellen Überblick über
das Wesen einer Seele zu geben, sprechen wir von
hohen und niedrigen, grossen und kleinen, vornehmen und gemeinen Seelen; aber wenn schon
diese Bezeichnungen Gesamteindrücke wiedergeben,
so fehlt ihnen doch jegliche individuelle Würze.
Indessen dieser Mangel am bezeichnenden Wort
ist gleichgültig für den Dichter. Gerade, wo der
träge Strom der nüchternen Verstandessprache ver-
sandet, da sprudelt der Quell der poetischen Rede
um so reichlicher hervor. So bald unsere Sprache
ermüdet unter der schweren Last des strengen Gedankens, wenn sie denselben auch nur von einem
Gehirn zum andern schleppen soll, so unermüdlich
und gefällig ist sie, die Ideen des Dichters, die so
leicht sind wie das Sonnenlicht, in alle Fernen
und in tausend Herzen zu tragen. Was auch der
wortreichste Dichter unmöglich mit einem einzigen
Worte sagen könnte, das weiss er, wenn es ihm
gefällt, mit jedem seiner Worte zu sagen. Um
beispielsweise zunächst des lyrischen Dichters zu
gedenken, so vermag er oder muss er nicht nur
vermögen, durch das kleinste, treffendste, glücklichste Wort die klarsten und ergreifendsten Vorstellungen von tiefem Herzensweh und jubelnder
Herzensfreude, von den peinlichsten Herzenswirren
des Zweifels und der Verzweiflung und der frei-
überströmenden Wonne des erfüllten Verlangens
blitzschnell in unserm Bewusstsein heraufzube-
schwören, vermag er nicht nur, die schmerzlichsten
und süssesten Rätsel des Empfindens zu lösen,
sondern er besitzt auch die Macht oder sie soll
ihm eigen sein, die leisesten Schauer der Seele,
gehören sie dem Schmerz oder der Freude, der Unruhe oder dem Frieden, mit einem Worte: die
Stimmung seiner eigenen Seele auf das unmittel-

barste auf uns zu übertragen; es steht in seiner
Gewalt, unser Auge wie das seine zu umschatten
oder zu erleuchten, unser Herz langsamer oder
schneller schlagen, unser Haupt hoffend sich erheben oder verzagend sinken zu machen. Durch
welches Zaubermittel bewirkt aber der lyrische
Dichter einen Einfluss dieser Art? Ich weiss sehr
wohl, dass ein fremdes, hartes, unpassendes Wort
die Stimmung stört oder gar nicht aufkommen
lässt; ich weiss, dass ein Hin- und Herspringen
des Gedankens, weil es unsere Andacht zerstreut,
die Entstehung einer Stimmung hemmt; ich fühle
auch den Anteil des rhythmischen Klanges, überhaupt der metrischen Form, die auf das so nahe
mit dem Gefühl in Verbindung stehende Gehör
wirkt, an der stimmenden Wirkung eines Gedichtes;
nichtsdestoweniger möchte ich anstehen, zu behaupten, in all diesem liege erklärlicherweise der
Grund für die Stimmung eines Gedichtes. Man
könnte sagen: Der Grund liegt in dem stillschweigenden und geheimen Zusammenfluss der im Gedichte ausgedrückten Empfindung mit dem Tonfall,
der Musik der Strophe, in dem Ausströmen dieser
beiden Momente zu einer Gesamtwirkung; wie es
aber nun der Dichter bewirkt, dass sich Gedanke
oder Gefühl und Schall (um mit Geibel zu reden)
„mit verstohlener Sehnsucht“ suchen und finden,
das bleibt immerhin ein Geheimnis, welches über
die Werkstatt des Dichters nicht hinausdringt.

Als ein ähnliches stilles und geheimes Schaffen
des Dichtergeistes erscheint mir, was den Charakteren im Drama ihre Stimmung verleiht. Die
klar und bestimmt gefasste Konzeption der Charaktere verlässt den Dichter bis an das Ende seiner
Dichtung nicht und lenkt überall, mit wie wechselnden Gedanken und Gestalten auch sein Geist
beschäftigt ist, die Wahl seiner Mittel und Wege.
Das inspirierte Idealbild schwebt wie ein Geist
über dem Chaos des zu ordnenden Stoffes und lockt

durch seine schaffende Kraft Wesen zum Leben
hervor, die seine Züge tragen und seinen Geist in
sich hegen. Die immer vorschwebende Intention
flösst dem Dichter die Worte ein, die sie am voll-
kommensten realisieren, und verscheucht jedes Wort,
wo es nicht am Platze wäre. Dass das vorgefasste
Bild eines Charakters den Dichter unausgesetzt be-
einflusst, das glaube ich, giebt seinen Worten die
Kraft, dasselbe Gemälde in aller Klarheit und
Treue in unserm Geiste wieder erscheinen zu lassen.
Und mit Beziehung auf meine frühere Behauptung,
dass ich mir keine Erforschung der Seelen denken
könne ohne die allgemeine Auffassung des Gesamt-
wesens, muss ich gestehen, dass mir ein Zustande-
kommen abgeschlossener, einheitlich erscheinender,
seelisch wahrer und unser sympathetisches Interesse in Anspruch nehmender dramatischer Charaktere nur auf diesem Wege möglich scheint.

Auch Goethe muss seine Egmont-Gestalten
gezeichnet haben, Kopf und Herz voll von ihren
ganzen, vollständigen und in ihrer Abrundung schon
lebendigen Idealbildern, Kopf und Herz voll auch
von jener, die Kunst und die lachende Natur um-
schwebenden Heiterkeit, die im Lande der Gold-
orangen „vom blauen Himmel weht" und um ernste
Ruinen huscht und die sich auch so innig ein-
schmiegte in die „Römischen Elegien" des ver-
liebten Dichters. Über allen Gedanken und Worten,
über allen Zügen liegt jenes warme, kraftbewusste
Leben ausgebreitet, das aus vollem Herzen strömt
und dessen Hauch auch unsere Wangen, uns selbst
unbewusst, erglühen macht. Trotz der Unvoll-
kommenheiten dieses Trauerspiels, die unschwer zu
entdecken sind, hinterlässt es ganz das Gefühl er-
quickender Befriedigung und geistklärender und
herzerhebender Heiterkeit, welches den inneren
Nachklang der reinsten Kunstgenüsse bildet und
welches wir am besten kennen aus der Lektüre
Goethe'scher Dichtung. Zu untersuchen, woher dies

rühre, würde mich zu weit führen. Genug: das
über dem Ganzen ruhende, heitere und volle Leben
hat auch reichlich seine Lichtstrahlen ausgebreitet
über die handelnden Charaktere und ihnen jene
Lebendigkeit des Individuellen verliehen, die sie
zu lebenswahren Erscheinungen macht. In einem
früher gehaltenen Vortrage „Über die Charaktere
im Nathan" habe ich Gelegenheit genommen, das
hohe Vermögen Lessings zu bewundern, den Charakteren ihre allgemeine, ihnen allein eigene Stimmung zu unterlegen, habe ich auf die rührende
Schönheit hingewiesen, dass uns Sittah und Saladin
in jedem ihrer Worte als Geschwister erscheinen
und in Recha das möglichst vollkommene seelische
Abbild ihres Pflegevaters zu finden geglaubt.
Ausserdem findet man im „Nathan" in wahrhaft
verschwenderischer Ausdehnung die Charakterisie-
rung durch einzelne Züge, von der aber nicht alles
Heil erwartet werden soll, sondern die, im Lichte
der Grundstimmung der Charaktere gehalten, durch
behagliche Ausmalung die Vorstellungen vom inneren Leben der handelnden Menschen zu sättigen
bestimmt ist. In gleicher Fülle finden wir die
Detailzeichnung im „Egmont" nicht. Vielleicht um
so schlimmer für mich, der ich in diesen Einzelzügen das Gerippe für meine Darstellung suchen
muss; denn der oben geschilderten, still und geheim
wirkenden Beredsamkeit der Poesie stehe ich mit
der leicht messbaren Kraft der prosaischen Darlegung gegenüber, und alles, was ich thun kann,
ist versprechen, dass ich mich bei meiner Nach-
zeichnung ganz den Gesamteindrücken der Charaktere überlassen, in ihrem Sinne das Verständnis
des Dichters vermitteln und auf diese Weise möglichst wenig vom Nektar der Poesie verschütten will.

Der Egmont der Geschichte gehört trotz seiner
Tapferkeit und Liebenswürdigkeit nicht zu jenen
Märtyrern der Freiheit, deren Geschichte uns hoch
begeistert und deren Geschick uns tief erschüttert.

Mag es immerhin als eine mehr als unbegründete
Behauptung erscheinen: Der Held von Gravelingen
und St. Quentin habe auf dem Blutgerüste eine erbärmliche Furcht vor dem Tode gezeigt, so mangelt
ihm doch jenes empörte Rechtsgefühl und jener
stolze, unbeugsame Trotz, der die Tyrannei zaudern
und an dem Erfolg ihrer Gewaltthaten zweifeln
macht; vielmehr hofft und harrt er mit wahrer
Zähigkeit auf Fürstengnade, auf deren Besitz er
immer eitel gewesen (vergl. Schiller, Abfall der
Niederlande). Zweifellos erscheint der Egmont der
Tragödie vor seinem Untergange um ein Bedeutendes heroischer und erhabener, und jenes bäng-
liche Hoffen auf Gnade hat der Dichter in ein
schönes und grosses, wahrhaft königliches Vertrauen auf den unköniglichen Sinn des spanischen
Despoten umgewandelt; nichtsdestoweniger scheint
sich der Dichter nicht genug von dem Totalein-
druck des historischen Egmont haben emanzipieren
können oder wenigstens nicht den energischen
Versuch gemacht zu haben, einen Helden des
Trauerspiels zu schaffen. Anstatt uns einen zielbewussten Helden mit liebenswürdigen menschlichen Schwächen behaftet zu zeichnen, giebt uns
der Dichter einen liebenswürdigen Menschen mit
grossen historischen Reminiscenzen (die auf der
Bühne nichts gelten) und im unsicheren Lichte der
Volksgunst. Trotz Vilmar glaube ich, dass Schiller
Recht hatte, wenn er von einem Helden des historischen Dramas mehr tragischen Ernst verlangte,
als ihm der Dichter gegeben. Wahr und wunderbar
schön gesagt ist es:
„Wie von unsichtbaren Geistern gepeitscht, gehen die
Sonnenpferde der Zeit mit unseres Schicksals leichtem
Wagen durch, und uns bleibt nichts als, mutig gefasst,
die Zügel festzuhalten und bald rechts, bald links, vom
Steine hier, vom Sturze da, die Räder wegzulenken."
Wer zu träge oder zu träumerisch ist, mit der Zeit
vorwärts zu eilen, den überrascht sein Schicksal
am frühesten und meisten. Wo aber sehen wir

Egmont die Zügel der Zeit fassen und den Wagen
seines Schicksals mit fester Hand lenken? Lehnt
er sich nicht vielmehr behaglich zurück und ergötzt
sich an dem rasend schnellen Laufe? Erfordert es
nicht ein hell sehendes Auge, bedarf es nicht eines
männlich-starken Geistes, jenen leichten Wagen zu
regieren und kämpft nicht Egmont auf das hart-
näckigste mit der Sophistik des Leichtsinns und
des Selbstgefallens jede klare Einsicht nieder?

Aber das eigenwillige Herz anerkennt nur das
wenigste von dem, was der ernst-väterliche Verstand vorschreibt. Und nun gar erst beim „Egmont", dem Lieblinge des Publikums, diesem
Stücke, dem die Kritik kein Haar krümmen kann,
trotzdem seine Mängel und namentlich die Mängel
in dem Bilde des Helden ebenso sehr dem Gefühl
wie dem Verstande auffallen. So wenig erfreulich
auch im grossen und ganzen die gegenseitige Geringschätzung zwischen Kritik und Geschmack in
unseren Tagen ist, so lässt sich doch in diesem
Falle der kritische Verstand gern überreden von
dem schönheitberauschten Gemüte. Niemand kann
es Wunder nehmen, dass es bei dieser Dichtung
so ist. Huschte auch der Geist des grossen Dichters an dieser oder jener Stelle nur flüchtig vorüber, — seine Spur erkennt man doch überall.
Und gewiss nicht am wenigsten in der Weise, wie
er uns den menschlichen Egmont darstellt, mag
dieser uns nun selbst erscheinen im Rate mit Alba
oder mit Oranien, mag er sich uns mittelbar zeigen
in der liebenden Bewunderung des Volkes oder in
der bewundernden Liebe Klärchens. Wie in der
Geschichte so im Drama ist die stärkste Seite
Egmonts sein kriegerisches Heldentum. Die Soldaten verehren ihn abgöttisch; wenn sie von ihren
Kriegsthaten erzählen, ist jedes dritte Wort: Graf
Egmont; bringen sie eine Gesundheit aus, so wird
zunächst seiner gedacht. Mehr noch vielleicht als
seine persönliche Tapferkeit und seine soldatische

Tüchtigkeit entzückt es seine Leute, dass er nicht
nur alle Leiden, sondern auch die rauschenden
Freuden des Soldatenstandes mit ihnen teilt, flott
und lustig nach Kriegerart zu leben weiss, „splendid
ist und es laufen lässt, wo es gedeiht". Grösse
und Hoheit finden zwar immer ihre schönste Ergänzung in persönlicher Liebenswürdigkeit, Einfachheit und Unbefangenheit; ganz besonders aber
gilt es von der Masse des Volkes, vor allem des
Volkes früherer Zeiten, dass es durch nichts mehr
enthusiasmiert wird, als durch Leutseligkeit und
Herablassung, die ihm ein bewundertes Vorbild
nahbar machen. Des öfteren wird dieser Doppel-
seitigkeit in Egmonts Charakter im Drama Erwähnung gethan. Solche Führer und Vorbilder pflegen
am lebendigsten zur Nacheiferung anzureizen; darum
ruft denn auch der martialische Buyck in der ersten
Scene aus: „Das wäre auch ein Kerl, der unter ihm
diente und nichts von ihm lernte." Die ganze
Nation hängt an dem schönen, prachtvoll auf-
tretenden, heiteren, offenen und freundlichen Statthalter von Flandern und Artois. „Der flämische
Stolz machte sich, wie eine eitle Mutter, mit dem
herrlichen Sohne des Landes gross", sagt Schiller.
Seine Schönheit, die sich mit Tapferkeit eint, sein
ungebundenes Auftreten, das ihm nichts von seiner
stolzen Vornehmheit nimmt, seine Sympathieen für
das Volk, mit dem er eines Blutes ist; das alles
reisst das Volk zu der einstweilen unbegrenzten
Anhänglichkeit hin, die das verzweifelnde Klärchen
so schön und lebendig schildert, während es dieselbe vergebens anruft. „Warum ist alle Welt dem
Grafen Egmont so hold? Warum trügen wir ihn
alle auf den Händen? Weil man ihm ansicht, dass
er uns wohl will; weil ihm die Fröhlichkeit, das
freie Leben, die gute Meinung aus den Augen
sieht; weil er nichts besitzt, das er dem Dürftigen
nicht mitteilte, auch dem, der es nicht bedarf."
Er versteht auch, durch die Finger zu sehen, ist,

wo er strafen muss, milde in seinem Urteil, sieht
in einer momentanen Verirrung kein Verbrechen
und schlägt überhaupt nicht mit der Keule darein,
um Fliegen zu töten. Einen Strassentumult stillt
er durch sein Erscheinen und durch freundliche,
ratende Worte. Wenn er so mit seinen Lands-
leuten, Krämern, Zimmerern, Schneidern etc. redet,
so hat er eine Weise, die beruhigt, überzeugt, ohne
das Demütigende des Tadels an sich zu haben.
Man hört auch manches mehr, als er wohl sagt:
Ich weiss, dass die Last des spanischen Joches
drückt; mir sind diese Herren nicht lieber als euch;
aber „sie haben zuletzt doch die Gewalt in Händen";
also seid ihr lieber die Nachgebenden und Klügeren.
Er sagt auch mehr als richtig ist: z. B. „Ein or-
dentlicher Bürger, der sich ehrlich und fleissig
nährt, hat überall so viel Freiheit, als er
braucht"; das ist gewiss nicht wahr, war zu jener
Zeit eben so wenig wahr wie heute; aber das beeinträchtigt den Eindruck seiner Worte nicht, und
der Zimmermeister weiss es auch, nachdem Egmont
fortgegangen, zu sagen, was ihm eben so gefallen
hat: „Der echte Niederländer! Gar so nichts Spa-
nisches." Unter den auf die Sympathieen des
Volkes Anspruch erhebenden Vorzügen Egmonts
ist ein gut Teil Äusserliches und Zufälliges. Das
pflegt aber meistens so zu sein, dass die über-
schwängliche Verehrung des grossen Haufens ihre
Nahrung zum grossen, wenn nicht zum grösseren
Teil aus in die Augen stechenden Nebensächlich-
keiten saugt, während tieferer Gehalt in bescheidener Form fast immer nur einen bescheidenen
Kreis von Verehrern an sich lockt. Man bedenke
nur: dass Egmont Niederländer von Geburt ist,
das ist in den Augen der egoistischen, privilegien-
süchtigen Spiessbürger und echten Holländer bei-
leibe nicht sein kleinstes Verdienst.
   Ist so das Bild Egmonts, wie es die Zuneigung des Volkes giebt, in seiner freundlichen

Schönheit in gewisser Hinsicht beeinträchtigt, so
malt es sich mit desto reineren und leuchtenderen
Farben in dem Kopfe seiner Geliebten. Gehoben
durch eine solche Liebe, erscheint der Angenehme
und Liebenswürdige als „der Grosse und Herrliche". Möchten wir wissen, wie Egmont dem
Mädchen erscheint, so brauchen wir uns nur einen
herzerquickenden Ton, der aus dem Grunde der
Seele emporjubelt, zurückzurufen: „O, du könntest
die ganze Welt über dich richten lassen." Dadurch ist dann der edle, freie, offene Charakter des
Geliebten vielleicht am treffendsten und über-
zeugendsten gekennzeichnet. Auch Klärchen be-
strickt, wie natürlich, der anmutende Kontrast
zwischen dem Grossen und dem Einfachen, zwischen dem Mannhaft-Starken und dem Freundlich-
Milden. „Seht, Mutter, und er ist doch der grosse
Egmont. Wenn er zu mir kommt, wie er so lieb
ist, so gut! wie er mir seinen Stand, seine Tapferkeit gern verbärge! wie er um mich besorgt ist!
so nur Mensch, nur Freund, nur Liebster."

Am klarsten und lebendigsten springt die
Eigenart des lebensfrohen Kriegshelden hervor aus
dem Kontraste mit Oranien. Eine einzige, aber
vom ersten bis zum letzten Worte unvergleichlich
schöne Scene führt, „das gefährliche Paar", „die
unzertrennlichen Freunde", zusammen. Der gleich-
gültig-leichtsinnige, arglose Egmont und der schlaue,
vorsichtige, strenge Staatsmann von Kindesbeinen
an: unzertrennliche Freunde! Das klingt nur be-
fremdend, ist es aber nicht, ist vielmehr menschlich
tief begründet und in dieser Wahrheit von der
schönsten ergreifendsten Wirkung. So tiefe, schwer-
ernste, stählerne Geister wie derjenige Oraniens
suchen gerade die Freundschaft und Liebe sorg-
loser, froher, heiterer Charaktere und finden in
ihrem aufhellenden, erquickenden Einflusse eine
wohlthuende Ergänzung ihres Wesens, ähnlich, wie
sich das Alter an der Munterkeit der Jugend er-

labt. Zwar eignet Oranien nichts weniger als jene
Sterilität des Gemüts, an welcher die meisten Staats-
männer leiden, weil ihnen vielfach der Machia-
vellismus bis ins innerste Herz geschlichen ist.
Nicht allein gilt dies von dem geschichtlichen
Oranien, auch der Goethe'sche besitzt ein Herz,
welches in dem Abschied von Egmont die zärt-
lichste Wärme bekundet. Steht er in dieser Hinsicht dem warmherzigen Egmont nicht nach, so
überragt er ihn in der Schärfe des Verstandes so
weit, dass ein Vergleich kaum zulässig ist. Mit
seinem durchbohrenden Blicke hat der Prinz die
Stimmung der Regentin in der Sitzung erfasst und
verstanden, was hinter jedem ihrer Worte verbor-
gen lag. Egmont hat die Prinzessin wie immer
gefunden; er konnte auch nicht wohl anders; denn
— er „dachte indessen an etwas anderes"! Die
ruhige Gründlichkeit des Geistes Oraniens lässt
keine Illusionen zu; er traut dem Könige mit
keinem Gedanken und verbirgt unter scheinbarer
Unbefangenheit den mit Recht unbegrenztesten
Argwohn. Ihn charakterisiert sein Wort: „Es ist
klug und kühn, dem unvermeidlichen Übel ent-
gegenzugehen" gegenüber dem sanguinischen Egmont, der einen offenen Ausbruch des Unheils noch
für vermeidlich hält. Wilhelm von Oranien spricht
in dieser Scene in Wirklichkeit nie Vermutungen
aus. Er kleidet nur mit diplomatischer Vorsicht
seine feste Überzeugung in die Form von Vermutungen, und erst, wenn der naive, treuherzige
Freund Zweifel äussert, wiederholt er seine Behauptung mit einer kalt-ernsten, kurzen Bestimmtheit, dass man selbst erschrickt; aber man erschrickt
angenehm vor einer solchen Ruhe und Schärfe des
Geistes. Egmont zwar ist nicht ohne ein gewisses,
gesundes Urteil. Sollte seine in allem glückliche
Natur ihn nicht auch zuweilen einen glücklichen
Griff in das Reich des beurteilenden Verstandes
thun lassen? Hat man doch nicht selten Gelegen-

heit, zu beobachten, dass der wenig beschäftigte
Geist des Epikuräers mit jovialer Leichtigkeit ein
treffendes Urteil fällt, oder besser gesagt, vom Baume
pflückt und den skrupulös denkenden Verstand
überholt. Zumal ist dies häufiger, wenn Offenheit,
Geradheit und Reichtum, Frische und Wärme der
Empfindung den ungeübten Verstand unterstützen.
Dies ist in hohem Masse bei Egmont der Fall.
Mehr Empfindung als Vernunft ist es, was ihn
Oranien gegenüber die Eventualität eines verhee-
renden Krieges in Anschlag bringen lässt, und fast
bringt es uns auf seine Seite, ihn, den durch
Kriegsruhm Gehobenen, mit beredtem Munde die
Schrecken des Krieges schildern zu hören. Wo
sich der Diskurs der Freunde unter steigender Erregung Egmonts zu epigrammatischer Schärfe zu-
spitzt, da ist Egmont keinen Augenblick verlegen
um einen entgegnenden Gedanken, der uns momentan überzeugt. Aber dann spricht der Schweig-
same und schneidet mit unerbittlicher Strenge jede
leiseste Hoffnung ab, und wir fühlen selbst, dass
diese uns zur Schwäche verleitete, wie Hoffnungen
und Wünsche uns so leicht zu schwanken Über-
zeugungen und Meinungen verführen. Egmont gehört zu jenen Menschen, deren Geister in einer
gewissen Isolierung vom Realen leben und sich zu
Umständen irgendwelcher Art schwer oder garnicht
in Beziehung zu setzen verstehen. Darum könnten
seine Ansichten wohl richtig, seine Voraussichten
wohl zutreffend sein; aber sie sind es nicht.
Oranien dagegen wurzelt mit seinem Geiste fest in
jedem Augenblicke seiner Zeit, und mit nicht nur
politischem, sondern historischem Blicke überschaut
er das Gebiet offener und geheimer politisch-diplo-
matischer Geschehnisse „wie ein Schachbrett".
Er vergleicht die Aufgabe der Fürsten und Herr-
scher mit dem Studium der Natur. Das ist bezeichnend. Wer die kommenden Dinge mit so
sorgenvoller und überzeugter Bestimmtheit hinter

dem Schleier der Zukunft erkennt, dem muss das
Leben der Völker und Regierungen, das politisch-
historisch-nationale Leben das Geheimnis einer gewissen Regelmässigkeit enthüllt haben, wie es der
Naturforscher auf den Wegen der Natur findet, wie
es sich uns allen mehr oder minder aufdrängt,
wenn wir allgemach das Hin- und Herweben „am
sausenden Webstuhl der Zeit“ wahrnehmen.
„Oranien hält keinen Zug des Gegners für unbe-
deutend“ — Egmont nimmt das Ernste scherzhaft —
Oranien denkt und schweigt —“ Egmont fühlt
und redet — Oranien thut mit tiefster Demut und
Ehrfurcht „was ihm gefällt“ — Egmont muss das
stolze Haupt, das er getragen, „als ob die Welt
ihm gehörte“ auf das Schaffot legen. Wer von
den Beiden angethan war, der Geschichte ihren
Weg zu weisen, das sagt der erschrockene, schmerz-
lich-erinnernde Ausruf: „Oranien, Oranien!“
    Sowohl der Charakter Egmonts als auch der-
jenige Klärchens (dieser, wie wir unten sehen
werden, vor allem) werden zur höchsten Erregung
und Entfaltung angeregt durch die herannahende
Katastrophe. In der Scene vor der Gefangennahme
nimmt Egmont momentan von der Würde eines
historischen Helden in ganzem Umfange Besitz.
Sein Herz flammt in freudiger, feurig-beredter Liebe
zur Nation und zum Vaterlande. Dies Gefühl verleiht seinem Geiste eine Schlagfertigkeit und Leucht-
kraft, die ihn über sein sonstiges Niveau bedeutend
erheben und die ihn befähigen, den dreisten Prä-
tensionen der spanischen Eindringlinge auch kein
Stäubchen vom Rechte seines Volkes prinzipiell
abzutreten. So offenherzig wie unerschrocken, so
rein-national fühlend, wie bestimmt und überzeugend,
ohne Scheu das treffendste Wort wählend, sagt er
dem Könige in seinem Vertreter die unbemäntelte,
traurige Wahrheit ins Gesicht und zahlt, wo man
ihm in frecher Weise gewisse Absichten imputiert,
mit edler Beherrschung und Zurückhaltung, aber

doch mit beleidigter Schärfe und mit barer
Münze heim. Er kennt sein Volk und seines
Volkes Bedürfnis und vertritt mit einem wunder-
baren, herzerhebenden Idealismus die Idee der Regierung durch den einheimischen Adel.
In einer mehr weich-elegischen, als erhabenen,
packenden Schönheit fliesst das Leben Egmonts
seinem Ende zu. Dieser Kampf der lachenden,
quellenden Lebensfreudigkeit mit der langsam na-
genden Qual der Gefangenschaft und dem Schreck-
bilde des Todes, dieses Hangen und Bangen in
Sorge und Zweifel, diese Reminiscenzen aus dem
„süssen Leben" mit ihrer vom Grabe herüber-
wehenden Schwermut: alles das ist von einer seltsam
rührenden und sanft befangenden Macht. Egmont's
Natur verleugnet sich bis zum Ende nicht: dass er
der Freude gelebt, das richtet ihn auf und macht
ihm den Weg ins Grab leichter. Getröstet und
erleichtert durch die feurige Zuneigung Ferdinands,
verklärt und erleuchtet durch die glänzende Erscheinung, rafft er sich auf zu dem begeisternden
Stolze des Märtyrers, verkündet er als Herold des
Befreiungskampfes den hereinbrechenden Morgen
und ruft auf zum Kampfe für den heiligsten Besitz,
für Vaterland und Freiheit, für Eltern, Weiber und
Kinder. Mannhaft schreitet er in den Tod, begleitet von zwei lieblichen Gedanken: Klärchen
und die Freiheit.
Es giebt kein schwierigeres und erfolgloseres
Experiment, als sich zum Mitleid oder überhaupt
zum Mitgefühl zwingen. Das gilt für alle Gemüter,
tiefe, wie oberflächliche. Hingegen wird es letzteren
unter Umständen sehr leicht, ein etwa erwachendes
Mitgefühl herabzudrücken, z. B. durch die Kraft
irgend eines Diktums aus einem „Leitfaden der
Litteraturgeschichte". Dem selbständig und wahr
Fühlenden andererseits wird es ebenso schwer, sich
des Mitgefühls zu entschlagen, als dasselbe in sich
zu erzwingen, und so öffnet er auch willig sein

Herz dem Mitleid für den Helden unseres Dramas,
trotz des Bewusstseins von der unzureichenden
historischen Würde desselben. Mag sein, dieses
Mitleid hat, wenigstens so weit es nur der Person
des Helden gezollt wird, nicht die Nebenwirkung
des Erhabenen und Erhebenden; es vereint nicht
mit sich den Affekt des Schrecks und das Gefühl
der Furcht, wie sie sich bei dem Untergange
willenskräftigerer Charaktere in uns einzustellen
pflegen. Dafür aber findet ein Mitgefühl solcher
Stimmung und Motivierung, wie es Egmont auf
sich zieht, leichter eine Stätte und einen weicheren,
empfänglicheren Boden in den Herzen der Menschen, als ein sympathetisches Gefühl, hervor-
gerufen durch den Untergang von Charakter-Phä-
nomenen und durch seltenere, ungewöhnlichere
Geschehnisse. Es ist eine schöne Zierde aller
besseren und „mittelguten" Menschen, eine starke
Empfindlichkeit zu besitzen für das Schicksal des
arglosen, aufrichtigen Vertrauens, das der gemeinen
Hinterlist zum Opfer fällt. Gerade dieses Vertrauen, das wir an und für sich zu sehr lieben, um
eine Übertreibung desselben gar so strenge zu beurteilen, dieses Vertrauen macht die ohnehin tragische Wirkung des unterliegenden Rechtes um so
tiefgehender. „Die Nichtswürdigen regieren, und
die Edlen fallen in ihre Netze." Dieses Wort des
sterbenden Götz taucht in unserm Gedächtnis auf,
wenn der Vorhang uns langsam den Schauplatz der
Tragödie verhüllt. Nichts vermag uns in eine
wärmere Aufregung und Empörung zu versetzen,
nichts uns mit einer tiefer trauernden Wehmut zu
erfüllen, als diese schmerzliche Wahrheit, die sich
uns aufdrängt, indem wir uns gegen sie sträuben,
und die, je mehr wir uns gegen sie sträuben, nur
desto länger in uns nachklingt. —

Seine klare, feste, bewusste Ruhe, seine un-
gestörte Einheit und unfehlbare Konsequenz erheben
den Charakter Alba's auf die gleiche Stufe rein

ästhetischer Vollkommenheit, auf der wir Oranien
erblicken. Nur ungeklärte, verschwommene oder
unter strenger Kuratel der moralischen Gesetze
stehende, also ganz naive Kunstauffassung kann
im Zweifel darüber schwanken, ob der Eindruck
dieser, wenn auch starren moralischen Abgeschlossenheit ein ästhetisch wohlthuenderer sei als der Eindruck des bei Goethe typischen schwankenden Helden-
charakters, eines Charakters wie Faust, Clavigo,
Tasso, Weislingen und Egmont. Kein Bedürfnis
ist unserm Wesen tiefer eingeprägt und entfacht
in uns ein unruhigeres Verlangen, als das nach
Klarheit, Einheit und Ruhe; nichts wirkt darum
tröstlicher und erhebender auf uns, als einen einheitlichen Charakter die streng gerade Linie seines
Wollens wandeln zu sehen, und selbst wo dieses
Wollen uns moralisch abstösst und verletzt, verliert
jene Schönheit nichts von ihrer tröstlichen Wirkung.
Während aber bei Betrachtung von Oraniens Charakter ästhetischer und moralischer Wert in eine
Gesamtwirkung ausströmen, spaltet sich der Erscheinung Albas gegenüber unser Interesse in
Bewunderung und Abneigung. Es hiesse die
Autonomie der Kunst, im besonderen ihre Unabhängigkeit von der Moral sehr unrichtig verstehen,
wollte man glauben, die Kunst dürfe nie durch
unser moralisches Interesse auf uns wirken wollen,
dürfe nie ihre Wirkungen zu unserm sittlichen
Urteil in Abhängigkeit stellen. Ästhetisch wirken
Verfassung, Harmonie und Festigkeit des Charakters auf uns; moralisch aber und nur moralisch
können selbstverständlich die Gesinnungen, das
Material, aus dem sich der Charakter zusammen-
setzt, auf uns wirken. Und wie könnten wir auch
wohl an der Handlung eines Dramas, dem notwendigen Produkt seiner Charaktere, Anteil nehmen,
wenn die souveräne Kunst unseren sittlichen Gefühlen Schweigen auferlegte? Kurz: sehr häufig in
der Dichtkunst, namentlich aber im Drama können

sittliche und ästhetische Momente vorerst selbst-
ständig neben einander wirken und alsdann entweder in einem endlichen Eindruck ihre Wirkungen vereinigen oder in beständigem Parallelismus beharren. — Darum kann auch Bewunderung
vor dem Charakter Albas neben einer tiefen Abneigung gegen denselben bestehen, und ästhetisches
Wohlgefallen und moralische Missbilligung schliessen
sich hier nicht gegenseitig aus. Schiller ist der
Ansicht: „Vor Alba zittern wir, ohne uns mit Abscheu von ihm wegzukehren. — — — Die kluge
Vorsicht, womit er die Anstalten zu Egmonts Ver-
haftung trifft, ersetzt ihm an unserer Bewunderung,
was ihm an unserm Wohlwollen abgeht." Das
Wort „Abscheu", auf Alba bezogen, wäre vielleicht
übertrieben; aber doch lässt sich der „kalte Affekt"
der Bewunderung, wie ihn Lessing nennt, nicht in
warmes Wohlwollen umsetzen, und wenn auch
nicht eben Abscheu, so doch eine tief innere, eisige
Abneigung gegen den Schergen des bigotten spanischen Despoten greift in uns Platz und bleibt
haften trotz der Konsequenz und Klugheit Alba's.
Diese Klugheit zunächst hat uns der Dichter durch
manche Züge veranschaulicht. So schildert er uns
den Zug des Heeres durch Freundes- und Feindes-
land, den Alba auf meisterhafte Weise zustande
gebracht. Der Dichter zeigt uns ferner, wie der
Herzog mit seinem durchdringenden Blicke seine
Diener auf ihre Zuverlässigkeit und Brauchbarkeit
hin durchschaut hat. Die ganze Unterhaltung mit
Egmont ist gewandt, schlagfertig und bestimmt;
seine Auslassungen gegen den Konservatismus in
der Regierungsform zeugen von klar überlegendem
Verstande, wenn auch die darin enthaltene Wahrheit pro domo herbeigezogen ist und in reaktionä-
rem Sinne keine Wahrheit mehr bleibt. Tiefsinnig
und bedeutsam für den Charakter Alba's sind die
Worte des Monologs nach Empfang des Oranien'schen
Briefes.

„Längst hatt' ich alles reiflich abgewogen und mir
auch diesen Fall gedacht, mir festgesetzt, was auch in
diesem Falle zu thun sei, u. s. w. — — Ist's rätlich.
die andern zu fangen, wenn er mir entgeht? — — —
So zwingt dich das Geschick denn auch, du Unbezwing-
licher? Wie lang gedacht! Wie wohl bereitet! Wie gross,
wie schön der Plan! Wie nah die Hoffnung ihrem Ziele:
Und nun im Augenblick des Entscheidens bist du zwischen
zwei Übel gestellt! wie in einen Loostopf greifst du in
die dunkle Zukunft; was du fassest, ist noch zugerollt,
dir unbewusst, sei's Treffer oder Fehler."

Sofort entdeckt Alba in dem völlig unbefange-
nen Auftreten Egmonts vor dem Palaste, in den
Liebkosungen gegen das Pferd die grenzenlose
Verblendung des Bedrohten. Alles das sind Züge,
die von Bedeutung für die in gewisser Hinsicht
hohe Kapazität des Geistes Alba's sind. Aber mit
dieser Klugheit und Schlauheit vereint sich die
ganze Beschränktheit eines politisch und religiösen
Knechtsinns zu einem ebenso unheimlichen wie
unheilvollen Bündnis. Seine finstere Bigotterie,
seinen starr despotischen Sinn, seine Geringschätzung gegen das Volk, ja sogar seine Tücke
und seinen „Mordsinn" könnte man, vom modernen
„objektiv-historischen" Standpunkte aus urteilend,
einer eingewurzelten, den Menschen ganz erfüllen-
den Überzeugung, wie sie zuweilen aus seinen
Reden wenigstens hervorzuleuchten scheint, zugute halten. In welchem Lichte aber müssen alle
jene Gesinnungen und Eigenschaften, in welchem
Lichte aber müssen selbst die hervorragende Energie
und Konsequenz dieses Charakters erscheinen, wenn
neben ihnen eine so erbärmliche, kriecherische
Dienstfertigkeit sich zeigt, wie sie sich in dem
Worte: „Was der Obere abzulehnen verschmäht,
ist unsere Pflicht zu rächen", ausspricht und diese
Rache weniger den Zweck der Sühne hat, als den,
„im Dienste des Königs sich selber zu dienen"?
Wie so gar nicht schön berührt selbst die Liebe
des Herzogs zu seinem Sohne, die einzige weiche
Regung, welche wir an ihm entdecken! Die Liebe

zum eigenen Fleische ist, wo im übrigen nur rücksichtslose Selbstsucht gebietet, nichts anderes als
ganz gemeine Selbstsucht und berührt gerade so
anwidernd wie diese. Das Bild Alba's erhält nahe
dem Ende des Stückes noch durch wenige ver-
stärkende Auftragungen eine wichtige Verdeut-
lichung. Ich denke an die meisterhafte Schilderung
des jugendlichen Alba durch Egmont:

> „Ja, ich weiss es, — — —: mich hat der Ein-
> gebildete beneidet; mich wegzutilgen hat er lange ge-
> sonnen und gedacht. Schon damals, als wir, noch jünger,
> mit Würfeln spielten, und die Haufen Goldes — — von
> seiner Seite zu mir herübereilten, da stand er grimmig,
> log Gelassenheit, und innerlich verzehrte ihn die Ärger-
> nis, —. Noch erinnere ich mich des funkelnden Blickes,
> der verräterischen Blässe, als wir an einem öffent-
> lichen Feste vor vielen tausend Menschen um die Wette
> schossen."

Wie treffend ist in diesen Worten die Krankheit der Ehrsucht, diese Auszehrung der Seele,
dieser unstillbare, herzzernagende Hunger geschildert! Wie fein und klar sind in dem „funkelnden
Blick", der „verräterischen Blässe", der erheuchel-
ten Gelassenheit die nicht zu unterdrückenden
Kundgebungen des scheelen Neides getroffen, mit
dem der kleinlich zusammenraffende Ehrgeiz auf
die fröhliche Achtlosigkeit und Leichtigkeit des
geborenen und reich begüterten Talents blickt!
Diese dämonische, rücksichtslose Sucht nach Ehre
und Macht überzieht denn auch das ganze Wesen
des Mannes mit der Eiskruste eines schroffen,
finsteren, steifen Ernstes, der ihm fröhliche und
warmblütige Gemüter unbegreiflich oder verächtlich
macht. Die Griesgrämigkeit und lauernde Grausamkeit des Herzogs werden am drastischsten von dem
Schreiber Vansen gezeichnet, der den Statthalter
mit einem Kater und einer Spinne vergleicht.

> „Der alte Kater sieht aus, als wenn er Teufel
> statt Mäuse gefressen hätte und könnte sie nun nicht
> verdauen." — — „Seht, der lange Herzog hat euch so ein
> Ansehen von einer Kreuzspinne, nicht einer dickbäuchigen,

die sind weniger schlimm, aber so einer langfüssigen, schmalleibigen, die vom Frasse nicht feist wird und recht dünne Fäden zieht. aber desto zähere."

Anstatt erhellt oder gemildert zu werden, werden die Züge des Albaischen Charakters noch verschärft durch das reine Licht, das von dem wohlwollenden Herzen seines Sohnes ausströmt. Diese weichherzige Jünglingsnatur, der Sohn einer „zärtlichen Mutter", heischt unsern regsten Anteil durch den masslosen Schmerz über sein schweres Schicksal, den Untergang seines angebeteten Freundes mit herbeigeführt zu haben. Die tief innere, zerstörende Verzweiflung über die Wert- und Bedeutungslosigkeit seines künftigen Lebens schüttet er in den ergreifenden Worten aus: „Bei der Freude des Mahls hab' ich mein Licht, im Getümmel der Schlacht meine Fahne verloren."

Man kann nicht umhin, das künstlerische Geschick des Dichters zu bewundern, mit dem er die historische Margaretha von Parma in sein Drama übertragen hat. Die Regentin des Dramas stimmt in allen Grundzügen ihres Wesens mit der geschichtlichen überein: aber alles Übertriebene, Rohe, Eckige, Beleidigende ist mit so sicherer Genauigkeit und Konsequenz auf ein schönes Mass abgemildert, dass jene Frau uns auch wieder ganz anders als die historische erscheint, und zwar so erscheint, dass sie ganz unsere Sympathie in Anspruch nimmt, so weit es unsere Parteinahme für den gegenteiligen Gesinnungsstandpunkt im Drama zulässt. Bei Goethe hat die politische Frau bis auf das unwichtige Podagra und das „Bärtchen auf der Oberlippe" kaum etwas Verletzendes in ihrer Erscheinung, und auch was ihr der Geschichte zu Liebe an nicht gerade weiblichen Zügen gegeben ist, ist durchweg so vorzüglich und imponierend, dass es wenigstens die Angenehmheit des Totaleindrucks nicht beeinträchtigt. Eine scharfsinnige Klugheit und Menschenkenntnis und eine massvolle

Energie bekunden in ihr die Herrscheranlage. Jene
Klugheit ist oft geeignet, uns in Staunen zu setzen,
mag sie sich zeigen in der Weise, wie die Regentin
die geheimen· Triebfedern des Regierungsapparates
aufdeckt, wie sie den kunstvollen Brief ihres Bruders
interpretiert und den „hohläugigen";Toledaner" schildert, oder andererseits, wie sie den Absichten der
niederländischen Grossen auf den Grund geht oder
zu gehen sucht. „Sie ist klug und mässig in allem,
was sie thut", lautet das Urteil des Volkes. Ihre
Entschlossenheit und Standhaftigkeit hat nirgends
eine rauhe Seite; sie ist ein männliches Weib und
beurteilt mit fast derselben Milde wie Egmont die
bilderstürmerischen Tollheiten des von fanatischem
Taumel erfassten Pöbels. Sie vertritt entschieden
die Interessen der spanischen Krone, jedoch ohne
die freche Anmasslichkeit Alba's. Sie steht fest
zu ihrer Religion und Kirche, aber zeigt nicht die
widerliche Bigotterie des historischen Frauenzimmers,
die sich in den verrücktesten demütigen Handlungen
zu bezeugen suchte. Wo Anlage zum Herrschen
sich zeigt, da pflegt sich auch die Lust zum Herrschen einzustellen, und diese besitzt Margaretha in
reichlichem Masse trotz aller schwierigen Verhältnisse, die sie zu überwinden hat und trotz ihrer
peinlich von zwei Seiten eingeengten Stellung.
Sie weiss uns klar davon zu überzeugen, wie
schmerzlich-schwer ihr der Rücktritt aus eigener
Entschliessung wird; aber gleich darauf weiss sie
einen Stolz und eine Hoheit in ihre Worte zu
legen, die uns der Scheidenden mit wohlthuender
Achtung nachblicken lassen.

> „Wer zu herrschen gewohnt ist, steigt vom Throne
> wie ins Grab. Aber besser so, als einem Gespenste gleich
> unter den Lebenden bleiben und mit hohlem Ansehen
> einen Platz behaupten wollen, den ihm ein anderer ab-
> geerbt hat und nun besitzt und geniesst."

Hat der Dichter es bei Margaretha, wie auch
Schiller hervorhebt, verstanden, der amazonenhaften

Fürstin trotz alles Männlichen in ihrem Charakter
das geheimnisvolle Kriterium des Weiblichen zu
geben, so hat er in seinem Clärchen ein weibliches
Wesen geschaffen, dem nur er selbst ein eben-
bürtiges im Gretchen an die Seite stellen konnte.
Und vielleicht steht sogar das Clärchen völlig einzig
da; denn gegenüber der allerdings viel reicheren,
innigeren Ausmalung der Seelenzustände bei dem
in erster Linie sentimentalen Gretchen scheint mir
Clärchen ein vollständigerer, umfassenderer, weiter
und stolzer ausgebauter Charakter. Wie dem nun
auch sei — wir haben jetzt Clärchens zu gedenken
und das erfasst eine ganze Aufmerksamkeit mit
freudiger Anspannung. Man könnte sagen: Das
einzige Charakteristikum für Clärchens Wesen ist
ihre Liebe. Ihre Erscheinung wird fortwährend
nur beleuchtet von den bunt wechselnden Schlag-
lichtern des Liebegefühls. Jede Faser ihres kraft-
vollen Lebens ist mit diesem Gefühle verwachsen,
und ihr ganzes Sein geht auf in dem berauschen-
den Wechsel der Stimmungen und Gefühle, wie
sie das Lied Clärchens in tief wirkenden Gegensätzen einander gegenüberstellt: zwischen Freude
und Leid, zwischen Jauchzen und Betrübnis. Clärchens Liebe ist zugleich die Lebensader des Stückes.
Wo ihr Pulsschlag in den heftigsten Bewegungen
zittert, da gipfelt es in seiner höchsten dramatischen
Lebendigkeit; wo sie langsam erstarrt, da dämmert
das heitere Leben der Dichtung in die Schatten
der Wehmut und des Schmerzes hinüber. Zuerst
in ihrer heiteren Liebesruhe und dann in der Ex-
altation der verzweifelnden Liebe gleicht die Seele
Clärchens einer anfangs bescheidenen, grün ver-
hüllten Knospe, die mehr duftige Geheimnisse
ahnen lässt, als sie offenbart, die aber dann unter
den glühenden Strahlen der drängenden Sommer-
hitze plötzlich sich aufthut und ihre ganze flammende
Pracht ans Licht kehrt. Und wenn diese Blume
in einsamem Kummer sich sterbend wieder schliesst,

dann naht ein Genius und wandelt den letzten
Dufthauch in wunderbar weiche Töne, damit sie
in weitere Fernen drängen, als der bescheidene
Duft. Der Genius heisst Beethoven.
Wenn uns das Clärchen als das durch die
unbeschränkte Phantasie des Dichters in möglichster
Vollkommenheit entworfene Idealbild alles Weiblichen erscheint, so übt es daneben auf uns einen
überraschenden, psychologisch-interessanten Reiz,
in Clärchen zugleich die typische Gestalt für eine
ganze Gruppe eigen gearteter Mädchencharaktere
zu finden. Ich denke an jene weiblichen Wesen,
die mit sprudelndem Mutwillen, mit einer zarten
Keckheit, einer scheinbaren Ungebundenheit, einer
leichten Verletzung von Zucht und Sittsamkeit,
wie sie sich der Philister denkt, — die mit diesen
Kundgebungen nach aussen die strengste Zurückhaltung und die wahrhaftigste, feierlichste Würde
vereinen. Das verrät sich dem aufmerksamen Beobachter schon in der Weise jener äusseren Kundgebungen. In diesen zeigt sich eine gewisse ängst-
lich Scheu und Hast, eine naive Unbeholfenheit,
wie sie das gewaltsame Verbergen eines tiefen Ge-
halts hervorruft. Weit vor allem aber verrät sich
der Reichtum und die Fülle eines solchen Mädchen-
gemütes durch den häufigen und plötzlichen Übergang aus dem Heiteren, „Tollen" ins „Nachdenk-
liche", in stummes Sinnen und Sichversenken. In
himmelblauer Sehnsucht schwimmende Augen lassen
oft in ein recht flaches und eitles Herz blicken;
in das Gewand spielender Oberflächlichkeit hüllt
sich oft die tiefste Sinnigkeit und die wärmste
Innigkeit. Mag selbst die äussere, freie Aufgeräumt-
heit zuweilen den Eindruck des Flatterhaften streifen,
dessen darf man gewiss sein: kein Weib hat schmerz-
lichere Thränen, keines in höherem Grade die be-
geisterte, einseitige Energie des echten Weibes, als
ein solcher „Springinsfeld". Und ein „Springinsfeld" ist Clärchen ja nach ihrer Mutter Aussage,

sie war „als kleines Kind schon bald toll, bald nachdenklich".

Für den Eindruck von Clärchens Liebe auf uns ist es von keiner abschwächenden Bedeutung, dass der Gegenstand dieser Liebe unserem Ideal eines Helden nicht zur Genüge entspricht. Die Beredsamkeit eines gewaltigen Gefühls wirkt Wunder, und Clärchens Liebe redet mit Engelszungen. Auch für uns wird der Angebetete zur strahlenden Grösse eines Göttlichen emporgehoben. Nie hat ein Dichter das Lied der Liebe in ergreifenderen Tönen gesungen, nie ein Dichter die Schalen seiner poetischen Kraft reichlicher ausgegossen, als Goethe in der Scene: Clärchen und die Bürger. Welch' ein Erguss der Begeisterung, der Hingebung und herzzerreissenden Verzweiflung! Welch' ein banger Aufschrei aus der Tiefe des Herzens und noch in diesem Schrei welch' ein bezaubernder Klang der entzücktesten Liebe! Ein Wort nimmt dem andern den Preis, den Quell der Liebe und des Schmerzes erschöpft zu haben. Und bei aller Unbegrenztheit nichts von Überschwänglichkeit, sondern in dem kühnsten Worte noch die packende Wahrheit des gänzlichen Erfülltseins! Und was unserem Verstande weite Übertreibung dünken könnte, ist das der Liebe nicht noch heilige, felsenfeste Überzeugung und Gewissheit?! Durchzuckt es uns nicht selber wie Schreck und plötzliche Betroffenheit, wenn Clärchen ruft:

> „Wendet eure Gedanken nach der Zukunft. Könnt ihr denn leben? werdet ihr, wenn er zu Grunde geht? Mit seinem Atem flieht der letzte Hauch der Freiheit."

Es ist eine Reminiscenz von eigener Schönheit, in dem kühnen, mutigen Clärchen, wie es uns in dieser erregten Scene entgegentritt, das muntere, herzhafte Mädchen der ersten Akte wiederzufinden, das so naiv ein knabenhaftes Gelüsten nach „Hosen, Wämslein und Hut etc.", nach dem Glück eines „Mannsbildes" äussert. Und es ist ein arges Miss-

verständnis, in diesem kindlich-abenteuerlichen An-
hauch von Clärchens Wesen, den ihm namentlich
die Liebe zu Egmont verleiht, etwas Besonderes,
Männliches, Emanzipiertes zu sehen, wie dies eine
Art Bühnentradition zu sein scheint, der gemäss
die Darstellerinnen des Clärchen etwas Forciertes,
Männlich-Pathetisches, Geschraubtes in ihre Rolle
„hineingeheimnissen". Bedarf es etwa dieses An-
hängsels von männlichem Wesen, um die Seelen-
stärke und -grösse Clärchens in der Not zu moti-
vieren? Diese Grossartigkeit der Entfaltung war,
wie wir gesehen haben, eine Konsequenz von Clärchens innerer Verfassung. Nein, aus der Erscheinung
des schlichten Bürgermädchens lächelt uns die
sonnenhellste Naivetät an. Auch sie erkennt, wie
Gretchen, nicht den „heiligen Wert", den ihre Einfalt und Unschuld ihr geben. Wegen dieser Unkenntnis ihres Wertes erscheint Clärchen die Liebe
Egmonts als ein vom Himmel gefallenes Glück,
dessen sie sich nicht wert dünkt. „Was war ich
dir? Du hast mich dein genannt, mein ganzes
Leben widmete ich deinem Leben." — Dieses Glück,
unbegreiflich, unendlich und unergründlich, wie es
über sie gekommen ist, versetzt sie in die Stimmung
eines süssen Traumes, aus dem sie zuweilen in den
Zustand des Wachens sich aufzurütteln sucht, wenn
furchtsame, schauernde Zweifel sie leise erfassen.
Traumhaft klingen die Worte:

„Ich bin in einer wunderlichen Lage. Wenn ich
so nachdenke, wie es gegangen ist, weiss ich's wohl und
weiss es nicht. Und dann darf ich Egmont nur wieder
ansehen, wird mir alles sehr begreiflich, ja wäre mir
weit mehr begreiflich."

Und doch kann sie endlich dem Drängen in
ihrem Herzen nicht widerstehen, sich noch einmal
in Wahrheit und Wirklichkeit des beseligenden
Gedankens zu überzeugen, dass ihr Egmont wirklich der grosse, von allen geliebte Egmont sei.

„Sag' nur! Sage! ich begreife nicht! bist du
Egmont? der Graf Egmont? der grosse Egmont, der so

viel Aufsehen macht, von dem in den Zeitungen steht,
an dem die Provinzen hängen?"

Im Augenblicke der höchsten Freude, wenn
gleichsam der innere Jubel unsere Sinne „wirbeln
macht", halten wir gern im Taumel ein, um uns
von der Wirklichkeit unseres Glückes zu überzeugen und in der Wahrheit desselben noch eine
Freude an der Freude, ein Glück über alles Glück
zu finden. — Wenn ein Freudenfest in eine bescheidene
Hütte einzieht, so ruft es darin eine strahlende
Unruhe, eine freundliche Verwirrung, einen fried-
lichen Umsturz hervor; alles sieht bald aus anderen
Augen und trägt den Schimmer des Festes. So
ist es oft mit einem naiven Geiste. Das einzige
Fest der Liebe hat in dem Kopfe Clärchens eine
gänzliche Umwandlung und Aufhellung gewisser
Vorstellungen zur Folge gehabt:

> „Wenn ich mich manchmal erinnere, wie ich mir
> sonst eine Schlacht vorgestellt, und was ich mir als
> Mädchen für ein Bild vom Grafen Egmont machte, wenn
> sie von ihm erzählten, und von allen Grafen und Fürsten
> — und wie mir's jetzt ist!"

Dieser Zug spricht ebenso beredt für die
Naivetät Clärchens wie für das feine Seelenver-
ständnis des Dichters. Wir alle wissen aus unserer
Kindheit (und zuweilen fährt es auch nach derselben
fort zu geschehen), dass oft durch einen solchen
Anstoss von aussen, namentlich durch die Seelen-
stimmung aufheiternde und somit die Kräfte des
Geistes anregende Ereignisse in überraschender
Weise ganze Gruppen von Vorstellungen aus dem
bisherigen Halbdunkel ans volle Licht gehoben
wurden; wir wissen, das ausser aus dem allmählich
und von selbst vor sich gehenden, unbewussten
Aufdämmern der Vernunft unsere jetzige grössere
geistige Klarheit nicht zum kleinsten Teil aus
solchen blitzartigen Erleuchtungen resultiert.

Wer die Liebe gefunden wie Clärchen, der
findet in ihr alles und entbehrt hinfort nichts mehr.
Aus ihr quillt Fülle des Lebens und der Kraft; in
ihr fliessen alle Freuden in eine einzige zusammen,
und aller Schmerz findet Auflösung in ‚dem einen
starken Vertrauen:

„Lass mich schweigen! Lass mich dich halten!
Lass mich dir in die Augen sehen, Alles d'rin finden,
Trost und Hoffnung und Freude und Kummer".

Eine solche Liebe achtet nicht des Urteils
der Menschen, ein solches Bündnis löst keine
Mäkelsucht.

„Das Volk, was das denkt, die Nachbarinnen, was
die murmeln — diese Stube, dieses kleine Haus ist ein
Himmel, seit Egmonts Liebe darin wohnt".

Wer die Liebe gefunden, wie Clärchen, der
darf sagen: „So lass mich sterben! Die Welt hat
keine Freuden auf diese!" Ihr Ideal vom seligsten
Glück ist erreicht, ihre Phantasie erschöpft; aber
unerschöpflich bleibt ihr die süsse Wirklichkeit, in
der jeder freudige Herzschlag, jeder liebende Gedanke, jeder strahlende Blick neues Licht, neue
Liebe, neues Leben bereitet. —

Die Gestalt Brackenburgs ist mit einer Wärme,
Tiefe und Innigkeit in der Darlegung und Motivierung der Seelenzustände ausgestattet, die diesem
Charakter an unserem Anteil mehr gewinnen, als
seine übergrosse Weichheit ihm nehmen kann.
Zweifellos trägt der unglückliche Liebhaber nicht
das Mark eines echten Mannes in sich; ein solcher
würde zu stolz sein, einer unerwiderten Liebe
sklavisch nachzuhängen, ein solcher hätte längst
entsagt und sein Lebensglück in verborgener Trauer
zu Grabe getragen. Er war einst ein feuriger
Knabe und trug in der Schule die Freiheitsrede
des Brutus mit sich überstürzender Begeisterung
vor. „Damals kocht' es und trieb!" Macht es ihn
aber nicht um so verächtlicher, dass er sich jetzt
„an den Augen des Mädchens so hinschleppt" und
diese unglückliche Liebe seine einst so glühende

Vaterlandsliebe ganz unterdrückt und all seine
Thatkraft lähmt? Nennt er das nicht selbst einen
„elenden, schimpflichen Zustand"? Der Dichter
selbst verteidigt ihn durch eine tiefere Motivierung
dieses Zustandes.

> „Könnt ich der Zeiten vergessen, da sie mich
> liebte, mich zu lieben schien! Warum hat mir's Mark
> und Bein durchdrungen, dieses Glück? Warum haben mir
> diese Hoffnungen allen Genuss des Lebens aufgezehrt,
> indem sie mir ein Paradies von weitem zeigten?"

Ist eine noch höhere Steigerung des zerstören-
den Grams denkbar, als durch die Erinnerung an
den wirklichen oder vermeintlichen Besitz von
Clärchens Gegenliebe? Was ist die Unterdrückung
einer erst erwachenden einsamen Liebe gegen die
Ausrottung einer Neigung, die sich in alle Gedanken
eingenistet, sie vom Morgen bis zum Abend und
in den Träumen der Nacht freundlich umleuchtet
und jeden Wunsch und jeden Vorsatz mit ihrem
goldenen Netze umwoben hat? Daher auch der
unendliche Zweifel, der immer noch, wenn auch
mit schwindender Kraft, fortlebt. Clärchen hat
diesen Zweifel genährt durch die halbwillige Duldung seiner Liebe. Jedem zartfühlenden Herzen
wird es schwer, mit unbarmherziger Hand die
sanften Fesseln zu zerreissen, mit denen es die
unerwiderte Neigung eines anderen fast unmerklich
umschlingt. Wie schon gesagt: die ernste Kraft
eines festgefügten Mannes ist Brackenburg nicht
eigen; aber immerhin spricht sich in seinen Worten
und seinem Verhalten ein Adel und eine Vornehmheit der Seele aus, die Schwächlinge nicht besitzen.
Überdies scheint mir die Energie des Gefühls ein
Beweis für die ursprünglich energische Anlage des
Charakters. Die unübertrefflich tiefen und alles
erschöpfenden Schlussworte Brackenburgs, seine
Verzweiflung, die vergeblich sucht und irrt, einen
Ausweg aus dem Herzen zu finden, die ihn auf
Erden, bis in den Himmel und in die Hölle ver-

folgt und sich endlich ohnmächtig der Rettung in
die Arme wirft, welche die schnell und gründlich
schlichtende „Hand der Vernichtung" gewährt; alles
dies (und noch vereint mit der Rede Zauberfluss,
wie er von den Lippen des grössten Meisters unserer
Sprache quoll) — ist wohl geeignet, uns neben dem
innigsten Mileid mit dem „elenden, guten Manne"
eine still verehrende, wohlthuende Achtung ein-
zuflössen, zumal seine etwaige Schwäche mit seinem
Schicksal in einem sehr schwachen und gar keinem
begründenden Zusammenhange steht und der
erhebenden Wirkung seiner unbegrenzten Liebe
und der niederdrückenden Gewalt seines gleich
grossen Schmerzes keinen Abbruch thut.

Der Dichter, der von allen vielleicht der viel-
seitigste war, das Universalgenie Goethe giebt uns
in seinem Egmont eine Probe seines verschieden-
artigsten Könnens. Hat er eben die Melancholie
Brackenburgs sich in trübe, weiche Töne aus-
hauchen lassen, die uns die Seele rührten, hat er
uns durch das freudige Liebespathos Clärchens hin-
gerissen, so bietet er uns im nächsten Augenblick
einen klaren, frischen Trunk aus der Quelle des
unverkünstelten, derben uud behäbig sich aus-
dehnenden Volkstums. Es versteht sich für's erste
von selbst, dass er dabei die Sprache dieser Bürger
von Brüssel, des Krämers, Zimmerers, Schnei-
ders etc. bei aller Vornehmheit mit einer herz-
erfrischenden Naivetät und Lebendigkeit behandelt,
die uns ganz vergessen machen, dass derselbe
Goethe auch der Dichter eines „Tasso" und einer
„Iphigenie", dieser Meisterstücke edelster Diktion
sei. Dazu kommen die Originalität der Charaktere
und die Lebhaftigkeit der Farben und der köstliche
Humor, mit denen sie auf das Papier geworfen
sind. Die Goethe'sche Muse zeigt uns hier ihr
heiteres, naives, schalkhaftes und schelmisches Gesicht in ganzer Schönheit. Mit der frappantesten
Naturwahrheit geschildert, sind diese Bürger und

Soldaten sämtlich Individuen: der hochkomische
Jetter mit seiner echten Schneiderseele sowohl, wie
der behäbige, vernünftige Zimmermann und der
gut katholische Seifensieder, der prahlerische Soldat
und Schützenkönig Buyck, wie der devote, furchtsame, aber noch immer kriegslustige Invalide
Ruysum. Und nicht zu vergessen das Gährungsferment in der trägen Spiessbürgermasse, der findige
Schlaukopf, der mit allen Hunden gehetzte „Brannt-
weinzapf" und Winkelschreiber Vansen! Dieser
zweifelhafte „Gelahrte" und „Ehrenmann" weiss
uns den Herzog Alba mit so kecken Strichen zu
porträtieren, sagt uns mit so überlegener Sicherheit
voraus, dass der Stern Egmont sich schneuzen werde,
weiss uns (das ist seine Glanzleistung) so haarklein
und genau das Experiment vorzuerzählen, wie man
in einen Unschuldigen etwas „hineinverhört", dass
es ein wahres Vergnügen ist, den zungengewandten
Auseinandersetzungen des ambulanten Rechtslehrers
und aufwieglerischen Cujons zuzuhören. Dazu weiss
er sich nach Art solcher Agitatoren den Anstrich
der vollständigsten Uneigennützigkeit zu geben,
und das erhebt diese komische Gestalt zur vollsten
drastischen Wahrheit. —

Sämtliche Personen des Dramas handeln in
der stillschweigenden, unausgesetzt fortglühenden
Erregung des politischen Freiheitskampfes. Das
flüchtige, bläuliche Licht von Blitzen scheint ihre
Gestalten beständig zu umspielen. Die strahlende
Erscheinung, welche die Züge des träumenden
Egmont verklärt, scheint allen als Vision voran-
zuschweben, den einen tröstend, den andern drohend.
Dieser rasche und warme, echt menschliche Puls-
schlag der freiheitlichen Bewegung erhebt unser
Gefühl, dass wir es als Lebendige mit Lebendigen
zu thun haben, zur ergreifendsten Gewissheit. Von
Scene zu Scene, ja von Wort zu Wort, indem die
Bürger reden, werden die Schatten dichter und
schwärzer, sinkt der „schwarze Flor", der seit

Alba's Einzug über der Stadt hängt, immer tiefer
herab. Endlich Totenstille und banges, angst-
volles Harren. — Nun zuckt das Mordbeil — und
die Tyrannei hat das freieste Haupt vom Rumpfe
gerissen. Auf uns lastet stumme, schmerzliche
Befangenheit. — — Da rauscht die Siegessympho-
nie des Meister Ludwig empor und kündet den
Sieg der Freiheit und des Rechts, wie es Egmont
prophetisch gethan. So vereinigen am Ausgange
des Dramas zwei gleich grosse Geister die göttliche
Kraft ihrer künstlerischen Gaben und predigen von
erhabenem Standorte aus das Evangelium von der unvergänglichen Freiheit, welche die Throne der Gewalt-
herrschaft zerschmettert und auf ihren Trümmern die
Hütten des Friedens baut.

Der Hamerling'sche „Ahasver" und sein Ideengehalt.

Robert Hamerling ist dahin — seine Werke werden ihm nicht so bald in den „Avernus" folgen. „Ahasver in Rom", die, wenn auch nicht vollendetste, so doch zweifellos ideenreichste Schöpfung des Verewigten steht in der ersten Reihe jener Dichtungen, welche die geringschätzenden Beurteiler unserer zeitgenössischen Litteratur auf das nachdrücklichste widerlegen. Freilich gehört sie nicht zu den bestverstandenen Dichtungen, und der „Ahasver" ist vielleicht dasjenige von Hamerling's Werken, welches ihm die gröbsten Missverständnisse eintrug. Man braucht nur einen aus der grossen Zahl der oberflächlichen Leser des „Ahasver" herauszugreifen und — was wird man hören? „Ahasver? Jawohl, richtig! Üppige Farbenpracht — schwüle Sinnlichkeit — schrecklicher Pessimismus u. s. w." Man weiss, wie sehr es Hamerling zuwider war, als Pessimist bezeichnet zu werden. „Das Wort", sagte er, „duftet mir nach seiner letzten Silbe". Wenn aber ein Dichter für die Handlung seines Epos eine Epoche der Weltgeschichte zum Hintergrunde nimmt, in der zwei gewaltige Culturströme aufeinanderprallen und sich stauen, eine Zeit der bangen, schreckensvollen Ahnungen und Erwartungen und der todesmutigen, zukunftsgewissen Hoffnung; wenn er auf diesem Hintergrunde den Kampf einer Menschenseele darstellt, die mit der ganzen Kraft einer titanischen Anlage auf der Bahn

des wahnsinnigen Egoismus abwärtsschiesst und
endlich der niederschmetternden Wucht des Schicksals erliegt; wenn er uns dabei so zur Teilnahme
zwingt, dass die brennendsten und zugleich verborgensten Fragen der Menschenbrust in uns auf-
geregt werden: so bringt man ihm nur den schul-
digen und denkbar bescheidensten Tribut, wenn
man den umfänglichen Ideenschatz seines Werkes
zu heben und zu sichten strebt. Soweit dies ohne
müssige Zerklärerei geschehen kann, soll es in
Folgendem versucht werden, und ich versuche es
um so lieber, als ich mich nach des Dichters
eigenem Zeugnis in Übereinstimmung mit seinen
Intentionen weiss.

Auf einem nächtlichen Spaziergange durch
Rom erscheint Nero, dem eigentlichen Helden der
Dichtung, unter gespenstisch wechselnder Gestalt
Ahasver, der ewige Jude. Er ist die Person,
welche die endliche Tendenz der Dichtung trägt
und deren Munde die Ideen entstammen, die jede
grosse, düstere Scene der Dichtung mit plötzlich
hereinbrechendem Lichte beleuchten.

Nach dieser Begnung werden wir in die
Schenke der Locusta geführt; in welcher Absicht,
verrät der Dichter selbst:

Locusta's Schenke
Ist nur ein kleiner bunter Wassertropfen
Der ungeheuren röm'schen Lasterpfütze;
Doch in dem kleinen bunten Wassertropfen
Abspiegelt schon die ganze Roma sich.

Wenn der Dichter im Eingang verspricht, den
„stumpfen Sinn zu stacheln", so giebt er — wie
jeder Einsichtige erkennen müsste — mit einem
gewissen schadenfrohen Hohn ein Versprechen,
dessen gerades Gegenteil er zu erfüllen bestrebt
ist. Nero, als Gast der Locusta, befiehlt dem
Mohren Tigellin, Acht auf den gleichfalls anwesen-
den Ahasver zu geben. Seit Nero ihn gesehen,
fesselt ihn ein brennendes Interesse an den rätsel-

haften Greis. Das später folgende Gespräch zwischen
ihm und Nero ist das hervorstechendste Moment
des ersten Gesanges; hier blitzt der erste Funke
der dichterischen Grundidee auf. Die beiden gigan-
tischen Gestalten, deren Wettstreit den wesentlichen
Inhalt der Dichtung bildet, geben sich als Repräsentanten zweier einander zuwiderlaufender Lebens-
auffassungen zu erkennen. Der wandernde Alte
lüftet hier einen Teil des düsteren Geheimnisses,
das ihn umhüllt: er ist der Mann, der nicht sterben
kann, aber sehnsuchtsvoll den Tod sucht. Man
sieht: Bis hierher ist es der ewige Jude der all-
bekannten Sage; die weitere Entwickelung der
Dichtung fügt aber frappierend neue, erweiternde
Momente zu dieser Charakteristik hinzu; Ahasver
bedeutet viel mehr als nur die „unermess'ne Todessehnsucht“, und es ist gerade einer der glücklichsten und genialsten Griffe Hamerling's, aus der
naiv-mythischen Gestalt einen in grossartigem Sinne
welthistorisch-philosophischen Typus gemacht zu
haben. Für den eigentlichen Helden der Dichtung
fällt hier das gewichtige erläuternde Wort: Es ist
der unermess'ne Lebensdrang, der ihn bei seinem
Handeln treibt. Dieses eine Wort umfasst eigentlich schon die ganze psychologische Motivierung
des Nero-Charakters, die später nur in ihren einzelnen Phasen entfaltet wird. Unter diesem Lebens-
drange ist nicht allein und nicht einmal zumeist
das Verlangen nach einem genussreichen Leben zu
denken; vielmehr ist der Begriff des Lebens in
seiner nackten, ursprünglichen Bedeutung als reine
Daseinsbethätigung zu fassen. Der Charakter Nero's
ist daher kein ursprünglich böser, dem etwa eine
dämonische Energie zu Hülfe käme; der Urquell
aller seiner Gesinnungen, Reden und Handlungen
ist im Gegenteil eine verhängnisvolle Energie
seiner gesamten Lebensthätigkeit, ein rapides, un-
aufhaltsames Ablaufen seiner von der Natur zu
straff gespannten Lebensuhr. — Ahasver ist nach

Rom gekommen, weil er hier „ein grosses Sterben"
erhofft, und sein Memento: „Hier ist Todreifes
viel!" klingt drohend über die Schlusszeilen des
Gesanges hinaus.
Bei Gelegenheit des im zweiten Gesange geschilderten, von Nero veranstalteten Bacchanals
entthront er in einem symbolischen Schauspiel die
alten Olympier und lässt sich als Dionysos und als
einzigem Gotte huldigen. Die alten Götter thronten
in unnahbarer Höhe und liessen die Irdischen nicht
hinauflangen in die Regionen der Freude. Gegen
die Entsagung und Beschränkung, wie sie im alten
Glauben den Irdischen zugewiesen wird, lehnt er
sich auf. Und dieser Drang über die Grenzen des
menschlich Erreichbaren hinaus ist das unausgesetzt
fortglimmende Feuer, an dem sich die wahnsinnigen
Begehrungen des unheimlichen Giganten entzünden.
Jedermann empfindet sofort die intime Verwandtschaft des Nero-Charakters mit demjenigen des
Goethe'schen Faust; aber so verschieden der römische Imperator aus dem ersten Jahrhundert von
dem deutschen Gelehrten der Renaissance sein
musste, so verschieden ist wiederum Hamerling's
Nero von Goethe's Faust. Schon die Machtstellung
dieser beiden Menschen entscheidet ihre psychische
Entwickelung. Hier sehen wir den reinen, mittel-
losen Menschen, platt auf den Boden einer alltäg-
lichen Existenz gesetzt; ihm kann das Streben
nach Gottähnlichkeit unmöglich eine Frage der
Macht, eine Aufgabe der nackten Energie scheinen;
er sieht den Weg in der höchsten Erkenntnis und
der allseitigsten Erfahrung. Dort haben wir den
in seiner Macht nahezu unbeschränkten Tyrannen;
für ihn gestaltet sich der Drang nach oben zu einer
Frage des Willens und der Macht; seine nach
menschlichen Begriffen thatsächlich ungeheure
Macht nimmt sofort sein Denken gefangen, indem
sie sich ihm als nächstes Mittel zum Zweck von
selbst darbietet; er verfällt einem potenzierten

Grössenwahn; bei allen seinen Äusserungen, so
z. B. bei dem Schauspiel der Götterentthronung,
müssen wir uns vergegenwärtigen, dass die Hälfte
seines Wesens unter dem Schatten des Wahnsinns
steht. So kommt es, dass Nero vermeint, sich
bewusst über diese Welt zu erheben, während er
in's Bodenlose stürzt. Das überwuchernde Machtgefühl lässt ihn
denn auch überhaupt zu keiner eigentlichen Vorstellung des etwaigen qualitativen Inhalts seines
Götterdaseins kommen; er bleibt am Quantitativen
haften; die Schrankenlosigkeit und absolute Willkür an sich reizt ihn, nicht die Schrankenlosigkeit
als Bedingung eines positiven göttlichen Schaffens.
Seine Selbstapotheose ist daher eine roh-sinnliche
im Gegensatz zu der idealen Gottanschauung des
Faust. So quillt denn auch der Übermut der Gewalt und der rasenden Begierde zugleich aus der
dithyrambischen Rede, mit welcher Nero seine
Gäste auf dem Bacchanal begrüsst.

> Nicht angesäuselt nur will unser Wesen
> Vom Hauch der Wonne sein, nein aufgewirbelt
> Und aufgewühlt in seinen tiefsten Tiefen.
> Der Mensch will göttlich werden durch die Lust
> Und schicksallos . . . .
> Die süssgereizte Faser nur betäubt
> Einschläfernd jenen grossen Hungerdämon
> Im Busen aller Creatur . . . .

Eine tragische Farce, wie er jenen Hungerdämon durch aphrodisisch gewürzte Becher zu betäuben sucht!

Während des Bacchanals erscheint in den
Gärten Nero's die „Göttin Roma". Seine erglühende Leidenschaft für die durch die Maske
hindurch wirkende Schönheit und Hoheit dieses
Weibes bewegt Nero, ihr sein Innerstes zu erschliessen und zu ihr zu sprechen, wie er es nie
zu einem Weibe gethan. Nachdem der reizende
Stachel des Erreichbaren stumpf geworden, entflammt ihn die brennende Begier nach dem Un-

erreichbaren, Unmöglichen; es ist ihm das empörendste Schicksal, an eine Schranke zu stossen. Als ein Unmögliches, Unerreichbares erscheint ihm der ungeteilte, unbedingte Besitz eines Weibes. Er, der unbegrenzt Selbstsüchtige, fordert unbegrenzte Hingebung und Aufopferung. Ein ausserordentlich wahrer Zug! Der Egoist sieht die Welt nur durch das Medium seines Selbst; dies sein Selbst bemerkt und beobachtet er dabei aber so wenig, wie wir die Luft beim Vorgang des physischen Sehens.

Von der reinsinnlichen Begierde rafft Nero sich empor zu einem seelischen Begehren: das ist ein relativer moralischer Aufschwung. Eine so grossartig angelegte Natur wie Nero musste eben bald von den Grenzen des sinnlichen Genusses zurückgestossen werden und zum Geistigen zurückkehren. Das zeigt sich später noch deutlicher und bestimmter.

Als Nero in der „Göttin Roma" seine Mutter (Agrippina) erkennt, als er bemerkt, dass sie mit ihm zu spielen gedenkt wie mit einer Schachfigur, da wird das einzige glückliche Gefühl in ihm, der Glaube an die Liebe seiner Mutter, vernichtet; er verfällt in furchtbare Raserei und ersinnt die schrecklichsten der Greuel, um sich zu rächen.

Nero glaubt, das „schauerliche Geheimnis" entdeckt zu haben, „dass es keine Liebe giebt". Seit diesem entscheidenden Moment giebt es für ihn keinen Zweifel mehr an der Berechtigung, sich als zürneuder, die Menschen peinigender Gott zu fühlen; denn wie eine immer bereite Rechtfertigung steigt von nun an immer wieder die Erinnerung empor an jene Nacht,

> da Roma kam zu Nero's Bacchanal.

Im Morgengrauen seine Gärten durchwandelnd, stösst Nero auf den Alten. Dieser giebt ihm den Gedanken an die Vernichtung Roms ein und

facht damit die Glut des sich selbst verzehrenden
Lebensdranges heller an.

Neben der treibenden, blühenden und ab-
sterbenden Pflanze des Lebensdranges wächst in
gleichem Verhältnis aus ursprünglich unsichtbarem
Keim die Todessehnsucht empor. Es ist der an
sich niederdrückende Gedanke von der durch
energische Lebensbethätigung notwendig erzeugten
Abnutzung des Individuums. Von zwei Brunnen-
eimern muss der eine steigen, während der andere
sinkt. Mit psychologisch feiner Kunst giebt daher
der Dichter seinem Helden in dem Alten keinen
hemmenden, sondern treibenden Widerpart. Jener
naturgemäss in einem Menschen sich vollziehende
Vorgang, an sich ein lyrischer Stoff, ist hier auf
zwei handelnde Repräsentanten episch verteilt.

> Ich zog mit einem Zauberbann Dich nach,
> Und fortan bleibst Du mit geheimen Fäden
> An mich geknüpft! . . .
> Ich will Dir Dein Geschick vollenden helfen!

ruft Ahasver.

Der Drang nach Leben aber, das ist ihm:
nach Göttlichkeit, ist in Nero mit der furchtbaren
Consequenz einer elementaren Gewalt wirksam.
In seinen furchtbarsten Greueln, in seinem grellsten
Wahnwitz ist Nero der nach Gottähnlichkeit ringende
Mensch; trotz seiner Verirrungen, trotz seiner Sophismen hören wir aus seinen Worten, dass wir
mit einem bedeutenden Stück unseres Wesens
Anteil an dieser typischen Gestalt haben; wir
finden uns wieder in seinen Sophismen nicht minder
wie in seinen Enttäuschungen, und wir ahnen,
dass wir dereinst sein Schicksal wieder finden
werden in dem unsrigen, dass auch vor uns die Graungestalt des rätselhaften Alten aufsteigen und uns
unser Geschick vollenden helfen wird.

Der dritte Gesang trägt wenig zur Entwickelung
der Idee bei. Er erzählt die Ermordung der Agrippina
und wird im übrigen fast ganz ausgefüllt von der

Schilderung der Toilette Agrippina's, jenem unvergänglichen Meisterwerk beschreibender Poesie, in
dem die unansehnlichen schwarzen Lettern vor
unsern Augen zu schimmernden Perlen, leuchtenden Steinen, duftenden Blumen, zu liebe-selig
lachenden Gesichtern oder zu dämonischen Teufels-
fratzen werden und in dem die Metaphern des
Dichters bald blitzartig wie Raketen aus dem
Dunkel hervorschiessen, bald in beschaulicher Ruhe
und mit mildem Lichte wie Leuchtkugeln sich erheben, um, oben angelangt, noch ein ganzes Heer
von farbigen Sternen auszuschütten.

Nachdem der dritte Gesang mit der aufregenden
Nachricht vom Brande Roms geschlossen, beginnt
der vierte mit dem Einzuge der Bacchanten in Rom.
Wie Ahasver seinem „Sklaven" Nero den ersten
Gedanken an die Vernichtung Roms in die Seele
legte, so legt er auch die erste Hand an das grause
Zerstörungswerk; der „Alte mit den abgrundtiefen
Augen" schleudert als treibender Begleiter Nero's
die erste Brandfackel. In dem Brande Roms richtet
Hamerling alsdann wie in jedem Gesange seiner
Dichtung ein gewaltiges, atemraubendes Bild vor
uns auf, und hier auch erreicht sein allmächtiges
Wort die ganze versengende, blendende Glut des
unheimlichen, unersättlichen, vernichtungsfreudigen
Elements, das die Römerstadt mit rasender Wut
umklammert und sie zu Schutt und Asche zermürbt.
Schreckliche Scenen sind es, die der Dichter seinem
Gemälde zur Staffage und der Idee seines Werkes
zur Unterlage giebt. Der reiche Schlemmer Tri-
malcion möchte seine goldenen Schätze retten; aber
die Pöbelrotte überfüllt und plündert ihn. Ein
schönes Weib schwankt im Zweifel, ob sie ihr
Kind oder ihr Juwelenkästchen retten soll; sie
besinnt sich nicht lange und wählt das letztere. —
Jenen Greis mit weissen Haaren trägt kein Aeneas
aus der Glut; im Gegenteil: sein Sohn schob den
Riegel vor die Thür; der Alte hat ihm zu lange

gelebt. — — — Zusammenschaudernd ruft der
Dichter aus:

> — — — — Hinweg, hinweg
> Von dieser Schau! Wirf deinen Feuermantel
> Darüber, Riesenbrand! Dein Wüten ist
> Dem Aug' erträglicher als Menschentücke!
> Du bist noch gross und herrlich im Vernichten!
> Von dem, was brennende Penaten schaudernd
> Erblicken, eh' sie in die Asche sinken,
> Kehr ich zurück zu deinen Schreckensbildern.

So hallt auch hier durch das Sausen und
Prasseln der Flammen wieder die düstere Mahnung
des Alten: „Hier ist Todreifes viel!"

Das grässliche Schauspiel wird Nero „zum
Kinderspiel", und er betrachtet es entzückt vom
Söller seines Palastes. Als „zweiter, kühnerer
Prometheus" preist er die weltbelebende Flamme,
bis sein Hymnus wieder zur Raserei emporwirbelt,
bis seine wütende Menschenverachtung durchbricht
und seine Seele überschwemmt. Die wilde, egoistische Philosophie Neros hat jene gefährliche Beimischung von ein wenig Wahrheit, die sie erst
verführerisch und menschlich wahrscheinlich macht,
die man aber dem Dichter sehr schlecht lohnte
durch das kindliche Missverständnis, er wolle sich
mit Nero identificieren.

Eine kleine Schaar von mutigen Christusbe-
kennern, die in den Flammen Roms den gekreuzig-
ten Heiland gepredigt haben, lässt Nero den wilden
Tieren in der brennenden Arena vorwerfen. „Ein
neuer Gott, den man an's Kreuz geschlagen", das
scheint dem Nero ein lächerlich-ohnmächtiger Nebenbuhler, ihm, dem soeben das grosse Rom als
Opferschale dampft". Aber die sterbenden Christen
deuten schon auf das Kommende. Hier bäumt sich
gegen den verwegen vorstürmenden Selbstling zum
ersten Male die allbesiegende Macht des Gemüts,
die von dem Nazarener gepredigte selige Selbst-
entäusserung auf. Wir fühlen den ersten leisen
Anhub der auf den Helden reagierenden Gewalten.

Die bestialische Weise, auf welche der Mohr
Tigollin die Leiche eines Christenmädchens bei
Seite schafft, giebt Anlass zu einer höchst wichtigen
Selbstcharakterisierung Nero's. Er vergleicht sich
mit dem Mohren. Wenn zwei dasselbe thun, so
ist es nicht immer dasselbe. Nero spricht:

Du bist noch eigenwilliger als ich;
Du thust das Böse, eben weil es böse;
So denk' ich nicht! Es könnte Böses gut
Und Laster Tugend sein um meinetwillen:
Es freut mich, weil mich's freut, weil mir's beliebt!

Und hier tritt nun der wahnsinnige Irrgang
Nero's in den Culminationspunkt. Das grausige
Schauspiel von Blut und Flammen, von stürzenden
Pälasten und verröchelnden Menschenleibern ward
heraufbeschworen aus dem Grunde, weil er es gewollt, und weil er es gewollt, hat es ihn berauscht
und ergötzt. Nicht als Narr und Schwärmer, der
ewig zwischen den Extremen des Fühlens und
Denkens schwankt, begreift er und verarbeitet er
in sich die Welt; nein, er hat „alle die gefrässigen
Idole, die uns das Herzblut aus den Adern saugen“,
zertrümmert und sich selber lächelnd auf den Altar
gestellt. „Zweck“, „Bestimmung“, „Vernunft“ sind
ihm leerer Tand; unendliches Wollen ist unendliches Leben. Sein Geist arbeitet wie eine gewaltige Maschine, die, aus ihrem Geleise geschleudert, mit der ganzen, ungeheuren, in ihr tobenden
Kraft sich stampfend und zischend in das Erdreich
einwühlt. Von den engen Grenzen des Sinnengenusses
zurückgestossen, taumelt er von den Orgien der
Sinne zu den Orgien eines schrankenlos despotischen Wollens. Selbstlose Menschen suchen den
„Hungerdämon im Busen aller Creatur“ zu beruhigen durch das Streben nach ausser ihnen
liegenden Idealen, und ihre beste, lebendigste Kraft
geben sie begeistert an diese Ideale dahin. Nero
aber will seine Kraft nicht nach aussen verschwen-

den, sondern sie einzig verwenden für sein Ideal,
d. i. sein Ich. Das ist das armselige Facit seines
Götterdranges.

Es ist selbstverständlich, dass Nero (wie auch
Hamerling im „Epilog an die Kritiker" hervorhebt)
Pessimist ist. Die pessimistische Philosophie sieht
das letzte Prinzip alles Seins im Willen. Als der
für den Menschen erstrebenswerteste Zustand,
gleichsam als das Paradies der Pessimisten aber
erscheint ihr das Nirwana, d. h. die Negation, das
nihil relativum der für uns bestehenden Welt.
Wenn Nero sich bei seinen Philosophemen als
blosser Mensch voraussetzte, so musste er als con-
sequenter Pessimist zur Sehnsucht nach Nirwana
gelangen. Da er sich aber für göttlich hält, greift
er kühn zum Urprincip des Seins, zum Willen
zurück und will das hohe Leben des schaffenden
Princips in sich entfachen. Es ist ungemein interessant, mit welch' genauer Intuiton der Dichter
das Wesen des Pessimismus dichterisch erfasste,
trotzdem ihm bei Abfassung der Dichtung von
Schopenhauer wenig mehr als der Name bekannt war.

Mit furchtbarem Hohn ruft Nero Erde, Himmel
und Hölle zum Protest gegen seine Selbstver-
götterung auf. Da regt sich plötzlich zwischen
dem Leichen- und Trümmerwust ein Unheimlich-
Lebendiges; eine finster drohende Erscheinung
reckt sich gespenstisch-stumm aus der Tiefe empor.
Auf Nero's Wink wird die Gestalt, die ein „uralt
Menschenbild" zu sein scheint, heraufgeführt — und
wiederum steht die „Graungestalt" des alten Bett-
lers vor dem Kaiser. Wieder steigt, und diesmal
im höchsten Moment seines Daseins, der unheim-
liche, rätselhafte, den Tod ersehnende Greis vor
ihm auf; die wandelnde Todessehnsucht blickt mit
düster flammenden Augen auf ihn. Nero erschrickt
wohl einen Augenblick; doch dann ruft er zuver-
sichtlich: „Auch dein Gesicht stört fortan Nero's

Götterruhe nicht". Er fragt den Alten, ob er sich genug gewärmt am Riesenfeuer, und fügt hinzu:

> „Wie kam es denn, dass dieser Todesabgrund
> Auch d i c h verschlang und jetzt dich wieder ausspie?
> Und eben dich a l l e i n ? Schweigt nicht der Abgrund
> Und hat er doch noch etwas mir zu sagen?
> Wohlan, ich höre!

Und wehe nun über Nero: der Abgrund spricht. Selbst in der Tiefe der Arena, wo zwiefacher Tod dem Alten verlockend winkte, durfte er ihm nicht erlöst in die Arme sinken. Er blieb erhalten als Zunge des Abgrunds, und dieser spricht durch ihn. Der Alte, der zuerst den titanischen Zerstörungsgedanken in Nero entfachte, preist nun in jubelnder Begeisterung den Helden und sein Werk. In den Flammen Roms leuchtet unsterblicher Ruhm für Nero. Die Trümmer und die Leichen rufen ihrem Vernichter freudigen, begeisterten Dank zu. Er hat das grosse Vernichtungswerk eingeleitet, welches die Geschichte am Römerreiche, an der ganzen Kulturepoche zu vollziehen gedenkt. Er hat die römische Welt ihrem Grabe um ein grosses Stück näher geführt. Sein Vernichtungswerk ist ein Erlösungswerk; denn Rom, die todreife Frucht, muss vom Zweige fallen. Aus den Ruinen erst kann neues Leben grünen. So spricht denn auch der Alte:

> „Durch Tod und durch Vernichtungen hindurch
> Hinringt die arme Menschenwelt sich qualvoll
> Nach einem unbestimmten Ruheziel."

Nero's zeitgenössisches Geschlecht aber hat nicht mehr die Kraft der Lenden, um rüstig jenem Ziele zuzuschreiten; todessiech, unfähig, weiter zu wandern, liegt es am Wege und erwartet den Todesstoss.

Für den einzelnen Menschen, der nach einem fernen, schönen Ziele strebt, kommt bald die Stunde des Todes, da er abbrechen und sich zur Ruhe legen muss. Und wenn er am Ende seines

Lebens um sich blickt, wohin er, immer vorwärts-
schreitend, gekommen, dann ist es noch immer
nicht das Land seiner Hoffnung! Aber über sein
Totenbett neigen sich die jungen Augen seiner
Kinder, und aus diesen Augen leuchtet das Versprechen, mutig weiterzuwandern. Zu Zeiten will
ein ganzes Volk, ein ganzes Geschlecht, ein ganzes
Zeitalter sterben. Wie Grosses es auch geschaffen,
wie Schönes es auch gebildet, todmüde, an seiner
Kraft und selbst an seinem Ideal verzweifelnd, legt
es sich ins Grab. Dann zittern die Wehen einer
neuen Geburt durch die Menschheit. Ein neues
Geschlecht ersteht und beginnt mit zuversichtlichen
Hoffnungen, mit kühnen Träumen an einer neuen
Kultur zu bauen. So gleicht die Menschheit einem
selbstquälerischen Künstler, der immer wieder seine
unvollkommenen Gebilde zertrümmert, die unstillbare Sehnsucht nach dem Vollkommenen im Herzen
tragend.

Aber Jahrhunderte, Jahrtausende vergehen,
ehe die pilgernde Menschheit an eine solche Ruhe-
statt gelangt, von der sie sich gekräftigt wieder
erheben soll, und in diesen Jahrtausenden müssen
Millionen von Herzen, jedes für sich allein, den
Weg vom hoffnungsfreudigen Anfang bis zum
müden, enttäuschten Ende machen. Ein qualvolles
Ringen nennt es der prophetische Greis. Und wie
ein Tropfen im Meer ist der einzelne Mensch in der
grossen Menge. Nero aber hat sich vor der Menschheit zum Gott aufgebläht und ihr mit dem Übermut des allmächtigen Unterdrückers den Fuss auf
den Nacken gesetzt, um sich so zu seinem Glücks-
ideal hinaufzuschwingen. Dies scheinbar glänzende
Ideal birgt sein schweres Verhängnis. Die grosse,
tiefe, nach beruhigendem Inhalt ringende Seele Nero's
verträgt den nackten Egoismus nicht; er lässt das
Herz leer und trocken. Und weil Nero selbst so
inhaltlos, so unfruchtbar ist, hat er mit seinem
dahinwelkenden Zeitalter auch sich selbst ge-

r i c h t e t. Nach der preisenden Erhebung Nero's
schlägt die Rede des Alten in jähem Schwunge
um und indessen „von allen Bränden Rom's der
Widerschein auf sein verzücktes Seherangesicht
fällt", kündet er dem Kaiser das nahe, von ihm
selbst heraufbeschworene Gericht. Die Worte,
welche jetzt aus dem Munde des Alten gehen,
haben wahrhaft den Klang der zur Vergeltung
rufenden Posaune. So ruft er drohend:

Hinab, o Nero, stürze dich hinab,
Dein Werk zu krönen, wirf dich selbst nun auch
Hinab ins Flammengrab; du bist ja selbst
Der Gipfel deiner todeswürd'gen Zeit
Und ihrer trunkenen Unseligkeit
Und ihrer prunkvoll gleissenden Verwesung.

Der Eigenwille, sagst du, sei dein Ich?
O, bettelarmes Ich, das nichts besitzt,
Als sein unbändig masslos eigenes Selbst!

In deiner Selbstsucht bodenlosem Abgrund,
Da wohnt die sel'ge Götterruhe nicht.
Da ist es einsam, schaurig, kalt und dunkel.
O, gegen diese Öde ist das Nichts
Ein Rosengarten und der Tod ein Kuss
Der Wollust! —

In wessen Namen aber spricht der prophetische
Greis? Was giebt seiner Erscheinung die über-
wältigende Grösse, was seinen Worten den Klang
und den Schrecken des zürnenden Donners? Er
spricht

Im Namen jener, die sich wie ein Phönix
Aus ewigen Verwandlungen erhebt,

im Namen der unsterblichen, der hohen, der ewigen
Menschheit.

Ich bin ihr Mund, ich bin ihr duldend Herz,
Ihr ewig ringend, ruhesehnend Herz.

So ruft er aus. Und nun schleudert die empörte
Menschheit durch diesen ihren Mund den schrecklichsten Fluch über ihren Schänder und Verächter.
Sie stösst ihn fort aus ihren Reihen; fernab vom
gemeinsamen Wege soll er einsam in seiner Seele

verfaulen. Nicht freundlich-schnell soll die Vernichtung ihn ereilen; schleichend und tückisch soll
sie sich an seine Fersen heften und stückweise den
Lebensdrang und den Lebensmut in seinem Herzen
hinmorden. Die Pfeiler seines Stolzes sollen langsam verwittern, ehe sie brechen; er soll die grässliche Pein erdulden, sein Herz langsam zur toten,
stummen Wüste erstarren zu sehen, soll die ganze
klaffende Leere des Nichts in seinem Busen fühlen.
Dann wird er das von allen Menschen ersehnte
Ziel, „das Ziel der inneren Beschwichtigung,“ das
er durch Weltvernichtung ertrotzen wollte, in der
Selbstvernichtung suchen, der ungestüme Lebensdrang wird sich in unermessne Todessehnsucht
wandeln.

Selbstverständlich bleibt die Rede des Alten
zunächst ohne Eindruck auf Nero. Er gehört zu
jenen Naturen, die mit solch' titanischem Stolze
auf sich selber und in sich selber ruhen, dass kein
äusserer Ansturm sie niederzuwerfen vermag, dass
sie nur, von innen angenagt und verzehrt, in sich
zusammenbrechen können. Nero will durch Nero
vernichtet sein.*)

Wenn es erlaubt ist, die einzelnen Teile dieses
Epos analog den Teilen eines Dramas zu benennen,
so enthält der vierte Gesang den Höhepunkt und
das tragische Moment. Bis zur Erscheinung des
Alten in diesem Gesange hat der Held, um mit
Gustav Freytag zu reden, „mit ganzer Kraft auf
seine Umgebung geschlagen,“ und er hat die höchste
Höhe der Activität erreicht, als er den unbegrenzten

---

*) Übrigens hat die Poesie des Dämonenhaft-Grossartigen
nur selten so machtvoll ihre Schwingen entfaltet wie im vierten
Gesange des „Ahasver;“ selten hat sich der heilige Geist der
Poesie in so berauschender Fülle über ein Dichterhaupt er-
gossen, wie hier. Die Sprache eilt wie ein breiter, unablässiger
Strom von glühender Lava dahin. Vollkommen taub und tot
muss ein Herz sein, dass unter der Einwirkung dieser Gedanken
und dieser Rhythmen nicht in seinen tiefsten Tiefen erbebt. Die
Gedanken sind hier Blitze, die Worte Donner.

Egoismus für das reinste Wesen der Göttlichkeit und für sein Lebensprincip erklärt. Das tragische Moment tritt ein, als der treibende, ermunternde Dämon sich in einen fluchenden, unheilverkündenden verwandelt. Das Schicksal beginnt, für die Menschenwelt die verletzten „Grenzen der Menschheit" wiederherzustellen und die Nichtachtung der Integrität dieser Grenzen zu rächen. Das letzte Wort in diesem Gesange bleibt dem Alten, und schon jetzt wird uns das Motto der Dichtung begreiflich:

> Der Menschensohn, der schicksallos sich glaubt,
> Ihn blickt der Genius der Menschheit schon
> Mitleid'gen Auges an und sieht die Stunde
> Beflügelt nahn, die sein Geschick erfüllt.

Nach einem längeren Zwischenraum, während dessen Rom verjüngt seiner Asche entsteigt, sehen wir Nero wieder. An der Oberfläche seiner Seele schwimmt noch der wüste, prahlerische Gottheitsdünkel von ehedem. Lächelnd überdenkt er seine begangenen Greuel — aber plötzlich gewahrt er am Grunde seiner Seele ein Seltsam-Fremdes; das Bild Agrippina's, seiner gemordeten Mutter, flösst ihm eine peinvolle Unruhe ins Blut. Wie kommt aber Unruhe in die Seele eines Gottes? Er klagt, dass die „Apathie, die Götterstirnen stets umschweben soll", ihm nicht treu bleibt. Schon erhebt sich ein Seufzer aus der Tiefe seiner Menschlichkeit, wenn er spricht:

> Der Friede schwebt wie eine weisse Taube
> Vom Aventin her über's goldne Rom —
> Mir ist, als sollt' ich ihn am Fittich fassen
> Und ganz ihn bergen hier in meiner Brust.

Von dieser Sehnsucht nach Ruhe springt er wieder ab und erwägt den Gedanken, ob nicht Unruhe, Wechsel, Mannigfaltigkeit lieblicher sind als eintöniger Friede. Eindringlicher als es durch die erwachte Doppelsehnsucht nach Ruhe und Frieden geschehen ist, konnte sich das tödliche

Bewusstsein, dass er „ein Mensch mit Menschen
ist", dem übermütigen Cäsaren nicht in die Brust
bohren. Denn welch' ein treffenderes Kennzeichen
der reinen, nackten Menschlichkeit giebt es, als
dieses Zwillingsgefühl in unserer Brust, dieses Verlangen nach Wechsel und Bestand zugleich! Ein
scheussliches Ungeheuer, die Langeweile, nähert
sich dem sinnenden Kaiser; seine „Götterruhe"
wird zum gemeinsten, alltäglichsten Übel, das
Menschenseelen quält. Noch hält er sich für un-
anfechtbar vom Wandel der Dinge; eine scheue
Frage an den Spiegel giebt ihm eine nieder-
schmetternde Antwort. Er sieht, wie sein Leib
vor seinem Geiste abstirbt; dieser Hohn auf seine
Götterhoheit lähmt seinen Gedankenflug, zu tiefer
Melancholie. Um anderen Sinnes zu werden, tritt
er einen Rundgang durch sein „goldenes Haus"
an. Die glühende Pracht „fröstelt ihn an," „seiner
Wünsche Segel hängen schlaff"; die herrlichsten
Gebilde bekrittelt er mit galligem Pessimismus.
Der Drang in's Unermess'ne zwickt und zwackt
ihn nachgerade wie ein hämischer Plagegeist. Tier-
und Menschengesichter erscheinen ihm wie Larven,
die ein Ewig-Fremdes verbergen; er fühlt sich in
furchtbarer Einsamkeit erstarren. Als er die Entdeckung machte, dass das Weib, welches ihm die
verkörperte Erfüllung seiner Wünsche schien, seine
Mutter sei, wurde er sich auch seines Alleinseins
bewusst; aber im Anfang seines Göttertraums that
er sich auf seine Isoliertheit etwas zu gute; jetzt,
da dieser Traum zu verblassen beginnt, beschleicht
ihn das Gefühl seiner Verlassenheit mit frostigem
Schauder. Schon hat Nero mit der Sinnenwelt
und mit der des Gedankens gebrochen, da betritt
er den Saal der Künste. Woher nähme er die
Unbefangenheit und Herzensfrische, die jeder haben
muss, der zu ganzem, begeistertem Genuss in das
Meer der Illusionen und Phantasien tauchen will!
Er lässt Bildwerke und Bücherrollen vernichten

und zertrümmert damit in sich die Welt des Gemüts. Indem Nero diese Brücke hinter sich ab-
bricht, beweist er, dass eine freiwillige Rückkehr
in das normale Dasein von ihm nicht zu erwarten
ist. — Es mag dahingestellt bleiben, ob die nun
noch folgende Unterredung mit Seneca, wie der
Dichter mir gegenüber meinte, eine abschliessende
Ergänzung bildet, oder ob sie, wie es mir scheint,
ein deplaciertes, irreführendes Anhängsel ist.

Eine einzige Saite seines Gemüts dünkt Nero
noch straff genug, dass sie von der Berührung erklingen könnte: die des Schreckens, des Schauders.
Aber auf seinem ganzen Lebenswege ist ihm nur
ein Wesen begegnet, das ihm imponierte, das ihm
jetzt durch die Ferne des Todes noch düsterer und
drohender, noch schöner und erhabener als je erscheint: Agrippina. Durch das Fenster erblickt
Nero beim Schein des Mondes die Gestalt Ahasver's. Er lässt ihn heraufführen, und der Alte
führt ihn nun zu einem Nekromanten. Agrippina
erscheint dem Nero in dem holden Liebreiz ihrer
Mädchenjahre:

> . . . . Durch den wüsten Abgrund
> Im Busen dieses Übermenschen zuckt
> Zum ersten, letzten Mal der Strahl der Liebe
> Mit ihrer ganzen, vollen Himmelslust,
> Mit ihrem ungeheuren Todesschmerz.

Plötzlich stiert Agrippina ihn an mit dem
grassen Blick des Todes — das Herz des Mutter-
mörders bebt in wildem Schauder auf. Mit zer-
malmender Übermacht dringen die visionären Gestalten aller von ihm Gemordeten auf die Seele
Nero's ein; noch einmal lodert seine Kraft in
wildem Trotze auf; dann versagt die Natur ihren
Dienst: er bricht zusammen.

Jetzt ist Nero in die Menschlichkeit zurückgeschleudert. Die Natur fasste ihn von einer Seite
mit der Allgewalt des ersten wahren Liebegefühls,
von der andern mit den Schrecken des plötzlich

erwachenden Gewissens. Als er zu schaudern be-
gehrte, ahnte er nicht, dass ihn unter den Zuckungen
des Grauens das ganze tödliche Bewusstsein seiner
menschlichen Kleinheit überfallen müsse. Nero
hat das Menschendasein verachtet; jetzt aber, da
er sich dennoch Mensch weiss, leuchtet ihm, ein
endlich erschlossenes Geheimnis, das vollkommenste
Glück der Liebe auf: er kostet als Mensch eine
Seligkeit, wie er sie als vermeintlicher Gott nie
geahnt. Aber dieses Glück ist ihm zugleich ewig
verloren, weil — jetzt muss unbedingt sein Blick
zurückschweifen! — weil er nicht so in die Bahnen
des Menschentums zurückkehren kann, wie er sie
verlassen hat. Zwar hat das Schicksal ihn in die
Menschlichkeit zurückgeschleudert, aber nicht anders als das Meer einen allzukühnen und unglücklichen Schwimmer an das Ufer zurückwirft: als
Leiche. So spricht denn auch der Greis, über
ihn gebeugt:

> Die ewige Natur, sie hat gesiegt.
> Die kühnsten Geister, die aus ihrem Centrum
> Hinausgestürmt, hascht mit demantner Angel
> Aus dunkler Tiefe sie geheimnisvoll.

Der Rest des Vernichtungswerkes fällt äusseren Gewalten anheim.

Es folgt die letzte Erhebung, mit welcher der
Held eines Trauerspiels seinem gewissen äusseren
Untergange entgegenschreitet. Auf der Flucht vor
seinen Feinden begleitet Nero ein treuer Germane,
ein Repräsentant des Volkes, das die Erbschaft
der Römer antreten soll. Ein unterirdischer Gang
erweitert sich plötzlich zu einer Crypta, in der
eine christliche Gemeinde zum Gottesdienst versammelt ist. Nero fordert die schreckerstarrten
Christen auf, ihn zu töten. Welch' eine befrem-
dende Antwort wird ihm da!

> Wir töten nicht,
> Wir rächen uns am Feinde nicht, wir lieben
> Den Feind auch — unser heiligstes Gebot
> Ist Liebe!

Nicht die Lust, wie Nero wähnte, sondern der Schmerz erlöst die Welt und macht den Menschen der Seligkeit des Götterdaseins teilhaftig. So belehrt ihn der greise Priester. Ob in dem Himmel dieses neuen Glaubens auch ein Platz für Nero-Dionysos sei? Der Greis weist auf ein Bild, das Lucifer zeigt, wie ein Seraph mit flammendem Schwert ihm den Fuss auf den Nacken setzt. Diesem Dämon, der (nach christlicher Auffassung) sich in Selbstsucht und Eigendünkel „vom ewigen Liebesgrunde losriss", diesem Dämon gleicht Nero. Wohl hegt er kaum einen Zweifel, dass dieses neue schwärmerische Bekenntnis sich die Welt erobern werde; aber er beugt sich nicht vor dem christlichen Dogma. Vor einer Macht aber beugt er sich:

Ich seh's, der wunderbare Mutterschoss
Des menschlichen Gemüts ist nicht erschöpft!
Zerfällt in Staub die abgelebte Welt,
Das Menschenherz gebiert sie ewig neu . . .
　　　　　　　　　　　　Den Kelch
Von dem Altare hier ergreifend, seht,
Ausgiess' ich, an des Hades Schwelle stehend,
Den ew'gen Mächten ihn zur Opferspende,
Den ewigen, geheimnisvollen Mächten,
Die in den Tiefen des Gemütes thronen;
Ausgiess' ich ihn den Sternen meiner Jugend,
Der schönen Glut, die auch mein Herz geschwellt.

In dieser Libation beugt er sich zugleich vor dem Genius der Menschheit, den er schnöde missachtet hat. Aber trotzend hebt er die Stirn empor zu jener Macht, deren Ratschluss die Beschränkung der Menschheit ist.

Ich war zu gross, zu hoch für Menschenglück!

In diesen Worten behauptet er sein heiliges Recht, gegen den Weltenplan zu hadern. Alsdann durchbohrt er sich mit dem Schwert des Germanen.

Da steigt aus der Tiefe die Gestalt des ewigen Wanderers auf und reckt sich mit triumphierender Freude über das Antlitz des sterbenden Menschensohnes.

18

„Du Alter," flüstert Nero noch, „ja du
Gewannst die Wette! Todessehnsucht hat
Mit Lebensdrang in mir getauscht die Rolle."

Die rächende Strenge im Antlitz des **Alten**
wandelt sich in teilnehmende Milde, als er spricht:

So schwebe hin, ein unvergänglich Bild —
Für alle Zeiten eine Grauerscheinung,
Und doch im tiefsten nur ein Spiegelbild
Des ew'gen Götterdrangs der Menschenbrust!

So endet der eine unsrer Helden, der das
typische Bild des nach Gottähnlichkeit ringenden
einzelnen Menschen war, und der gebrochen und
in sich vernichtet darniedersank, weil er den
Himmel erraffen wollte durch die Selbstsucht, weil
er Gott werden wollte auf **Kosten seiner Brü-
der im Staube**, auf Kosten der Menschheit.
Aber der andere Held bleibt bis zur letzten Zeile
des letzten Gesanges; er bleibt, wenn der letzte
Ton des Gedichtes schon verklungen ist; er bleibt
noch, wenn wir und unsere Kinder und Kindes-
kinder längst zu Staub geworden sind: er ist
Ahasver. Nicht aber ist er nur der Ahasver, der
den kreuzbeladenen Christus von seiner Schwelle
stiess, er war und wird sein, so lange Menschen
auf der Erde wandern, er ist Kain, der erste
Rebell, der seinen Bruder am Altar erschlug, als
er Jehova Opfer brachte, dem unbarmherzigen
Gott, der die Menschen versuchte, damit sie in
Sünde fielen, der ihnen das Leben giebt, damit sie
sterben, der für die Sünde Adams die Millionen
Millionen seiner Nachkommen straft. Weil er den
Tod in die Welt gebracht, verschont ihn der Tod.
„Das Kainszeichen ist das Zeichen der Menschheit,
das Zeichen der Qual und der Unsterblichkeit"
sagt Georg Brandes in seiner Besprechung von
Byron's „Cain". Ahasver ist die ewige, unsterb-
liche Menschheit, wie sie in allen Zeiten und
Landen, in allen ihren Geschlechtern immer von
neuem wider den Stachel löckt, mit welchem der
Jehova der Juden und der Christen die Staubge-

borenen peinigt. Aber es ist kein blinder Trotz,
kein Kampf um des Kampfes willen, den die
Menschheit gegen den Gott des Theismus führt;
der Lohn, um den sie kämpft, ist die R u h e. Wie
auch der Mensch das Ziel seiner Wünsche nennen
mag, Vollkommenheit, Glück, Himmel oder Gott;
es ist nur das eine: d i e R u h e. Es ist der selige
Augenblick, da die letzte Sorge entweicht, der
letzte Zweifel sinkt, der letzte Misston in der Seele
verstummt und der Menschengeist sich ungehindert
erquickt im Anschaun der schattenlosen Wahrheit
und Schönheit. Dieses Ziel ist Gott. Ob wir von
Gott kommen oder nicht; wir streben zu Gott.
Und so oft die Menschheit, müde von der Drang-
sal des dornenvollen Weges, zur kurzen Ruhe
niedersinken wird, so oft wird sie den Stab
wieder erheben und weiter wandern zum Ziele
der ewigen Ruhe.

> „Um die Welt, welche ihn verleugnet, zu vertilgen, kann
> der Gott des Blitzes, des Sturmes und der Heerscharen
> Ströme Blutes fliessen und die Scheiterhaufen zu Hun-
> derten von seinen Priestern anzünden lassen; aber Kain
> steigt ungeschädigt aus der Asche des Scheiterhaufens
> empor und geisselt die Priester mit unsterblicher Ver-
> achtung."

So drückt es der geistvolle, feurig-beredte Georg
Brandes an oben erwähnter Stelle aus. Oder wenn
wir den englischen Dichter, dessen „Cain" in seinen
grundlegenden Ideen so innige Verwandtschaft mit
Hamerling's „Ahasver" zeigt, wenn wir Lord Byron
selbst reden lassen, so heisst es an jener Stelle
des „Cain", wo Lucifer, das jehovafeindliche Princip,
von der Dauer dieses Kampfes spricht:

> — — · — — Through all eternity,
> And the unfathomable gulfs of Hades,
> And the interminable realms of space
> And the infinity of endless ages,
> All, all will I dispute! And world by world,
> And star by star, and universe by universe,
> Shall tremble in the balance, till the great
> Conflict shall cease, if ever it shall cease,
> Which it ne'er shall, till he or I be quench'd!

Mag sich auch der Stern des Christentums sieges-
strahlend über dem Grabe der alten Welt erheben,
auch das Christentum ist nur eine Phase in der
Entwickelung des Menschengeschlechts:

„Götter kommen und schwinden; ewig wandert Ahasver".

Zur Ruhe pilgert die Menschheit voll Unruhe;
durch Unzufriedenheit will sie zur Zufriedenheit
reisen, oder wie Börne sagt: „Nicht durch Geduld,
sondern durch Ungeduld gelangen die Völker zur
Freiheit". Ahasver aber ist es, „der diese Qual
der Menschheit, des unbefriedigt-ruhelosen Daseins" mit Bewusstsein durch die Jahrtausende
schleppen muss. In Zeiten des Niederganges ist
Ahasver am lebendigsten thätig; dann greift er
in die Speichen des Zeitenrades, damit es sich
schneller umwälze und der Untergang beschleunigt
werde. So im Zeitalter Nero's. Das aber will
heissen, dass die Menschheit in so gearteten Zeiten
selbst mit angstvoller, fliegender Hast nach jener
grossen bevorstehenden Krisis hindrängt, der eine
Neugestaltung der Weltdinge folgen soll. Bricht
aber ein solcher Weltfrühling herein, so winkt
auch dem ewigen Wanderer eine kurze Rast; auf
Jahrhunderte legt er sich in einer Höhle schlafen.
Das will sagen: Die nach solcher Krisis neuge-
borene Menschheit freut sich in den ersten Jahrhunderten ihrer Kulturepoche, in der Kindheit ihrer
Entwickelung unbefangen ihres jungen Lebens;
von Sorgen und Zweifeln noch unangefochten,
ruht sie fest und sicher in dem Vertrauen auf den
siegenden und dauernden Glanz ihrer Ideale. Die
Qual. des unruhvollen Strebens ist für eine Zeit
verstummt.

Auch jetzt wieder winkt dem müden Greise
eine solche Rast. Jenseits der Alpen beginnt der
germanische Völkermorgen zu tagen. Est gilt es
noch, den Untergang der heidnisch-römischen Welt
zu vollenden; wenn dann die junge, jetzt noch
schlummernde Riesenkraft der Barbaren erwacht

ist und mit der milden Lehre des Nazareners im
Bunde die Welt überschattet, dann will er in die
Wälder des Germanen wandern und im Schatten
des Kreuzes hinsinken, „nicht auf ewig auszuruhn —
nein: zu sanfter Rast ein wenig einzuschlummern!"
Mit dieser Perspektive in die folgenden Jahr-
hunderte der Geschichte schliesst die gewaltige
Dichtung. Durch diese Erweiterung des Gesichts-
kreises erhält der Schluss eine besonders imposante
Wirkung. Er wirkt wie ein lang andauerndes
Crescendo, das sich endlich zum wuchtig-erhabenen
Fortissimo ausbreitet. Aber noch in eine weitere
Ferne eilt unser begeisterter Blick, noch ein anderer Ausblick thut sich vor uns auf, wenn wir
das Buch aus den Händen sinken lassen und den
Gedanken des Dichters folgen: Es ist ein Ausblick,
nicht auf die Wege, die eine Religion und einzelne
Völkerstämme in ihren Anfängen wandeln, sondern
auf den einen gemeinsamen Pfad, welchen die
Menschheit zum Ziele der Ruhe schreitet. Nicht
ewig ruht Ahasver unter dem Kreuze; nur eine
kurze Rast ist ihm gegönnt. Das heisst: Kein
Glaube, kein Dogma, kein Lehrsatz, kein Monument,
von Menschengeist oder Menschenhänden errichtet,
ist so heilig, dass sie nicht einem Zwecke zu
Liebe verworfen und vernichtet werden dürften,
dem Fortschritt der Menschheit zu Liebe. Über
Staaten und Religionen, über Throne und Altäre
hinweg ist die Menschheit gewandelt und wird sie
weiter wandeln, bis sie die Ruhe gefunden*). Als

---

*) „Das Seiende, weil mit Bestimmtheit anderen Inhalt
ausschliessend, ist unberechtigt. Darum, weil es Schranke ist,
wird es von der negativen Macht des Unendlichen ergriffen und
in sich zurückgenommen. (Der Heraclitische Weg nach oben . . .)
Aber das Aufheben der Schranke ist unmittelbares Setzen eines
neuen bestimmten Inhalts und somit einer neuen Schranke.
(Weg nach unten . . .) Jenes unendliche Urwesen ist also die
Macht, die das Endliche entstehen und vergehen lässt. Es ist
somit selbst das Entstehen und Vergehen des Endlichen, das Werden oder der Wechsel des Weges nach

das Römerreich hinsank, wurde das Christentum
der Erde mächtig, und die Menschheit kniete gläubig
vor dem Kreuze als vor dem Symbol seiner Erlösung. Vermag das Christentum dem Menschengeschlecht aber seinen Gott nicht zu geben, so
wird dieses Menschengeschlecht weiter suchen und
auch an dem Kreuze vorüberwandern. Das ist,
wie ich sie verstehe, die welthistorische Perspektive
von „Ahasver in Rom". Es ist wahr: der Dichter
weist in eine neblige Ferne; er kann das Endziel
nicht zeigen; denn er vermag so wenig wie wir
den Schleier der Zukunft zu lüften. Aber er deckt
die ewig lebendige und fruchtbare Kraft, die eine
und einzige Kraft auf, der allein wir folgen und
gehorchen müssen, und diese Kraft ist der Götterdrang in unserer Brust, ist der Drang, über unsere
augenblickliche Kleinheit und Beschränktheit in ein
höheres Dasein hinaufzustreben, den ewigen Streit
in unserm Innern zu beschwichtigen und die Ruhe
der Vollendung in unser Herz zu bannen.

„Ahasver in Rom" wird niemals aufhören,
eine hochbedeutende Dichtung zu sein. Muss ein
Werk nicht von wahrer, lebendiger Dichterkraft
durchglüht sein, wenn es unsere gesamten Kräfte,
die intellektuellen wie die moralischen, ja, selbst
unser physisches Leben weit über das gewöhnliche
Mass hinaus erhebt? Der Dichter greift wohl oft
in der Ekstase des begeisterten Schaffens höher
in den Himmel hinauf, als sonst Menschenhände
zu reichen vermögen, und bringt ein Stück Wahrheit, einen neuen Gedanken zur Erde nieder, der
anders nicht zu finden war, der wie das Feuer aus
dem Himmel gestohlen werden musste. Der Dichter beherbergt in solchen Augenblicken tausend
Herzen in seiner Brust; wie sollte er nicht auch
den Schmerz von Tausenden fühlen, wie sollte er

---

oben und unten · · und das ist der Weg, den Heraclit ein-
geschlagen." (Lassalle in „Die Philosophie Heracleitos des
Dunklen.")

nicht die Gedanken, Begehrungen und Wünsche
von Tausenden und so auch einen vermutlichen
Zusammenhang des Weltganzen ahnen? Und von
der Seherkraft des Dichters strömt ein Teil in
unsern Geist und unsere Sinne über. Auch der
Leser vermeint nach der Lectüre eines solchen
Gedichtes den Schlag von Millionen Herzen zu
hören, vermeint einen Strahl des welterlösenden
Gedankens erhascht zu haben, und was Wilhelm
Jensen in einem seiner Gedichte fragt:

> „Aber zuckt es durch die Lider
> Auf den ganzen Menschenwitz
> Dir nicht einmal plötzlich nieder
> Wie ein geisterhafter Blitz?" —

das bejahen in solchen Augenblicken seine erleuchteten Gedanken.

Die Wirkung von Hamerling's Epos ist die, dass
wir geschärften Blickes die Welt betrachten, aber
auch mit geklärtem Auge in unser Inneres blicken.
Darum sagte ich, dass die Dichtung auch unsere
moralischen Kräfte hebe. Nero soll für uns eine
Graunerscheinung sein. Nicht wie er sollen wir
den Götterdrang in uns bethätigen, nicht selbstsüchtig und auf Kosten der Menschheit, sondern
selbstlos und zum Heile der Menschheit wie Faust
in seinen alten Tagen. Und wenn wir dann auch,
fern vom Ziele der Ruhe, auf dem Pfade, den die
Menschheit wandelt, tot darniedersinken, so werden
wir doch nicht gebrochen und vernichtet in unserm
Herzen sein, sondern werden wie der König von
Sion desselben Dichters ausrufen können:

> „— an das winkende Glück, das in grauender
> Ferne die Menschheit
> Ewig erblickt: ja ich glaube daran auf's neue,
> wie hoch es
> Schweben auch mag und wie rasch unheiligen
> Händen entschwinden,
> Die es zu haschen vermeinen: als reifende Frucht
> in den Schoss einst
> Wird es den Würdigen fallen! So jauchzt das
> vertrauende Herz mir,

Und in diesem Vertrauen umarme der sühnende
Tod mich!"

Des öfteren habe ich im Laufe dieser Betrachtungen
zum Vergleiche mit der Hamerling'schen Dichtung
die Werke zweier anderer Dichter herangezogen,
den Goethe'schen „Faust" und Byrons „Cain".
„Ahasver in Rom" vereinigt in gewissem Sinne
die beiden Probleme, welche den Werken Goethe's
und Byron's zu Grunde liegen. Goethe's „Faust"
zeigt uns den zur Gottähnlichkeit aufstrebenden
einzelnen Menschen, der allen Dogmatismus und
Formalismus bei Seite schleudert und sich einen
eigenen Weg zum Glücke sucht und ebnet. Byron's
„Cain" zeigt in der Person Cains und Lucifers die
gesamte Menschheit, die sich von dem Gotte der
alten Religionen emancipiert und, von der Leuchte
der Wissenschaft geführt, ihr Heil auf selbstge-
wählten Bahnen sucht. Im „Ahasver" ringt auch
ein Einzelner nach dem Glück in seiner Totalität;
aber neben diesem Einzelnen ragt die colossale
Gestalt des ewigen Wanderers auf, der die Menschheit und ihre Sehnsucht nach Ruhe und Glück
versinnbildlicht. Das Besondere aber an dieser
Dichtung ist, dass sie uns einen negativen, konsequent egoistischen Faust zeigt, dass sie in dessen
exemplarischer Vernichtung die unverbrüchliche
Solidarität der menschheitlichen Interessen verherrlicht und dass sie unser winziges, an Mühen
und Enttäuschungen reiches Einzelleben in den
grossen Rahmen der menschheitlichen Gesamtent-
wickelung stellt. Und Robert Hamerling's „Ahasver in Rom" ist wohl würdig, mit den Schöpfungen
Goethe's und Byron's zusammen genannt zu werden;
es ist ein vollwichtiges Glied dieser erhabenen
Trias von Dichterwerken; es ist würdig wie „Faust"
und „Cain" zu erquicken und zu erleuchten die
Herzen und die Geister aller Menschen, die jugend-
froh oder altersmüde zum Ziele der Vollendung,
zum Ziele der Ruhe pilgern. —

www.ingramcontent.com/pod-product-compliance
Lightning Source LLC
Chambersburg PA
CBHW020511270326
41926CB00008B/833